# प्राचीन
# भारतीय अर्थ-चिंतन
## ( एक झलक )

# प्राचीन भारतीय अर्थ-चिंतन

## ( एक झलक )

डॉ. गोविंद राम साहनी

सत्साहित्य प्रकाशन, दिल्ली

प्रकाशक : सत्साहित्य प्रकाशन, 205-बी चावड़ी बाजार, दिल्ली-110006
सर्वाधिकार : सुरक्षित / संस्करण : प्रथम, 2016 / मूल्य : चार सौ रुपए
मुद्रक : आर-टेक ऑफसेट प्रिंटर्स, दिल्ली ISBN 978-81-7721-281-5

**PRACHEEN BHARATIYA ARTH CHINTAN : EK JHALAK**

*by* Dr. Govind Ram Sahni ₹ 400.00

Published by Satsahitya Prakashan, 205-B Chawri Bazar, Delhi-110006

मातृभूमि
को
सादर समर्पित

यह पुस्तक प्राचीन भारतीय अर्थव्यवस्था पर मेरे पिताश्री डॉ. गोविंद राम साहनी के चिंतन की एक विशिष्ट भाष्य प्रस्तुति है। इस पुस्तक को वर्तमान रूप में लाने में डॉ. विजय सोनकर शास्त्री, डॉ. एन.सी. चैटर्जी, डॉ. रमेश चंद्र नागपाल एवं डॉ. विशाल चड्ढा की विशेष सहभागिता रही है।

**—डॉ. कीर्ति वर्द्धन साहनी**

एम.डी. (होम्योपैथी)

बी-25, बिजली अपार्टमेंट, जी.टी. करनाल रोड, गुजराँवाला टाउन पार्ट-2, दिल्ली-110009

मो. : 9810159376 • इ-मेल : drkvshomoeocure@gmail.com

वेब साइट : www.drkirtivardhansahnihomoeopathy.org

॥ ॐ ॥

# राष्ट्रीय स्वयंसेवक संघ

प्रधान कार्यालय : डॉ. हेडगेवार भवन, महाल, नागपुर-440032

दूरभाष : (0712) 2723003, 2720150, फैक्स नं. 2721589

चैत्र कृ. 8, युगाब्द 5117 दिनांक : 1 अप्रैल, 2016

## संदेश

विश्व में सभी राष्ट्र स्वयं के लिए आर्थिक समृद्धि की कामना करते हैं। यह समृद्धि शाश्वत रहे, इसका प्रयास भी वे लगातार करते रहते हैं, परंतु समृद्धि की कल्पना तथा विश्व के राष्ट्रों के साथ सामूहिकता से उसका चलना, बने रहना इसका अपना-अपना चिंतन राष्ट्रों की समृद्धि के विकास पथ का दिग्दर्शन करता है। हर राष्ट्र अपनी प्रकृति के आधार पर अपने विकास का चिंतन करते हुए ही अपनी उन्नति पा सकता है। अपना भारत प्राचीन समय से एक राष्ट्र के रूप में परिस्थिति की उतार-चढ़ाव की आँधियों में अपना जीवन चलाता आया है। लंबे समय तक विश्व में सब दृष्टि से उत्कृष्ट राष्ट्रजीवन का उदाहरण भी हम रख चुके हैं। इसलिए हमारे देश में भी अपनी राष्ट्रीय प्रकृति के आधार पर आर्थिक चिंतन की एक समृद्ध परंपरा विद्यमान है। आधुनिक समय में अपने राष्ट्र को समृद्ध बनाना चाहनेवाले सभी को उस परंपरा का ज्ञान व दिग्दर्शन आवश्यक है।

स्व. गोविंद रामजी साहनी द्वारा लिखित 'प्राचीन भारतीय अर्थ-चिंतन : एक झलक' पुस्तक में भारतीय अर्थ-चिंतन की परंपरा की सभी धाराओं का सूत्ररूप में विवरण मिल जाएगा। यह संकलन आर्थिक क्षेत्र में कार्यरत सभी भारतीयों में अपनी अर्थचिंतन-परंपरा के अधिक व्यापक व गहरे अध्ययन की प्रेरणा जगाने में समर्थ है। अर्थशास्त्र के अध्येताओं तक यह पुस्तक पहुँचे तथा भारत के आर्थिक विकासपथ का समुचित दिग्दर्शन करे, यह शुभकामना।

**( मोहन भागवत )**

**अरुण जेटली**
वित्त, कॉर्पोरेट कार्य
एवं सूचना व प्रसारण मंत्री
भारत

सत्यमेव जयते

**Arun Jaitley**
Minister of Finance,
Corporate Affairs
and Information &
Broadcasting
India

दिनांक : 29 जनवरी, 2016

# संदेश

मैंने डॉ. गोविंद राम साहनी की पुस्तक 'प्राचीन भारतीय अर्थ–चिंतन : एक झलक' की पांडुलिपि देखी है। प्राचीन भारतीय सांस्कृतिक एवं सामाजिक अर्थ–चिंतन का अध्ययन कर साररूप में उसकी व्याख्या करने का काम डॉ. साहनी ने बहुत सहजता से किया है।

अपने गहरे वैचारिक एवं व्यावहारिक अध्ययन द्वारा उन्होंने प्रतिपादित किया है कि वर्तमान समय में उपलब्ध अर्थशास्त्र के सूत्रों की जानकारी व चलन प्राचीनकाल से ही भारतीय समाज में था। यह पुस्तक भारतीय अर्थदृष्टि एवं इतिहास—दोनों विषयों के शोधार्थियों, विद्यार्थियों एवं जिज्ञासुओं को इस दिशा में अध्ययन के लिए मार्गदर्शक का कार्य करेगी।

मैं इस पुस्तक की सफलता की कामना करता हूँ।

**( अरुण जेटली )**
वित्त मंत्री, भारत शासन

Ministry of Finance : 134, North Block, New Delhi-110001
Tel. : 23092810, 23092510 Fax : 23092828
Ministry of Information & Broadcasting : Room No. 560, A Wing, Shastri Bhawan.
New Delhi-110001, Tel. : 23386892, 23384340 Fax : 23384286
Residence : 2 Krishna Menon Marg, New Delhi-110001,
Tel. : 23794990, 23794556 Fax : 23794543

# पुरोवाक्

प्राध्यापक गोविंदराम साहनी का संशोधनात्मक यह ग्रंथ बहुत रोचक आविष्कारों से पूरित है। प्राचीन भारतीय मनीषियों के अर्थ-चिंतन से सामान्य जन और नई पीढ़ी अपरिचित है, जबकि उनके विचार अनेक विषयों में आधुनिक कहे जानेवाले विचारों से कहीं आगे हैं। ग्रंथकर्ता विद्वान् साहनी का यह अभिप्राय संपूर्णतया सत्य है। ''इस ग्रंथ का उद्देश्य यह है कि जनसामान्य तथा भारतीय विद्यार्थी प्राचीन भारतीय अर्थ-चिंतन से परिचित होकर गौरव का अनुभव करेंगे, जिससे वे वंचित हैं।''

इस ग्रंथ में प्रतिपादित विषयों से ग्रंथकर्ता का उद्देश्य संपूर्णतया फलित है, इसमें कोई संदेह नहीं। ग्रंथकर्ता की रचनाशैली बहुत सरल एवं प्रभावशाली है। डॉ. साहनी ने प्रस्तावना में आधुनिक पाश्चात्य अर्थ-चिंतन तथा प्राचीनकाल से प्रस्तुत भारतीय अर्थ-चिंतन में जो तात्त्विक मूलभूत अंतर है, इसको बहुत स्पष्ट वाक्यों में सबके सामने प्रस्तुत किया है। पाश्चात्य अर्थ-चिंतन में भौतिकता को मानव का लक्ष्य माना गया है। परंतु भारतीय अर्थ-चिंतन में भौतिकवाद का आध्यामिकता के साथ विचार करने के लिए कहा गया है।

धर्म, अर्थ, काम, मोक्ष की चुतर्विध-पुरुषार्थ कल्पना से अर्थ एवं काम का प्रभाव सीमित होता है। मानव का जीवनोद्देश्य इस समन्वित रचना में घटित होने के कारण भारतीय अर्थ-चिंतन से मानव को चिरस्थायी, सच्चा सुख मिल सकता है। ऐसी मौलिक विचारधारा को प्रारंभ में प्रस्तुत करके डॉ. साहनीजी ने अपने ग्रंथ के वैशिष्ट्य को बताकर पढ़ने वालों में अधिक रुचि पैदा की है।

ग्रंथ को पढ़ने से यह स्पष्ट होता है कि ग्रंथकर्ता बहुत बड़े विद्वान् तथा

परिश्रमी हैं। प्राचीन भारतीय ज्ञानभांडारागार बहुत विशाल है। ग्रंथकार ने इसके सब स्रोतों को ग्रंथ में संशोधनात्मक अध्ययन के लिए शामिल किया है। वेद, तत्रापि ऋग्वेद, यजुर्वेद, अथर्ववेद तथा सामवेद, उसके बाद उपनिषद् साहित्य, मनुस्मृति, वाल्मीकि रामायण, नारदस्मृति, शुक्रनीति, याज्ञवल्क्यस्मृति, महाभारत, श्रीमद्भगवद्गीता, विदुरनीति, कौटिल्य, बौद्ध-जैन अर्थ-चिंतन, इस ग्रंथ में विमर्शन के लिए गृहीत भारतीय साहित्य के प्रमुख विभाग हैं। डॉ. साहनीजी इन सब मूल आधारों का उल्लेख करके प्रत्येक में प्रतिपादित मौलिक विचारों का विद्वत्तपूर्ण प्रतिपादन करते हैं।

"भारतीय विचारधारा की परंपरा अविच्छिन्न है।" यह विचार इस ग्रंथ से मालूम होता है। जैसे कि साहनीजी लिखते हैं—"ज्ञान के ये मूल आधारभूत ग्रंथ कृत, त्रेता, द्वापर और कलियुग में उत्पन्न और प्रकाशित हुए हैं।" प्रत्येक के मूल आधार से सूक्त-श्लोकों का, सूक्तियों का उल्लेख करके और संक्षेपत: उसके अर्थ का विवरण करके डॉ. साहनीजी ने जिज्ञासु लोगों का उपकार किया है। प्रत्येक प्रकरण को पढ़ते-पढ़ते डॉ. साहनीजी की विद्वत्ता से मैं अत्यंत प्रभावित हुआ हूँ। ऐसा विवेचनात्मक परिपूर्ण विद्वत्तापूर्ण ग्रंथ इसके पहले मैंने कभी नहीं देखा है।

ग्रंथ में प्रतिपादित विषय मानवजीवन के सब पहलुओं से संबद्ध हैं। विषय इतना व्यापक और प्रौढ़ है कि संक्षेप में भी उल्लेख करने का साहस मैं नहीं करना चाहता। उत्सुक जिज्ञासु स्वयं पढ़कर आनंद का अनुभव करें।

प्राचीन अर्थ-चिंतन का परिचय केवल गौरव-भावना की उत्तेजना के लिए सीमित नहीं होना चाहिए। केवल भौतिक संपदा की अभिवृद्धि का उद्देश्य रख कर आज का मानव तड़प रहा है। कहीं शांति और सच्चे सुख का अनुभव नहीं हो रहा है। मूलभूत मानवमूल्यों का विनाश होकर सब जगह अतृप्ति, हिंसा, द्वेष, असूया और लोभ का वातावरण फैल रहा है। इस प्रक्षुब्ध काल में भारतीय चिंतन की आध्यात्मिक प्रवृत्ति में सूचित मूल्यों की आवश्यकता है।

समग्र मानव कल्याण हेतु विश्व में सच्चे शांतिसुख की स्थापना के लिए इस ग्रंथ में प्रतिपादित प्रमेयों को आधुनिक समस्याओं का हल करने के लिए कैसे क्रियान्वित किया जाए, इसका चिंतन विमर्शन सभी बौद्धिक व्यक्ति करेंगे, यह मेरा विश्वास है।

पुन: ग्रंथकर्ता डॉ. गोविंद राम साहनीजी का हृदय से अभिनंदन करता हूँ और

परमात्मा से प्रार्थना करता हूँ कि इनको अच्छा आरोग्य प्रदान करके इन्हें और ऐसे ग्रंथों का आविष्कार करने की शक्ति दे!

इति शम्।

**—डॉ. वा.रा. पञ्चमुखी**

7 दिसंबर, 2014

पूर्व अध्यक्ष, भारतीय समाजविज्ञान परिषद् (ICSSR)
पूर्व कुलाधिपति, राष्ट्रीय संस्कृत विद्यापीठ
(मानद् विश्वविद्यालय), तिरुपति
अधुना कुलाधिपति, श्रीगुरु सार्वभौम संस्कृत विद्यापीठ, मंत्रालय

# प्रस्तावना

मानव सदैव विश्व भर में सुख की खोज में संलग्न रहा है। उनके प्रयत्न के मूल में धन-संपदा है, भौतिक उन्नति है, जिसके लिए कोई भी साधन प्रयोग में लाया जा रहा है। यह भौतिकवादी चिंतन पाश्चात्य सोच पर आधारित है, उसी की देन है। विचारणीय यह है कि क्या भौतिक संपदा मनुष्य को, वास्तव में, सुख प्रदान कर सकती है? उत्तर नकारात्मक मिलता है। देखने में आता है कि भौतिक संपदा अल्पकालिक सुख का अनुभव कराती है, शाश्वत सुख प्रदान नहीं करती। धनार्जन की दौड़ अनंत होती है। जितना अर्जन होता है, मनुष्य उसे अल्प समझता है। अधिक और अधिक अर्जित करना चाहता है। धनार्जन की उसकी भूख अग्नि में घी डालने जैसी होती है, जो उसकी भूख को बढ़ाती है, शांत नहीं करती। इसके लिए वह उचित-अनुचित, नैतिक-अनैतिक, शुद्ध-अशुद्ध, सत्य-असत्य का विचार नहीं करता। प्रकृति हो अथवा पुरुष, वह इनके शोषण में संकोच नहीं करता। वह धन को जीवनयापन का साधन मात्र नहीं मानता। उसने धन को साध्य मान लिया है। उसे यह बोध नहीं रहता कि उसका चयन गलत है। यही सोच उसे वास्तविक सुख से दूर ले जाती है। अपने इस साध्य की प्राप्ति के लिए पाप-पुण्य की ओर उसका ध्यान नहीं जाता, न ही वह इसमें विश्वास करता है। जीवन भर इसी उधेड़बुन में, एक दिन सब कुछ पीछे छोड़कर, वह संसार को विदा कह देता है।

पाश्चात्य देशों में भौतिकता को बहुत महत्त्व दिया जाता है। यह कहना अतिशयोक्ति न होगी कि वहाँ भौतिकता को ही मानव जीवन का लक्ष्य मान लिया गया है। वह भौतिक दौड़ में पागल की भाँति भाग रहा है। यदि मानव के इस व्यवहार का आकलन करें तो यह कहना पड़ेगा कि धन को सर्वस्व मानने में उसने उचित चयन नहीं किया।

बिना गंभीर चिंतन के (Carelessly) के भारतीय विचार-प्रवाह को आध्यात्मिक (Spiritual) कहकर भौतिक पक्ष को नकार दिया जाता है। परंतु यह ठीक नहीं है। वास्तव में भारतीय चिंतन अध्यात्म-प्रधान है। परंतु यह समझना आवश्यक है कि भारत के अध्यात्म में भौतिक पक्ष का समावेश है, भौतिक पक्ष को नकारा नहीं गया, अपितु धनार्जन को मानव जीवन के लिए आवश्यक ही नहीं, अनिवार्य, अपरिहार्य कहा गया है। अर्थ, धर्म, काम और मोक्ष का पुरुषार्थ-चतुर्य आध्यात्मिक विचार है, जिसमें अर्थ महत्त्वपूर्ण स्थान रखता है। धर्म और काम के पुरुषार्थ के लिए अर्थ आवश्यक है। अर्थ, धर्म और काम के इस त्रिवर्ग को उत्तम कहा गया है। इस त्रिवर्ग के मर्यादित उपयोग से चतुर्थ पुरुषार्थ अर्थात् मोक्ष की प्राप्ति का मार्ग प्रशस्त हो जाता है।

भारतीय चिंतन में अर्थ को अत्यंत महत्त्वपूर्ण माना गया, परंतु इसे साध्य, सर्वस्व नहीं माना गया है। इसका महत्त्व जीवन के लिए साधन तक ही सीमित रखा गया है। साध्य तो मोक्ष है, जिसकी प्राप्ति अर्थ, धर्म और काम के मर्यादित उपयोग से संभव होती है। अत: यह स्पष्ट है कि भारतीय चिंतन मूल रूप से आध्यात्मिक है, अध्यात्म-प्रधान है, जिसमें अर्थ 'भौतिकता' समाविष्ट है। जो विचारक इस चिंतन को नहीं मानते, उन्हें अधिक खुले मन से सोचना अपेक्षित है। यह चिंतन ज्ञान-पिपासुओं एवं ग्राह्य को स्वीकारनेवालों के लिए है। यदि 'प्राचीन भारतीय अर्थचिंतन' को स्नातकोत्तर (Postgraduate) के पाठ्यक्रम में एक विषय की मान्यता स्वीकार की जाए तो भावी पीढ़ी बुहत लाभान्वित हो सकती है।

भारतीय चिंतन के मूल में मनुष्य है, पदार्थ नहीं। यह सोच पाश्चात्य चिंतन के बिल्कुल प्रतिकूल है, जिसका मूल धन-संपदा है, मनुष्य नहीं, जहाँ भारतीय चिंतन चेतन को अपना केंद्र मानता है, पाश्चात्य चिंतन जड़ पदार्थों पर ध्यान केंद्रित करके पृथक-पृथक घरौंदों (Water Tight Compartments) में विचार करता है, भारतीय चिंतन सभी विषयों का समन्वित (Integrated) विचार करता है। यह चिंतन संपूर्णता में विचार करता है। इसका अर्थ यह कदापि नहीं कि अर्थ के संबंध में विचार किया ही नहीं गया। अर्थ का जितना महत्त्व मानव जीवन में है, उतना महत्त्व इसे दिया गया था। अर्थ को तद्नुसार स्थान दिया गया है। आर्थिक विकास की योजनाओं में प्राकृतिक स्त्रोतों के उपयोग में इस तथ्य पर बल दिया गया है कि कोई भी उत्पादक स्त्रोत अप्रयुक्त न रह जाए। परंतु यह सावधानी रखी जाए कि इनका उपयोग करना है, दोहन करना है, शोषण नहीं। आधुनिक चिंतन में इसका ध्यान न रखने के परिणामस्वरूप पर्यावरण का असंतुलन गंभीर चिंता का विषय बन गया है।

यह निष्कर्ष निकालना पूर्णतया त्रुटिपूर्ण होगा कि प्राचीन भारतीय चिंतन में अर्थचिंतन किया ही नहीं गया। मानव जीवन को केवल भौतिक पदार्थों तक सीमित कर देना, आधा-अधूरा चिंतन होगा। एक पूर्ण चिंतन के लिए भौतिक के साथ ही अभौतिक (आध्यात्मिक) चिंतन को भी लेना होगा। इसे नकारा नहीं जा सकता। मानव सुख एवं कल्याण के लिए भौतिक तथा अभौतिक दोनों प्रकार के तत्त्वों का मिश्रित, समन्वित विचार करना होगा। मनुष्य की सभी क्रियाओं को पीगू (Pigou)के 'मुद्रा मापक' से मापना मान्य नहीं किया जा सकता। 'Open Secret of Economic Growth (1957)' नामक ग्रंथ में डैविड मैकार्ड (David Macord Wright) ने कहा—

The fundamental factors making for Economic Growth are non economic and non-materialistic in character, It is the spirit itself that builds the body.

इसी प्रकार बरनार्ड शॉ (Bernard Shaw) ने 'Roads to Freedom' में लिखा है—

If Socialism ever comes, it is only likely to prove beneficent if non-economic goods are valued and consciously perused.,

Hindu Economics, M.G. Bokray, page: XVII

यह स्वागत-योग्य है कि पाश्चात्य चिंतन में भी अब सामाजिक, सांस्कृतिक, राजनीतिक और धार्मिक संस्थाओं (Institutions) को आर्थिक विकास में स्वीकारा जाने लगा है। मनुष्य को केवल 'आर्थिक प्राणी' की मान्यता शिथिल हो रही है।

# आत्मकथन

अर्थशास्त्र का अध्ययन करते समय मन में प्रश्न उठता था कि जिस देश ने अतिप्राचीन काल में नीतिशास्त्र, दर्शन, राजनीति, अंतरिक्ष विज्ञान, चिकित्सा, शस्त्रविद्या, शौर्य शास्त्र तथा अन्य अनेक विषयों पर गहन चिंतन किया, वहाँ अर्थचिंतन क्यों न किया होगा? पढ़ाते समय तो और भी विचित्र लगता था कि 'ऐडम स्मिथ अर्थशास्त्र के जनक थे'। (Adam Smith was the father of Economics) प्राचीन भारतीय चिंतन में मानव कल्याण के संबंध में अतीव गहन एवं विस्तृत चिंतन किया गया है। परंतु इसे आध्यात्मिक चिंतन कहकर छोड़ दिया जाता है, जबकि भारतीय अध्यात्म चिंतन में, अनिवार्य रूप से, भौतिक चिंतन सन्निहित है। अर्थचिंतन की बारीकियों तक पहुँचकर यह कहा गया है कि बिना धर्म के अर्थ कल्याणकारी नहीं हो सकता। धर्मानुसार अर्थार्जन एवं व्यय सुखदायी होता है, जबकि इसके बिना सुख कम और दुःख अधिक होता है। यह भी विचारणीय है कि भौतिकता पर आधारित जीवन तात्कालिक सुख का अनुभव कराता है, परंतु दीर्घकाल में दुःखदायी सिद्ध होता है।

श्रम संबंधी शोध करते समय, प्राचीन चिंतन के समीप जाकर, यह विचार प्रबल हुआ कि प्राचीन भारतीय चिंतन में मानव कल्याण संबंधी जो विचार हैं, उन्हें प्रकाश में लाना चाहिए। शोधप्रबंध में श्रम समस्याओं के संदर्भ में उल्लेख किया। समयाभाव के कारण यह कार्य वहीं तक सीमित रह गया। किंतु प्राचीन चिंतन को अधिक परिमाण में सामने लाने की टीस बनी रही।

यह अत्यंत दुःखद है कि प्राचीन भारतीय मनीषियों तथा उनके अर्थचिंतन से सामान्य जन और नई पीढ़ी पूर्णतया अपरिचित है, जबकि उनके विचार अनेक विषयों में आधुनिक कहे जानेवाले विचारों से कहीं आगे हैं। कल्याण अर्थशास्त्र (Welfare Economics) का विचार पिछली शताब्दी-बीसवीं शताब्दी में सामने

आया। शुक्राचार्य द्वारा तीन स्थानों पर व्यक्त विचारों को एक साथ कहा जाए तो 'अर्थशास्त्र अर्थोपार्जन और अनर्थनिवारण के उपायों का वर्णन करनेवाला शास्त्र है' (हिंदू वैचारिकी)। यह शास्त्र मानव कल्याण के उपाय बताता है। इसी प्रकार वेतन-भोगियों की सेवानिवृत्ति के उपरांत भी पैंशन तक सीमित न रहकर कर्मी के परिवार की तब तक चिंता की बात कहता है, जब तक कि परिवार का कोई सदस्य अर्थार्जन योग्य न बन जाए। इसी प्रकार उत्पादक स्रोतों को निष्क्रिय न रखने का आग्रह करता है। प्राचीन अर्थचिंतन मानव के हित-चिंतन को लक्षित है।

सर्वप्रथम कालगणना के अध्याय का समावेश इस उद्‍देश्य से किया किया गया है कि पाठक ऐसे महान् चिंतकों की प्राचीनता का आभास कर सकें। वैदिक युग में रचित चारों वेद; सतयुग में उपनिषद्, मनुस्मृति; त्रेतायुग में वाल्मीकि रामायण, नारदस्मृति, याज्ञवल्क्य स्मृति तथा शुक्रनीति; द्वापर युग में श्रीमद्‍भगवद्‍गीता, विदुर नीति एवं महाभारत; कलियुग में कौटिल्य अर्थशास्त्र, बौद्ध एवं जैन अर्थचिंतन जैसे महान् ग्रंथों की रचना मिलती है।

स्पष्ट है कि प्राचीन भारतीय चिंतन मानव मात्र के लिए अमूल्य निधि है। जन सामान्य तथा भारतीय विद्यार्थी इनसे परिचित होकर गौरव का अनुभव करेंगे, जिससे वे वंचित हैं। इस विषय पर यह संक्षिप्त प्रयास समर्पित है।

**—डॉ. गोविंद राम साहनी**

25 सितम्बर, 2014
(पं. दीनदयाल उपाध्याय जयंती)

# अनुक्रम

# कालगणना

कालगणना सर्वप्रथम भारत में की गई। प्राचीन भारतीय पौराणिक ग्रंथों में कालगणना की तीन विधियों का उल्लेख है। प्रथम विधि का आधार है कल्प अथवा युग विधि, द्वितीय विधि मनवंतर पर आधारित है, जो मनु के जन्म से संबद्ध है, तीसरी विधि तारों की गति एवं स्थिति के परिवर्तन पर आधारित है। अध्ययन की सरलता को ध्यान में रखकर यहाँ कल्प विधि का अनुसरण किया गया है। इसके अनुसार—

1 निमेश = 0.088 सेकेंड

18 निमेश = 1 कष्ठ अथवा 1.6 सेकेंड

2.5 कष्ठ = 1 श्वास अथवा 4 सेकेंड

6 श्वास = 1 पल अथवा 24 सेकेंड

2 पल = 1 काल अथवा 48 सेकेंड

30 काल = 1 घटि अथवा 24 मिनट

2 घटि = 1 मुहूर्त अथवा 48 मिनट

30 काल = 1 दिवस अथवा 24 घंटे

15 दिवस = 1 पक्ष

2 पक्ष = 1 मास

6 मास = 1 अवन

2 अवन = 1 वर्ष

4,32,000 वर्ष = 1 कलियुग अथवा लौह युग

8,64,000 वर्ष = 1 द्वापर युग अथवा पीतल युग या 2 कलियुग के बराबर

12,96,000 वर्ष = 1 त्रेता युग अथवा रजत युग या 3 कलियुग के बराबर

17,28,000 वर्ष = 1 सतयुग अथवा स्वर्णयुग या 4 कलियुग के बराबर

43,20,000 वर्ष = 1 महायुग अथवा 10 कलियुग अथवा 1 चतुर्युग
1,000 महायुग = 1 ब्रह्मा दिवस अथवा 1 कल्प

*सूत्र-गूगल*

जिस उद्‌देश्य से उपर्युक्त प्राचीन भारतीय कालगणना प्रस्तुत की गई है, वह इस अध्ययन के लिए पर्याप्त है। इससे बहुत आगे तक की कालगणना की विधि का उल्लेख भी पौराणिक साहित्य में उपलब्ध है। यहाँ तक कि ब्रह्मांड में जीव की उत्पत्ति 199 करोड़ वर्ष पूर्व कही गई है। यह प्राचीन भारतीय गणना आधुनिक वैज्ञानिक खोज से मेल खाती है। इस कालगणना विधि के आधार घर कलियुग का आरंभ 5115 वर्ष पूर्व (सन् 2013 तक) प्रभु श्रीकृष्ण के महाप्रयाण के साथ हुआ था। यह ईसा पूर्व 3102 वर्ष में घटित हुआ, जिसे युगाब्द या कलि संवत् भी कहा जाता है।

हिंदू वैचारिकी के अनुसार भगवान महावीर (जैन धर्म) का जन्म ईसापूर्व 600 में तथा भगवान् गौतम बुद्ध (बौद्ध धर्म) का 500 वर्ष ईसापूर्व हुआ था। नवीन खोज के अनुसार गौतम बुद्ध का जन्म 624 बी.सी.ई (ईसा पूर्व) में हुआ था। (Pioneer, नई दिल्ली, 27.11.13)। भगवान महावीर का जन्म 599 बी.सी.ई में हुआ।

## युग

1. पूर्व-वैदिक युग
2. वैदिक युग
3. उत्तर-वैदिक युग
4. सत युग—17,28,000 वर्ष
5. त्रेता युग—12,96,000 वर्ष
6. द्वापर युग—8,64,000 वर्ष
7. कलियुग—4,32,000 वर्ष

त्रेता युग के महानायक प्रभु श्रीरामचंद्रजी की वंशावली इस प्रकार बताई गई है—

1. ब्रह्माजी के पुत्र मरिच
2. कश्यप
3. बिंबस्वान
4. मनु
5. इक्ष्वाकु (इक्ष्वाकु)
6. कुक्षि

7. विकुक्षि
8. वाण
9. अनरण्य
10. पृथु
11. त्रिशंकु
12. धुंधुमार
13. युवनाश्व
14. मांधाता
15. सुसंधि
16. ध्रवसंधि
17. भरत
18. असित
19. सगर
20. असमंजस
21. अंशुमान
22. दिलीप
23. भागीरथ
24. काकुस्थ्य
25. रघु
26. प्रबुद्ध
27. शंखण
28. सुदर्शन
29. अग्निवर्ण
30. श्रीघ्रग
31. मरु
32. प्रशुश्रव
33. अंबरीष
34. नहुष
35. ययाति
36. नाभाग
37. अज
38. दशरथ
39. श्रीराम, लक्ष्मण, भरत, शत्रुघ्न

सूत्र—पं. भगवतशरण शर्मा, इंदौर

भारतीय चिंतन का मूल बिंदु है मनुष्य और उसका कल्याण। इस चिंतन के अनुसार मानव मात्र में एक ही आत्मा का वास होता है जो सभी मनुष्यों में सम-भाव का परिचायक है। सभी में मानव-तत्त्व की विद्यमानता के कारण सभी मनुष्य समान होते हैं। सभी में प्राकृतिक गुण—सत, रज, तम—पाए जाते हैं। परंतु इनमें से किसी में सत, किसी में रज और किसी में तम अधिक होता है। इस प्रकार प्राकृतिक गुण समान मात्रा में नहीं होते। सभी लोग पृथक-पृथक तथा विविध कर्म करते हुए भी मनुष्य के नाते एक हैं। इनमें एकरूपता नहीं एकात्मता पर बल दिया गया है। कोई श्रमिक की भूमिका में कार्यरत है, तो कोई व्यवस्थापक तथा और कोई स्वामी-सेवायोजक की भूमिका का निर्वाह करता है। मूल रूप से इनमें कोई अंतर नहीं होता है। सभी उर्ध्वगामी सोच रखते हैं, ऊपर उठने का प्रयास करते हैं। श्रमिक में सेवायोजक के प्रति और सेवायोजक में श्रमिक के प्रति सद्भाव होना चाहिए। एक-पक्षीय व्यवहार अनपेक्षित है। संस्थान की प्रगति का आधार मुख्य रूप से मनुष्य ही होता है—श्रमिक की भूमिका तथा स्वामी की भूमिका में मनुष्य ही होता

है। श्रमिक की भलाई हो अथवा सेवायोजक की, दोनों का लक्ष्य संस्थान की प्रगति पर आधारित होता है, जिसके लिए दोनों को परस्पर पूरक के रूप में प्रस्तुत होना आवश्यक है, जो कि वास्तव में वे होते हैं।

ऐसी सहयोगी भूमिका के लिए संस्थान में नियमों की रचना 'यम', 'नियम' के आधार पर होनी चाहिए। यदि ये दोनों—श्रमिक और सेवायोजक 'यम', 'नियम' का पालन करें तो संघर्ष का लोप हो सकता है।

| | |
|---|---|
| यम | सत्य, अहिंसा, |
| | नम्रता, प्रीति, मृदुता, मीठी वाणी, |
| | प्रसन्नता |
| | दया, क्षमा, दान |
| नियम | स्वाध्याय, पवित्रता, स्नान |
| | ब्रह्मचर्य-व्रत, |
| | मौन, उपवास |
| | यज्ञ, तप, दान |

'यम', 'नियम' के पालन से किसी भी संस्थान में नियमावलियाँ भंग होने, भंग करने की समस्या उत्पन्न ही नहीं होगी, जिनकी रचना इनके अनुसार की गई हो, भारतीय चिंतन में ऐसा कहा गया है। इनके पालन से स्वतः अनुशासन के भाव का विकास हो जाता है। वास्तविक अनुशासन तो आत्मानुशासन होता है। बाहर से थोपा गया अनुशासन अर्थात् ऊपर से थोपा गया अनुशासन उतना प्रभावी नहीं होता जितना आत्मानुशासन होता है। मनुष्य एक मनन-शील प्राणी होता है। इसलिए अनुशासन का भाव उसके मन में होना चाहिए और वही प्रगट होना चाहिए।

वर्तमान समय में दो प्रकार के उदाहरण देखने में आते हैं। 'यम', 'नियमों' को पढ़े बिना, उनमें इनका कुछ ज्ञान होता है, जिसके कारण उनके संस्थान में बनाए गए नियमों में इनकी झलक मिलती है। उनके आचरण में इनकी बहुत मात्रा झलकती है। परिणामस्वरूप उनके संस्थानों में निर्बाध गति से उत्पादन होता है। श्रमिक, प्रबंधक प्रसन्न एवं संतुष्ट लगते हैं। इसके विपरीत कुछ अन्य संस्थानों में आए दिन अशांति के समाचार आते रहते हैं। उत्पादन में बाधाएँ आती हैं, ध्वंस होता है, तालाबंदी होती रहती है। कारण स्पष्ट होता है, न श्रमिकों, न ही प्रबंधन एवं सेवायोजकों की सोच, आचरण 'यम', 'नियमों' के अनुरूप होती है।

## Times of Western Economists (known in modern times)

| | | |
|---|---|---|
| 1. | Plato | 427 BC-347BC |
| 2. | Aristotle | 384BC-322BC |
| 3. | Kautilya | 350BC-283BC |
| 4. | Jean Bodwin | 1530-1596 |
| 5. | Richard cantillon | 1680-1734 |
| 6. | Francois Quesnay | 1694-1774 |
| 7. | Adam Smith | 1723-1790 |
| 8. | Arther Young | 1741-1820 |
| 9. | Jeremy bentham | 1748-1832 |
| 10. | Willium Godwin | 1756-1836 |
| 11. | Thomus Malthus | 1766-1834 |
| 12. | Robert Owen | 1771-1858 |
| 13. | David Ricardo | 1772-1823 |
| 14. | John Henerarich | 1783-1850 |
| 15. | Fredrich List | 1789-1846 |
| 16. | Henry charles carey | 1793-1879 |
| 17. | John Stuart Mill | 1806-1873 |
| 18. | Karl Marx | 1818-1883 |
| 19. | William Stanely Jevons | 1835-1882 |
| 20. | Gaustav Von Schmoller | 1838-1917 |
| 21. | Alfred Marshall | 1842-1924 |
| 22. | Chales Gide | 1847-1920 |
| 23. | Richard Joans | 1855-1935 |
| 24. | Edwin Cannan | 1861-1935 |
| 25. | Gustav Cassel | 1866-1945 |
| 26. | Irving Fisher | 1867-1947 |
| 27. | Bengamin Strong | 1872-1928 |
| 28. | Ludwig Von Mises | 1881-1973 |

## प्राचीन भारतीय अर्थचिंतन

| | |
|---|---|
| वैदिकयुग | – ऋग्वेद, सामवेद, यजुर्वेद, अथर्ववेद |
| सतयुग | – मनुस्मृति, उपनिषद् |
| त्रेतायुग | – वाल्मीकि रामायण, नारदस्मृति, याज्ञवल्क्यस्मृति, शुक्रनीति |
| द्वापरयुग | – श्रीमद्भगवद्गीता, विदुर–नीति, शांतिपर्व (महाभारत) |
| कलियुग | – कौटिल्यीय अर्थशास्त्र, बौद्ध एवं जैन अर्थचिंतन |

□

# वेद अर्थ-चिंतन*

वेदों को निम्नलिखित परिपाटी से पढ़ा जाए–

**ऋग्वेद–**

**पहली संख्या**–मंडल संख्या
**द्वितीय संख्या**–सूक्त संख्या
**तृतीय संख्या**–ऋचा संख्या
**चतुर्थ संख्या**–पृष्ठ संख्या

**अथर्ववेद–**

**पहली संख्या**–काण संख्या
**द्वितीय संख्या**–सूक्त संख्या
**तृतीय संख्या**–ऋचा संख्या
**चतुर्थ संख्या**–पृष्ठ संख्या

**यजुर्वेद–**

**पहली संख्या**–अध्याय संख्या
**द्वितीय संख्या**–ऋचा संख्या
**तृतीय संख्या**–पृष्ठ संख्या

संसार के प्राचीनतम ग्रंथ के रूप में प्रमाणित वेद संपूर्ण प्राणिमात्र का अनुग्राहक शास्त्र कहा गया है। इस प्रकार यह ग्रंथ केवल भारतवर्ष का नहीं, अपितु अखिल विश्व की संरक्षणीय निधि माना गया है। भारतवर्ष में सर्वप्रथम प्राकट्य होने के कारण समस्त भारतीयों का इसके प्रति अनुराग होना तथा इसकी संरक्षा करना प्रथम कर्तव्य हो जाता है।

अर्थ और काम पुरुषार्थ को सम्यक साधते हुए मुक्त जीवन जीने की कला सिखानेवाले समग्र और संपूर्ण ज्ञान के भंडार वेद हैं। इनके मर्म और पावन स्वरूप का साक्षात्कार करने के लिए मर्यादा पुरुषोत्तम श्रीराम का सहारा लेना होगा।

---

* वेद : ऋग्वेद, अथर्ववेद, सामवेद तथा यजुर्वेद, प्रकाशक दयानंद संस्थान, नई दिल्ली, भाषा भाष्य महर्षि दयानंद सरस्वती।

श्रीराम ने गुरु के सान्निध्य में रहकर वेदों का अध्ययन किया, वेदों का ज्ञान प्राप्त किया। शासन की बागडोर सँभालकर रामराज्य जैसे आदर्श शासन की रचना की, जिसमें प्रत्येक व्यक्ति के सुखी एवं समृद्ध जीवन का वर्णन मिलता है।

*राजीव मिश्र, नवोत्थान लेख सेवा,*
*हिंदुस्तान समाचार, 20 जून, 2012*

इस महान् ग्रंथ के चार खंड हैं—ऋग्वेद, सामवेद, यजुर्वेद और अथर्ववेद। इन चारों में अर्थ संबंधी मार्गदर्शन मिलता है। इनमें से कुछ मंत्रों की व्याख्या करने का प्रयत्न किया गया है। यह नहीं मानना चाहिए कि इनमें वेदों से संबंधित संपूर्ण चिंतन आ गया है, अपितु इस प्रयत्न को चेष्टा मात्र माना जाए।

आध्यात्मिक अर्थव्यवस्था के इस कल्याणकारी चिंतन में आग्रह किया गया है कि जीवन के लिए अर्थ अपरिहार्य होने के कारण परिश्रमपूर्वक धनार्जन करना चाहिए। धनार्जन का माध्यम मनुष्य का शरीर होता है—

**'शरीरमाद्यं खलु धर्मसाधनम्'**

अत: मानव शरीर के संरक्षण पर ध्यान देना अत्यंत आवश्यक है—मनुष्य को भोजन, वस्त्रादि तथा आवास की सुचारु व्यवस्था होनी ही चाहिए। भाव यह है कि इनकी उचित व्यवस्था के बिना जीवन संभव नहीं होता। भारतीय चिंतन में इसे हम 'न्यूनतम साधन' कहते हैं। तात्पर्य यह है कि व्यक्ति की मानवपरक आवश्यकताओं की पूर्ति हेतु उचित व्यवस्था, जिसमें उसके परिवार का पोषण एवं विकास के सभी अवसर उपलब्ध हो सकें। भोजन, वस्त्र, आवास सुयोग्य हों, मात्र जीवित रहने की बात नहीं, अपितु उपर्युक्त व्यवस्था 'न्यूनतम साधन' माने गए हैं।

*राजीव मिश्र, नवोत्थान लेख सेवा,*
*हिंदुस्तान समाचार, 20 जून, 2012*

मनुष्य केवल जीने भर की नहीं, अपितु मानवीय भावनाओं की परिपूर्ति की आकांक्षा भी रखता है, उसका जीवन पशुवत नहीं, अपितु मानव के रूप में विकसित हो सके। इस हेतु जितने साधन आवश्यक हैं, उन्हें 'न्यूनतम साधन' की संज्ञा दी गई है। अभिप्राय यह है कि साधनों की मात्रा इतनी पर्याप्त हो कि वह सम्मानजनक जीवन संतुष्ट रूप से जी सके। उसे अपनी सामान्य आवश्यकता की पूर्ति के लिए किसी से याचना न करनी पड़े। आधुनिक भाषा में जिन्हें अनिवार्य आवश्यकताएँ

(Necessaries) कहते हैं, उतना मात्र ही नहीं, वरन् उनमें कुछ सुविधाएँ (Comforts) भी शामिल होती हैं। विलासिताओं (Luxuries) का 'न्यूनतम साधनों' में कोई स्थान नहीं है। ये अनावश्यक आवश्यकताएँ होती हैं, जिनमें हानिकारक और हानिरहित दोनों प्रकार पाए जाते हैं।

साधनों के उपयोग पर मार्गदर्शन करते हुए कहा गया है—

**'नार्यमणं पुष्यति नो सखायं**
**केवलाघो भवति केवलादी'**

*ऋग्वेद— 10/117/6/491*

अर्थात् जो व्यक्ति साधनों का अकेले ही उपभोग करता है, वह पाप का भागीदार होता है। भाव यह है कि उपलब्ध साधनों का उपयोग मिल-बाँटकर करना चाहिए।

पाश्चात्य भौतिकवादी चिंतन मानव के केवल शरीर और मानसिकता का ही विचार करता है, पूरे मानव और मानवीय आकांक्षाओं की चिंता नहीं करता। एक सेवायोजक श्रमिकों की कुशलता, अकुशलता का माप उत्पादन की मात्रा से करता है। वह श्रमिक और सेवायोजक के संबंध में द्वैतवादी भाव से सोचता है। परंतु भारतीय आध्यात्मिक सिद्धांत अद्वैत भाव, न केवल इनके भौतिक अभ्युदय की समस्या का समाधान करता है, अपितु जीवन के चरम सुख (मोक्ष) एवं कल्याण की उपलब्धि का भी विचार करता है। यह सिद्धांत सार्वकालिक एवं सार्वभौमिक है, जो व्यक्ति, समाज, राष्ट्र, संस्थान तथा मानव मात्र पर क्रियाशील होता है।

वर्तमान समय में श्रमिकों में अनुशासनहीनता तथा अस्वस्थ मन:स्थिति पर विचार करने के लिए सर्वेक्षण करें तो देखने को मिलेगा कि इसका मुख्य कारण सेवायोजक द्वारा श्रमिकों के और श्रमिकों द्वारा सेवायोजक के 'मानवीय तत्त्व' की अवहेलना है। विद्यमान परिस्थितियों के तनावों को भौतिक प्रेरणाओं द्वारा तत्काल तो शांत किया जा सकता है, परंतु यह समझ लेना चाहिए कि भौतिक प्रेरणाएँ मनुष्य की आशा-आकांक्षाओं को बढ़ाती हैं, स्थायी समाधान सुलभ नहीं करा सकतीं। ये प्रेरणाएँ मानव समूह की समस्त समस्याओं का समाधान नहीं कर सकतीं। भारतीय चिंतन के अनुसार, भौतिक प्रेरणाओं के साथ ही भावनात्मक एवं मानसिक प्रेरणाओं का समावेश भी किया जाना चाहिए। श्रमिक और सेवायोजक में त्यागपूर्वक भोग की आकांक्षा होनी चाहिए, जो जीवन में यम-नियमों का पालन करने से ही प्राप्त हो सकती है। इसके लिए उद्योग में लगे श्रमिकों और व्यवस्थापकों का सहकार आवश्यक बताया गया है। यदि दोनों पक्ष, एकात्म भाव से प्रेरित

होकर, सहकार करते हुए, त्यागपूर्वक उपभोग को आदर्श मानकर चलें, तो अनुशासन ऊपर से थोपा हुआ न होकर आत्मानुशासन होगा। यह तथ्य तो सभी स्वीकार करते हैं कि आत्मानुशासन सर्वोत्तम होता है।

भारतीय अर्थचिंतन को मर्यादित भोग-चिंतन इसलिए कहा गया है, क्योंकि अनिवार्य आवश्यकताएँ एवं सुविधाएँ मर्यादित भोग के चिंतन की सीमा होती हैं। ऋग्वेद के सूक्त 10.72 में इस पर प्रकाश डाला गया है। मर्यादित अर्थचिंतन का आधार प्राचीन भारतीय हिंदू-चिंतन है। इसी चिंतन से चारों पुरुषार्थ—धर्म, अर्थ, काम और मोक्ष की सिद्धि हो सकती है। यह चिंतन अर्थ और काम तक सीमित नहीं होता। धर्म का स्थान अर्थार्जन और काम के उपयोग में अत्यंत महत्त्वपूर्ण है। **धर्म ही हमें बताता है कि अर्थ मानव जीवन के लिए सर्वोपरि महत्त्व रखता है, किंतु अर्थार्जन धर्मानुकूल हो, तभी लाभकारी होता है।** अधर्म से अर्जित धन पाप होता है, जो अंत में हानिकारक सिद्ध होता है। यही बात काम के उपयोग पर भी क्रियाशील होती है। भाव यह है कि धर्म, अर्थ और काम पुरुषार्थों का पालन करने से मोक्ष प्राप्त हो सकता है। मोक्ष प्राप्ति का यही मार्ग है।

**"ब्रह्मणस्पतिर्वृषभिर्वराहै**
**धर्म स्ववेदे भिर्द्रविणं व्यानद्र"**

*ऋग्वेद— 10/67/7/434*

अर्थात् धन का दावेदार, अधिकारी वही व्यक्ति हो सकता है जिसने धनार्जन में भरपूर परिश्रम किया है, पसीना बहाया है। भाव यह है कि जो व्यक्ति निष्क्रिय है, कर्म नहीं करता है, परिश्रम नहीं करता है, धन पर उसका कोई अधिकार नहीं बनता। इस प्रकार ऋग्वेद के अनुसार परिश्रम और धन के अधिकारी में सीधा, प्रत्यक्ष संबंध होता है—

कर्म करने पर अधिक बल देते हुए कहा गया है—

**'अकर्मा दस्युरभि नो अमन्तुरन्यव्रतो अमानुषः'**

*ऋग्वेद— 10/22/8/381*

अर्थात् वह व्यक्ति जो कोई कर्म नहीं करता, निष्क्रिय रहता है, उसे इस मंत्र में पापी तथा हीन प्रकृतिवाला कहा गया है, दस्यु तक की संज्ञा दी गई है। इस प्रकार ऋग्वेद में यह आग्रह किया गया है कि समाज में निवास करनेवाले व्यक्ति को कर्मशील होना ही चाहिए। निष्कर्म, निष्क्रिय, आलसी व्यक्ति को अत्यंत हेय दृष्टि से देखा गया है।

**'न वा उ मां वृजने वारयन्ते।**
**न पर्वतासो यदंह मनस्ये॥'**

*ऋग्वेद— 10/27/5/385*

प्रो. फ्रलोरेंस ने जिन 6 प्रकार की कुशलता रहित हानियों का वर्णन किया है, उनमें कम उत्पादन, खराब उत्पादन, यंत्रों की तोड़-फोड़ तथा कच्चे माल की बरबादी भी हैं। इन्हें रोकने के लिए फ्रलोरेंस ने भौतिक प्रेरणाएँ प्रदान करने की बात कही है। उनके अनुसार भौतिक प्रेरणाओं द्वारा संतुष्ट श्रमिकों का निर्माण हो सकता है। अल्पकालिक समाधान हेतु उनका मत पर्याप्त सीमा तक उचित लगता देखा जा सकता है। परंतु केवल भौतिक सुविधाएँ देकर दीर्घकाल तक वेतनभोगियों (श्रमिकों, प्रबंधकों) को नियंत्रित नहीं किया जा सकता। भौतिक सुविधाएँ तो अग्नि में घी डालने जैसा काम करती हैं, जो भौतिक आकांक्षाओं को प्रज्वलित करती हैं। इन समस्याओं के दीर्घकालिक, स्थायी समाधान हेतु श्रमिकों के साथ मानवीय एवं आत्मीयतापूर्ण व्यवहार नितांत आवश्यक होता है। ऐसा व्यवहार दूसरे के हृदय को जीत सकता है। मनुष्य तो मनुष्य है, पदार्थ नहीं होता। उसे मानवीय व्यवहार से ही अपना बनाया जा सकता है।

**'प्राञ्जो अगाम नृतये हसाय**
**द्राघीय आयुः प्रतरं दधानाः'**

*ऋग्वेद— 10/18/3/377*

अर्थात् हे प्रिय बंधु! आओ जिससे हम प्रगति करते हुए मौज-मस्ती करें, हँसें और नाचें-गाएँ। दूसरे शब्दों में सबका अभ्युदय करने हेतु हम साथ-साथ कार्य करें तथा प्रतिफल को आपस में बाँटकर कल्याण की अनुभूति करें। इसका अभिप्राय यह है कि मिल-जुलकर कार्य करें, परिश्रम करें और प्रतिफल का अकेले नहीं, परस्पर मिलकर उपयोग करें।

ऋग्वेद के ऋचा 5/31/15 में संदेश है कि हम लोग उसी प्रकार आनंद से विचरण करें, जिस प्रकार चंद्र और सूर्य बिना उपद्रव के विचरण करते हैं। इस मंत्र का संदेश सभी के लिए है। विशेष रूप से यह उद्योग जगत पर क्रियाशील होता है। श्रमिक एवं सेवायोजक के लिए है, औद्योगिक शांति के लिए है, जिसमें यह भाव अंतर्निहित है कि कल्याण का मार्ग शांति से खुलता है, अशांति में कोई उपलब्धि नहीं होती। स्वस्थ वातावरण में कार्य करते हुए, भरपूर परिश्रम करते हुए, अपनी क्षमताओं का पूरा उपयोग करते हुए, संस्थान की प्रगति में सहयोग करें, इसी में

श्रमिकों और सेवायोजकों का लाभ है। परंतु इसके लिए यह आवश्यक है कि सेवायोजक बड़े भाई की भाँति आगे आएँ और अपने छोटे भाइयों की प्रगति एवं कल्याण का प्रभावी उपकरण बनें। देखा जा रहा है कि कंपनियों की वार्षिक बैठकों में भारी लाभ की घोषणाएँ की जाती हैं। यदि सेवायोजक खुले मन से लाभांश का एक उचित अंश अपने सह-कर्मियों-श्रमिकों, प्रबंधकों में भी वितरित करें तो समूचा औद्योगिक वातावरण स्वस्थता से भर जाएगा। विचारणीय है कि जिस लाभ की प्राप्ति होती है, उसमें केवल सेवायोजक की कुशलता नहीं, अपितु परिश्रम करनेवाले उसके सहयोगियों का भी भारी योगदान होता है। सेवायोजक के इस व्यवहार का परिणाम यह होगा कि श्रमिक उत्साह से भर जाएँगे तथा भविष्य में और अधिक परिश्रम करके संस्थान की उत्तरोत्तर प्रगति में सहभागी होंगे तथा संस्थान प्रगति के मार्ग पर निरंतर अग्रसर होता रहेगा।

ऋग्वेद की ऋचा 1/42/2 में कहा गया है कि जो कोई भी पाप, पापी, डाकू, दु:शासक अथवा दुर्विचारी हम पर शासन करना चाहे, हे परमात्मा! उसे हमारे जीवन पथ से हटा दो। स्वाभाविक है कि इसका प्रयत्न हमें स्वयं करना होगा, क्योंकि ईश्वर उनकी सहायता करता है जो अपनी सहायता स्वयं करते हैं।

एक अन्य ऋचा में भी इसी भाव को व्यक्त करते हुए कहा गया है कि निकृष्ट वृत्ति में जीवन व्यतीत करते हुए जो हम पर शासक की भाँति शासन चलाना चाहता है, हे परमात्मा! उसे उलटे पैर वापस करो, तुम ही उनके मार्ग में बाधा डाल सकते हो। ऐसे परकीय भाव रखनेवालों की कमानों पर चढ़ी हुई डोरी को तोड़ दो और उन्हें डाकू वृत्ति में विफल कर दो। इस ऋचा में उद्योग जगत के स्वामियों एवं उनमें कार्यरत श्रमिकों के लिए पर्याप्त मार्गदर्शन है।

*ऋग्वेद— 10/33/4*

अगली ऋचा में भी इसी भाव को व्यक्त करते हुए कहा गया है कि अपना अथवा पराया, कोई भी व्यक्ति, जो हमें दास बनाकर रखना चाहता है, उसके बल को हम अपने ही आत्मबल द्वारा समाप्त कर सकते हैं।

*ऋग्वेद— 10/33/5*

उपर्युक्त ऋचाओं का एक साथ विश्लेषण करने पर निष्कर्ष यह निकलता है कि ऐसे सेवायोजक, जो श्रमिकों को उनका उचित भाग न देकर उनका शोषण करते हैं, ऐसे सेवायोजक जिनकी वृत्ति डाकू के समान है, जो बलात अपने नियंत्रण में रखकर श्रमिकों को दास की भाँति रखते हैं; जैसे आजकल बंधुआ मजदूरों के उदाहरण सामने आ रहे हैं, जो हमारी स्वतंत्रता का हनन करते हैं, उन्हें, हे प्रभु!

हमारे मार्ग से हटा दो, उनकी दुष्ट वृत्ति से हमारी रक्षा करो।

ऋग्वेद में आगे प्रार्थना की गई हैं, ''हमें शुभ संकल्प प्राप्त हो, सर्वोत्तम एवं दुष्टों के नाशक, विद्वान लोग सदैव वृद्धि करें तथा उन्हें प्रतिदिन प्रमाद-मुक्त रक्षा करने वाले बनाओ।'' इसमें जहाँ वार्ता, सहकार और सहयोग, शुभ संकल्प की कामना की गई है, वहीं पूँजीपति के प्रमाद को ध्यान में रखा गया है तथा श्रमिकों की सुरक्षा के लिए संगठित होने की प्रेरणा भी दी गई है। इस संदर्भ में कहा गया है—

*ऋग्वेद—7/89/1*

**'अप्रीतो ग्यासि स धनाति'**

अर्थात् वह व्यक्ति सदैव विजयी होता है जो पीछे नहीं हटता।

गृहस्थी के संबंध में ऋग्वेद मे कहा गया है कि एक उत्तम गृहस्थी की दो आवश्यकताएँ होती हैं—

प्रथम यह कि उनकी संतान उत्तम हो। माता-पिता का यह कर्तव्य है कि वे अपनी संतान में उत्तम गुण भर दें। वीर, कर्मठ, सावधान, देवत्व के गुणों को प्राप्त करने की इच्छा रखनेवाला, अनिष्ट कर्मों से बचनेवाला हो। यदि संतान ऐसी हो तभी संतान सुख प्राप्त होता है।

दूसरा सुख धनलाभ होता है। धनार्जन के दो साधन होते हैं—दोषयुक्त और दोषरहित। दोषयुक्त साधनों से प्राप्त धन अस्थायी होता है, शीघ्र नष्ट हो जाता है और स्वामी को भी नष्ट कर देता है। दोषरहित धन दीर्घकाल तक, अगली पीढ़ियों तक टिकता है, सावधानी से व्यय किया जाता है, सच्चे अर्थ में स्वामी को ऐश्वर्यवान बनाता है। वेद ने इसी धन को उत्तम धन कहा है।

ऋषियों द्वारा कहा गया है—

**'देवस्य सवितः सवितः सर्वे कर्म कृण्वन्तु मानुषाः'**

अर्थात् यदि मनुष्य परमेश्वर के नियमानुसार कार्य करता है तो यही उसकी सफलता का आधार होता है। यदि वह इसके विरुद्ध, प्राकृतिक नियमानुसार कार्य नहीं करता तो उसकी सफलता संदिग्ध होती है।

वर्तमान समय में सर्वसाधारण धनसंग्रह में प्राकृतिक 'शुद्ध', अप्राकृतिक 'अशुद्ध' साधनों पर ध्यान नहीं देता, न ही वह पाप-पुण्य, धर्म-अधर्म का विचार करता है। वह अपने समक्ष एक ही लक्ष्य रखता है—धनार्जन। इस विषय पर साधनों के संबंध में वह स्वयं तो विचार करता नहीं, किसी दूसरे की राय सुनने में भी कोई रुचि नहीं रखता।

**'कुर्वन्नेवेह कर्माणि जिजीविषेच्छतंऽसमा।**
**एवं त्वयि नान्यथेतोऽस्ति न कर्म लिप्यते नरे॥'**

*यजुर्वेद—40/2/290*

मनुष्य की सामान्य आयु सौ वर्ष मानते हुए चेताया गया है कि व्यक्ति कर्म करते हुए, पुरुषार्थ करते हुए, सत सक्रिय रहते हुए ही सौ वर्ष जीवित रह सकता है। निष्क्रिय रहकर, कर्म किए बिना व्यक्ति सौ वर्ष तक जीवित नहीं रह सकता। भाव यह है कि व्यक्ति को सदैव कर्मशील रहना चाहिए।

**'अन्धंतमः प्र विशन्ति येऽसम्भूतिमुपासते।**
**ततो भूयइव ते तमो यऽउ सम्भूत्यांऽरताः॥'**

*यजुर्वेद—40/9/291*

अर्थात् जो व्यक्ति केवल असंभूति (व्यष्टि भाव) की उपासना करता है, घोर अंधकार में प्रवेश करता है। किंतु जो संभूति (सामाजिक भाव) के पीछे लगा है, वह उससे भी बढ़कर घने अंधकार को प्राप्त करता है। अभिप्राय यह है कि केवल व्यष्टि अथवा केवल समष्टि भाव से विचार करे तो वह सही निष्कर्ष पर नहीं पहुँच सकता, उसका निष्कर्ष अधूरा सत्य होगा, त्रुटिपूर्ण होगा। इस मंत्र में यह भी कहा गया है कि जो व्यक्ति संभूति और असंभूति दोनों को साथ-साथ एक साथ जानता है, वह व्यष्टि भाव से अपने दुःख-दर्द दूर करता है और सामाजिक भाव से अमरत्व प्राप्त कर सकता है। अतः वह व्यक्ति जो व्यष्टि तथा समष्टि दोनों का ध्यान रखता है, उचित निष्कर्ष पर पहुँचता है।

**'सम्भूतिं च विनाशं च यस्तद्वेदोभयऽसह।**
**विनाषेन मृत्युं तीर्त्वा सम्भूत्यामृतमश्नुते॥'**

*यजुर्वेद—40/11/291*

संसार का एक सबसे बड़ा युद्ध महाभारत के नाम से जाना जाता है। इस महायुद्ध का प्रणेता दुर्योधन कहता है, "**जानामि धर्म न च मम प्रवृत्तिः। जानाभ्य धर्मं न च मम निवृत्तिः।**" अर्थात् मैं जानता हूँ कि अधर्म क्या है, किंतु उससे मेरी निवृत्ति नहीं है, मेरा छुटकारा नहीं है। श्लोक के अनुसार ऐसी मनोवृत्ति वाला शासक (सेवायोजक) विनाश का सूचक होता है। व्यष्टि भाव की चरम परिणति दुर्योधन के व्यवहार में देखी जा सकती है। काम, क्रोध, लोभ, मोह, मद, मत्सर इन दोषों से जिस प्रकार पांडव मुक्त थे, उसी प्रकार एक कुशल सेवायोजक को भी

मुक्त होकर धर्मानुसार अपने सहकर्मियों से व्यवहार करना चाहिए तथा अपने लाभांश का श्रमिकों में वितरण करना चाहिए और समाज (समष्टि) के प्रति अपने दायित्व का निर्वाह करना चाहिए। आज के वर्ग-संघर्ष और औद्योगिक अशांति का कारण एकांकी व्यष्टि भाव ही होता है, जिससे बचना चाहिए।

भारतीय चिंतन में कहा गया है—

**'तेन त्यक्तेन भुञ्जीथा मा गृधः कस्यस्विद्धनम्'**

अर्थात् सभी को त्यागपूर्वक भोग करना चाहिए। इसका परिणाम यह होगा कि कोई किसी दूसरे के धन का लालच नहीं करेगा, श्रमिक सेवायोजक के धन का और सेवायोजक श्रमिक का धन हड़पने का प्रयास नहीं करेगा। ऐसी स्थिति में औद्योगिक अशांति का प्रश्न उठेगा ही नहीं।

यजुर्वेद में सेवायोजक (शासक) को संदेश दिया है—

**'श्रीश्च ते लक्ष्मीश्च पत्न्यावहारात्रो पाश्वे नक्षत्राणि रूपमश्चिनौ व्याप्त्तम।**
**इष्णन्निषाणमुं मऽइषाण सर्वलोकं मऽइषाण'॥**

*यजुर्वेद—31/22/253*

जैसे ईश्वर के न्याय आदि गुण-व्याप्ति, कृपा, पुरुषार्थ, रचना और सत्य नियम हैं, वैसे ही तुम लोगों में भी हों, जिससे तुम्हारे सुख उत्तरोत्तर बढ़ें। अन्यों के साथ वैसा ही व्यवहार करो, जैसा परमात्मा ने तुम्हारे साथ किया है। उनके साथ वैसी ही उदारता बरतो, जैसी ईश्वर ने तुम्हारे साथ बरती है। विचारणीय है कि यजुर्वेद के इस संदेश, दिशा-निर्देश का पालन करने से किसी प्रकार की अशांति संभव है? नहीं, कदापि नहीं।

**'समानी प्रपा सहवोऽत्र भागः।'**

*अथर्ववेद—3/30/6/54*

इस ऋचा में परमात्मा से प्रार्थना की गई है कि हमें स्वार्थी होने से हमारी रक्षा करे। हममें समष्टि भाव का प्रवाह होता रहे। प्राकृतिक साधन अन्न, पानी पर सभी का अधिकार होता है। इस प्रकार समानता के भाव का दिग्दर्शन कराया गया है। ऐसा न हो कि साधनों का किसी के लिए अभाव हो और किसी के पास अथाह भंडार हो। अर्थात् किसी प्रकार की विषमता समाज में न हो।

अथर्ववेद में कहा गया है—

**'शतहस्त समाहर सहस्त्र हस्त संकिर।**
**कृतस्य कार्यस्थ चेह स्फातिं समावह॥'**

*अथर्ववेद—3/24/5/51*

अर्थात् सौ हाथों से अर्जित करो और हजार हाथों से उसे बाँट दो। भाव यह है कि खूब धनार्जन करो, इसमें कोई बाधा-बंधन नहीं है, परंतु अर्जित धन का उपयोग केवल अपने लिए ही मत करो, धन के अंबार खड़े न करो, अपितु इसे समाज के उपयोग के लिए खुले मन से दो। अतः अर्जित भी करो और बाँटो भी।

आगे कहा है—

**'दधात्वायुष्मन्तः सहभक्षाः स्याम'**

*अथर्ववेद—6/47/1/116*

अर्थात् हम साथ-साथ भोजन करें। धन अर्जित करें, परंतु उसका भोग अकेले न करें, मिल-जुलकर करें। ऐसा न हो कि हम तो मन के अनुसार खाएँ, परंतु हमारे पड़ोस में कोई भूखा रह जाए। इस प्रकार समाज को एक इकाई मानकर, पूरे समाज की चिंता की गई है। इसमें यह संदेश भी निहित है कि समाज में आर्थिक विषमता नहीं होनी चाहिए। संपूर्ण समाज सुखपूर्वक जीवनयापन करे। विषमता अशांति उत्पन्न करती है जो सामान्य क्रिया-कलापों को बाधित करती है।

पुरुषार्थ (कर्म) के संबंध में अथर्ववेद का संदेश है—

**'न ऋतेश्रांतस्थ सख्याय देवाः'**

अर्थात् परिश्रम (कर्म) किए बिना कोई कार्य सिद्ध नहीं हो सकता, यहाँ तक कि देव भी आलसी व्यक्ति से मित्रता नहीं करते। वेद का आग्रह है कि मनुष्य को कर्म करना चाहिए। किसी को बिना परिश्रम किए भोग का अधिकार प्राप्त नहीं होता। भोग का अधिकारी वही होता है जो कर्म करता है, परिश्रम करता है।

पुरुषार्थ, कर्म, कर्तव्य पर अधिक प्रकाश डालते हुए कहा गया है—

**'कृतं मे दक्षिणे हस्ते जयो मे सव्य आहितः।**
**गोजिद् भूयासमश्वजिद्धनंजयो हिरण्यजित्॥'**

*अथर्ववेद—7/50/8/148*

मेरा कर्म, कर्तव्य, धर्म मेरे दाहिने बाजू हो और मेरी विजय मेरे बाएँ बाजू खड़ी हो। इस प्रकार मैं जीवन में विजयी बनूँगा, विकास और प्रगति भूमि जीतनेवाला होउँगा। अभिप्राय स्पष्ट है कि यदि मैं परिश्रम करूँगा तो अवश्य विजयी हूँगा। प्रचलित कहावत है 'अपने हाथ जगन्नाथ'। बिना परिश्रम उपलब्धि असंभव होती है। यश, विजय, उपलब्धि के लिए पुरुषार्थ करना ही पड़ता है।

आगे कहा गया है—

**'यस्तिष्ठति चरति पश्च् वञ्चति यो निलायं चरित यः प्रतंङ्कम्।**
**द्वौ सैनिषद्य यन्मन्त्रयते राजा तद् वेद वरूणस्तृतीयः॥'**

*अथर्ववेद—4/16/2/65*

अर्थात् जो व्यक्ति निष्क्रिय बैठा है, जलता है, दूसरों को धोखा देता, ठगता है, छिपकर कार्य करता है तथा अत्याचार करता है, दो व्यक्ति मिलकर कोई गुप्त मंत्रणा करते हैं तो उन सबको, कोई तीसरी सत्ता देखती है। इस मंत्र में यह आग्रह भी है कि निष्क्रिय नहीं बैठना चाहिए, कोई-न-कोई कर्म करना ही चाहिए। आधुनिक चिंतन में भी कहा गया है, 'खाली दिमाग में शैतानी पलती है' (Empty mind is devial's workshop)। मंत्र में यह भी चेताया गया है कि तीसरी शक्ति अन्यों की समस्त गतिविधियों को देखती रहती है, उससे कुछ भी छिपा नहीं रहता।

अथर्ववेद में प्रत्येक व्यक्ति को जीवन में आगे बढ़ने के लिए कहा—

**'अरोहरामा क्रमणं जीवतोऽयनन'**

अर्थात् प्रत्येक व्यक्ति को जीवन में आगे बढ़ना उसका धर्म कहा है, जिसका पालन करना ही चाहिए। एक ही स्थिति में बने रहना व्यक्ति का धर्म नहीं है। इस प्रकार संदेश दिया गया है कि निरंतर प्रगति करते रहना, उसके लिए नए-नए मार्ग खोजना, व्यक्ति के स्वभाव का अंग होना चाहिए। यथास्थिति जीवन का मार्ग नहीं, आगे ही आगे बढ़ते जाना उसका कर्तव्य है।

अन्यों की सहायता करने हेतु प्रेरित करते हुए कहा—

**'अवहितं देवा अन्नयथा पुनः'**

हे विद्वानो! तुम धर्म से अलग हुए लोगों की सहायता करके उन्हें उठाओ। इस में यह संदेश भी निहित है कि जो लोग समर्थ हैं, वे असमर्थ, पीछे रह गए लोगों की सहायता करें। सेवायोजकों का आह्वान किया गया है कि अपने सहयोगी श्रमिकों एवं व्यवस्थापकों की पद-वृद्धि करके उन्हें आगे बढ़ाएँ।

आगे कहा—

**'समयंच सव्र भूत्वा वाचं वदत भद्रया'**

इस ऋचा द्वारा प्रार्थना की गई है कि हे प्रभु! हम सभी समविचार वाले हों, एक मत वाले हों और सबकी भलाई एवं कल्याण के लिए परस्पर चर्चा करें। यह न भूलें कि मनुष्यों में मतांतर एक स्वाभाविक गुण होता है। श्रमिकों-सेवायोजकों के मत में अंतर हो सकता है, होता है। अतः हमें इनमें परस्पर वार्ता का मार्ग खुला

रखना चाहिए, जिससे उनके मत-भेद समाप्त हो सकें।

ऋचा 7/9/3 में कहा गया है, हे पालक! धर्म व्रत में रहकर हम कभी भी हानि उठानेवाले न बनें। हे प्रभु! आपका गुणगान करते हुए ही धर्म यात्रा में प्रवृत्त हों।

**'सब लो अनपच्युतः'**

*अथर्ववेद— 20/47/3/400*

अर्थात् अपने स्थान पर वही व्यक्ति स्थिर रह सकता है जो बलवान है, समर्थ है, शक्तिशाली है। कमजोर व्यक्ति अपने स्थान पर स्थिर नहीं रह सकता। भाव यह भी है कि व्यक्ति केवल शारीरिक दृष्टि से ही नहीं, आर्थिक दृष्टि से भी पुष्ट होना चाहिए, तभी अपने स्थान पर स्थिर रह सकता है। अतः सभी को आर्थिक दृष्टि से भी सबल होने के लिए प्रयास करना चाहिए। यह प्रत्येक व्यक्ति के लिए आवश्यक है।

**'जयेम संयुचि स्पशः'**

अर्थात् ईर्ष्यालु लोगों को हम परास्त करें। व्यक्ति को ईर्ष्या नहीं करनी चाहिए। ईर्ष्या अच्छी चीज नहीं है, इससे बचना चाहिए। श्रमिक लोग सेवायोजक से ईर्ष्या न करें, न ही अन्य श्रमिकों से करें। सेवायोजक भी परस्पर ईर्ष्या न करें। हम आर्थिक एवं आत्मिक दृष्टि से इतने सुदृढ़ हों कि ईर्ष्या न करें, इसकी ओर प्रवृत्त न हों।

इस विषय पर आगे कहा—

**रात्रिरात्रिमरिष्यन्तस्तरेम तन्वावयम।**
**गंभीरमप्लवा इव न तरेयुररातयः॥**

*अथर्ववेद— 19/50/3/373*

अर्थात् व्यक्ति के जीवन में उलझनें आती ही रहती हैं। हमें इतना शक्तिसंपन्न होना चाहिए कि समस्याओं को सुलझाने के लिए किसी अन्य पर निर्भर न रहना पड़े, किसी की सहायता न लेनी पड़े। हम स्वयं जीवन में आनेवाली समस्याओं का समाधान कर सकें।

**'पृथ्वा वानोमा पस्यात्'**

धनाभाव एवं धनाधिक्य के संबंध में उदाहरण प्रस्तुत कर कहा गया है कि धन की मात्रा कम होने पर तंग जूते की भाँति चुभता है, धनाधिक्य होने पर शरीर और मन को अशांत कर देता है। अर्थात् हमारे पास इतना धन हो कि अभाव से दुःखी न हों तथा इतना अधिक भी न हो कि हम अपना संतुलन खो दें। आवश्यकता भर का धन अवश्य हो।

**सारांश–**

## ऋग्वेद

1. साधनों का उपयोग अकेले न करके मिल–जुलकर करना चाहिए।
2. श्रम समस्याओं का समाधान केवल भौतिक प्रेरणाओं से स्थायी रूप से नहीं किया जा सकता।
3. पाश्चात्य चिंतन मनुष्य के केवल शरीर का विचार करता है।
4. श्रमिक–सेवायोजक के पारस्परिक संबंधों के सुधार पर विचार। सेवायोजक का दायित्व अधिक बताया।
5. अर्थ और काम का उपयोग मर्यादित हो।
6. धन का अधिकारी धनार्जन करनेवाला होता है।
7. निष्क्रिय बैठनेवाला पापी होता है।
8. हम सभी सूर्य और चंद्रमा की भाँति बिना उपद्रव के विचरण करें।
9. कोई पापी, हीन वृत्तिवाला हम पर शासन न करे।
10. धनार्जन के साधन शुद्ध होने चाहिए।

## सामवेद

1. मनुष्य परमेश्वर के नियमानुसार चलकर अवश्य सफल होता है।

## यजुर्वेद

1. काम करने के लिए आग्रह किया गया है।
2. व्यक्ति और समाज, व्यष्टि और समष्टि दोनों आवश्यक।
3. सेवायोजक श्रमिकों से धर्मानुसार व्यवहार करें।

## अथर्ववेद

1. खूब अर्जित कीजिए और खुले हाथों से बाँटिए।
2. हम सब मिलजुलकर उपभोग करें।
3. कर्म करने, परिश्रम करने के लिए आग्रह किया।
4. निष्क्रिय कभी नहीं बैठना चाहिए।

5. मनुष्य को जीवन में आगे बढ़ना चाहिए।
6. अन्यों की सहायता करें और उन्हें ऊपर उठाएँ।
7. सब प्रकार से समर्थ बनें। समस्याओं को सुलझा लेंगे।
8. धनाभाव तो बुरा है ही, धनाधिक्य भी बुरा है।

□

# उपनिषद् अर्थ-चिंतन*

कृपया 'तीन उपनिषद्' में निम्नानुसार पढ़ें–

**पहली संख्या**–भाग संख्या

**द्वितीय संख्या**–अध्याय संख्या

**तृतीय संख्या**–श्लोक संख्या संख्या

**चतुर्थ संख्या**–पृष्ठ संख्या

कठोपनिषद् में निम्नानुसार पढ़ें–

**पहली संख्या**–अध्याय संख्या

**द्वितीय संख्या**–श्लोक संख्या

**तृतीय संख्या**–पृष्ठ संख्या

शास्त्रज्ञों के अनुसार वेदों में संग्रहीत ज्ञान को ही विभिन्न ऋषियों ने उपनिषदों की अनेक शाखाओं में व्यक्त किया है। इस प्रकार उपनिषदों में जिस ज्ञान की जानकारी मिलती है, उसका मूल वेद है। उपनिषदों की कुल संख्या एक सौ बारह बताई गई है। प्रस्तुत अध्ययन में केवल कुछ गिनी-चुनी उपनिषदों को शामिल किया गया है और उनमें भी केवल उन श्लोकों का उल्लेख किया गया है जिनमें मानव जीवन के आर्थिक पक्ष पर प्रकाश डाला गया है।

ईशावास्योपनिषद् के प्रथम श्लोक में कहा गया है—

**ॐ ईशा वास्यमिद् सर्वंꣳयत्किंच जगत्यां जगत।**
**तेन त्यक्तेन भुञ्जीथा मा गृधः कस्य स्विद्धनम्॥**

*1/1/1/20*

---

* 1. 'तीन उपनिषद्' लेखक नंदलाल दशोरा, रणधीर प्रकाशन हरिद्वार, द्वितीय संस्करण—1999।

2. कठोपनिषद्, लेखक डॉ. कृष्ण अवतार वाजपेयी, प्रकाशक साहनी एंड कंपनी लखीमपुर-खीरी संस्करण—1981-82।

अर्थात् अखिल ब्रह्मांड में जो कुछ भी है—जड़-चेतन स्वरूप में है, यह सभी ईश्वर से व्याप्त है, ईश्वर का है। परंतु अज्ञानतावश, मनुष्य में 'मैं' और 'मेरा' का भाव निर्माण हो जाता है। इसी भाव के कारण समस्याएँ उत्पन्न हो जाती हैं। उपनिषद् का कथन है कि जब यह सभी कुछ प्रभु का है तो आसक्ति नहीं होनी चाहिए। यह भी कहा गया है कि जो मनुष्य आसक्ति-मुक्त होकर भोग करता है, त्यागपूर्वक भोग करता है, सच्चे अर्थ में वही भोग का अधिकारी होता है। त्याग ही कुछ पाने का मार्ग होता है। जितना त्याग किया जाता है, उसका दस गुणा वापस मिलता है।

ईशोपनिषद् के द्वितीय श्लोक में प्रवृत्ति मार्ग और निवृत्ति मार्ग पर प्रकाश डाला गया है—

**कुर्वन्नेवेह कर्माणि जिजीविषेच्छतꣳसमाः।**
**एवं त्वयि नान्यथेतोऽस्ति न कर्म लिप्यते नरे॥**

*1/1/2/22*

अर्थात् संसार में जीने के दो ही मार्ग हैं—निवृत्ति मार्ग तथा प्रवृत्ति मार्ग। प्रथम श्लोक में संन्यासी के संबंध में वर्णन किया गया है, जो आसक्ति-मुक्त होकर जीते हैं।

संसारी व्यक्ति के संबंध में कहा गया है कि यदि वह सौ वर्ष तक जीना चाहता है तो कर्म करते हुए ही यह संभव है, अर्थात् संसारी व्यक्ति संन्यासियों की भाँति नहीं जी सकता। इस मंत्र में निर्देश है कि यदि जीने की इच्छा है तो कर्म करके ही जीने का अधिकार है, निष्क्रिय रहकर नहीं। मनुष्य की आयु सौ वर्ष मानी गई है। अतः उसे जीवन भर सद्कर्म करते हुए ही जीना चाहिए। संसारी व्यक्ति के लिए कर्मबंधन से मुक्ति का कोई विकल्प नहीं होता। यही प्रवृत्ति मार्ग है, कार्य करते हुए भी उसके प्रति आसक्ति न होना, उसमें लिप्त न होना। जो कर्म किए जाएँ, उन्हें प्रभु को समर्पित कर देना चाहिए। व्यक्ति में 'कर्त्तापन' का अहंकार नहीं होना चाहिए। कर्म किए बिना जीना असंभव होता है और ईश्वरीय नियम के विरुद्ध है। संसार को अभिनय मानकर अभिनेता की भाँति जिया जाए तो व्यक्ति मुक्त हो जाता है।

छठे श्लोक में कहा गया है कि जो व्यक्ति ज्ञानी है तथा जिसने आत्म-तत्त्व को समझ लिया है, उसका मनोभाव कैसा होता है—

**यस्तु सर्वाणि भूतान्यात्मन्येवानुपश्यति।**
**सर्वभूतेषु चात्मानं ततो न विजुगुप्सते॥**

*1/1/6/28*

अर्थात् उस व्यक्ति में एकात्म भाव आ जाता है। वह व्यक्ति-व्यक्ति तथा संपूर्ण सृष्टि में भिन्नता न देखकर, सर्वत्र आत्मा-परमात्मा के दर्शन करता है। ईर्ष्या, द्वेष, मोह उसी व्यक्ति को सताते हैं, जिसने आत्मा को जाना नहीं। जब सब में एक ही आत्म-तत्त्व विद्यमान है, तो भिन्नता कैसी? इस प्रकार श्रमिक और सेवायोजक, जब सभी में सुख-दु:ख की अनुभूति एवं स्पंदन-शीलता, एक जैसी होती है, तो द्वैतभाव पूर्णतया समाप्त हो जाता है तथा स्नेह एवं आत्मीयता का भाव प्रवाहित होने लगता है। जिस व्यक्ति ने आत्म-तत्त्व को जान लिया है, उसमें 'मैं' और 'तू' का भेद समाप्त हो जाता है। वह सदैव एकात्म भाव में स्थित हो जाता है। वह जान लेता है कि 'मेरी' और 'उसकी' आत्मा एक ही है, भिन्न-भिन्न नहीं है। यह संपूर्ण सृष्टि उसी परमेश्वर की है। जिस प्रकार हाथ, पैर, आँख, कान आदि भिन्न होते हुए भी एक शरीर के ही अंग होते हैं तथा एक में विकार होने पर उसका प्रभाव समूची देह और उसके कार्य पर पड़ता है, उसी प्रकार वह संपूर्ण सृष्टि को उसी परमात्मा का अंश समझता है और परस्पर भेदभाव से मुक्त हो जाता है, भिन्नत्व से मुक्त होकर सभी में समानता का अनुभव करता है। जिस प्रकार एक ही माता-पिता की संतानें एक होती हैं, परंतु लोग लोभ, स्वार्थ एवं अज्ञानता के वशीभूत होकर परस्पर द्वेष करने लगते हैं, भिन्नता मानने लगते हैं, उसी प्रकार अज्ञानतावश वर्ग-भेद उत्पन्न हो जाते हैं, परस्पर संघर्ष करने लगते हैं। अत: मनुष्य को एक-दूसरे से भिन्न न मानकर उन्हें एक मानना चाहिए।

भारतीय चिंतन में, विभिन्न प्राचीन ग्रंथों में, स्पष्ट रूप से, मनुष्य में एकरूपता के नहीं, एकात्मता के दर्शन किए गए हैं। भारतीय आत्मीयतावाद सभी में एकता की बात कहता है। कहता है 'सर्वं खल्विदं ब्रह्म' एवं 'एकोऽहं बहुस्याम'। यह अनेकता में एकता का साक्षात्कार करता है। यह एकरूपता को असंभव मानता है। मनुष्य के स्वभाव में भिन्नता होती है, क्योंकि इसका कारण है प्रकृति की देन। प्रकृति के तीन गुण हैं—सत, रज और तम। परमात्मा की रचना—मानव शरीर, समान होता है परंतु प्राकृतिक गुण—सत, रज, तम, भिन्न-भिन्न होते हैं, जिन्हें प्रयत्नपूर्वक भी मिटाया नहीं जा सकता। परमात्मा ने प्रत्येक काया में, अपने अंश के रूप में प्राण प्रतिष्ठित किए हैं, जिसे आत्मा भी कहते हैं। बालक, वृद्ध, धनवान, निर्धन, श्रमिक, स्वामी, सेवायोजक सब एक जैसे हैं—एक ही हैं। प्रभु के इस अंश के लुप्त होने से व्यक्तित्व का लोप हो जाता है, परंतु संसार चलता रहता है।

ज्ञानी पुरुष के लक्षण बताते हुए सातवें श्लोक में कहा गया है—

**यस्मिन्सर्वाणि भूतान्यात्मैवाभूद्विजानतः।**
**तत्र को मोहः कः शोक एकत्वमनुपश्यतः॥**

*1/1/7/30*

इस मंत्र में भी ज्ञानी व्यक्ति के लक्ष्ण बताते हुए कहा गया है कि जिसे आत्मा का सम्यक ज्ञान हो गया है, उसमें सर्वत्र एकात्म-भाव आ जाता है। समस्त सृष्टि में विभिन्नता न देखकर वह सर्वत्र आत्मा को ही देखता है। द्वेष, शोक, मोह उसी को होते हैं, जिसने आत्मा को जाना ही नहीं। जब दो हैं ही नहीं तो शोक और मोह का कोई कारण नहीं हो सकता। जब सभी में एक ही आत्मतत्त्व विद्यमान है तो भिन्नता कैसी? इसलिए कार्मिक और सेवायोजक में अलगाव कैसा? जब सभी में सुख-दुःख एवं स्पंदनशीलता की अनुभूति समान होती है तो द्वैत भाव कैसा? यह भी कहा गया है कि शोक और मोह आत्मा के भाव नहीं, ये तो मन के भाव हैं जो इच्छाओं से, कामनाओं से, संबद्ध हैं।

विडंबना यह है कि आज मनुष्य को साधारण मानव की आत्मा और आत्मबोध से कुछ लेना-देना नहीं। वह तो कामना और उन इच्छाओं की तुष्टि में ही सारी शक्ति झोंक रहा है। इस कारण उसे दुःख और शोक को झेलना पड़ रहा है। आत्मतत्त्व की बात का उसके लिए कोई महत्त्व नहीं है।

**अग्निर्यथैको भुवंन प्रविष्टो रूपं रूपं प्रतिरूपो बभूव।**
**एकस्तथा सर्वभूतान्तरात्मा रूपं रूपं प्रतिरूपो बहिश्च॥**

*(कठोपनिषद् कृष्ण अवतार भूमिका भाग-1, पेज-34)*

कठोपनिषद् के द्वितीय अध्याय के नौवें श्लोक का सारतत्त्व यह है कि जब सब प्राणियों में, मनुष्यों में, वही सर्वव्यापी प्रभु विद्यमान हैं, तो मनुष्य-मनुष्य में भेद करना, उन्हें समानता न देना, समान न मानना, पूरक के स्थान पर उसे प्रतियोगी मानना, उनके प्रति द्वेष भाव रखना और तदनुसार व्यवहार करने का कोई औचित्य नहीं बनता।

कठोपनिषद् के प्रथम अध्याय के चौदहवें श्लोक में कहा गया है कि श्रुतिपुरुषों, ऋषियों ने सावधान करते हुए परमात्मा के स्वरूप का वर्णन करने के उपरांत कहा कि देव-दुर्लभ मानव तन पाकर अज्ञानतावश यदि मनुष्य निराश होकर अवसाद में पड़ता है, तो यह उचित नहीं है। उसे एक क्षण भी अवसाद में नहीं खोना चाहिए। ऋषि ने आदेश दिया कि उठो, जागो और पूर्णता से भरपूर, ऋषियों द्वारा दिखाए गए

मार्ग पर बढ़ो। सजगता से चलो, क्योंकि यह मार्ग कष्ट-साध्य है, छुरे की तीक्ष्ण तथा दुस्तर धार के समान है। इंद्रियों को वश में करके, आत्म-संयम से, पल-पल विवेक एवं विचारपूर्वक चलते हुए, तुम ऐसे दिव्य शिखर पर पहुँचोगे, जहाँ के संबंध में तुम्हें पूर्वानुभूति एवं आशा, आकांक्षा से बढ़कर सफलता प्राप्त होगी।

**उत्तिष्ठत जाग्रत प्राप्य वरान्निबोधत।**
**क्षुरस्य धारा निशिता दुरत्यया**
**दुर्गं पथस्त्तकवयो वदन्ति॥**

*(कठोपनिषद् कृष्ण अवतार भूमिका भाग-1, पेज-33)*

इस ज्ञान के समक्ष, हे मनुष्य ! तुम्हें वर्गवाद एवं वर्ग-संघर्ष बहुत तुच्छ लगेगा। आज के लिए विचारणीय यह है कि श्रमिक और सेवायोजक दोनों जब एक समान उद्‌देश्य—अर्थात् अधिकाधिक धनार्जन के भाव से काम करते हैं, तो इनमें प्रतियोगी भाव कैसा? दोनों का हित-साधन एक-दूसरे पर निर्भर होता है। श्रमिक अपने परिश्रम से सेवायोजक के उद्‌देश्य की पूर्ति में सहायक होता है, पूरक होता है। श्रमिक संतुष्ट होने पर सेवायोजक के लाभ में वृद्धि करता है। असंतुष्ट होने पर उसकी कार्य गति धीमी पड़ जाती है और सेवायोजक को हानि होती है। अत: अपने सहयोगी-श्रमिक, प्रबंधनकर्मी को संतुष्ट रखने में सेवायोजक का ही लाभ होता है, उसी का भला होता है। दूसरी ओर सेवायोजक का लाभ अधिक होने पर श्रमिक का भी हित साधन होता है। सेवायोजक को इस सत्य को स्वीकार करना चाहिए तथा सहयोगी कर्मियों की हर प्रकार से सहायता करनी चाहिए। श्रमिकों के मानवीय तत्त्व का सम्मान करते हुए, आत्मीयतापूर्ण व्यवहार से, उनके मन को जीतना उनके ही हित में है। ऐसी आत्मीय स्थिति उत्पन्न हो जाने पर श्रमिक अपने स्वामी के लिए हर प्रकार का कष्ट सहन करने को तत्पर रहते हैं। कठिन-से-कठिन कार्य भी उन्हें बोझिल नहीं लगता, ऐसी ही सोच का प्रतिदान सेवायोजक की ओर से भी अवश्य होना चाहिए। संस्थान में पारिवारिक भाव उत्पन्न करने का मुख्य दायित्व सेवायोजक का होता है। संस्थान के मुखिया होने के नाते इसकी पहल उसी को करनी चाहिए। श्रमिक और सेवायोजक में एक बार मानवीय दृष्टिकोण निर्माण हो जाने के बाद विवादों तथा वर्ग-संघर्ष का अस्तित्व ही नहीं बचेगा।

संस्थान का लाभांश बढ़ाने में श्रमिक के योगदान को नजरअंदाज नहीं किया जा सकता। न्यायसंगत यह है कि जिस अनुपात में लाभांश में वृद्धि हो, उस अनुपात में कुछ कमी करके श्रमिक के पारिश्रमिक में भी वृद्धि होनी चाहिए। जब सेवायोजक

द्वारा श्रमिकों के समक्ष प्रसन्नतापूर्वक ऐसी घोषणा की जाएगी तो आत्मीय भाव का ज्वार दिखाई पड़ेगा। श्रमिक ऐसे सद्व्यवहार से प्रेरित होकर और अधिक लगन एवं परिश्रम से कार्य करेंगे। ऐसे स्वस्थ वातावरण में संस्थान दिनोदिन अधिक प्रगति करता जाएगा, जिससे श्रमिक एवं सेवायोजक दोनों संतुष्ट रहेंगे। मानवीय सोच का यही सार है।

यहाँ छांदोग्योपनिषद् का एक प्रसंग प्रस्तुत है, जो मानवीय एकता पर प्रकाश डालता है। शौनक और अभिप्रतारी नामक दो ऋषि थे, जो साथ-साथ रहकर वायु और प्राण नामक वैदिक देवताओं की उपासना करते थे। पाठ-पूजा के उपरांत दोनों भोजन करने के लिए बैठे ही थे कि एक ब्रह्मचारी ने भिक्षा के लिए उनसे याचना की। ऋषियों ने स्वादिष्ट भोजन बनाया था। उन्हें लोभ आ गया और बोले, ''इस समय यहाँ भिक्षा नहीं मिलेगी।'' यह सुनकर भी ब्रह्मचारी वहाँ से नहीं गया। ब्रह्मचारी ने ऋषियों से प्रश्न किया, '' आप दोनों किस देवता की उपासना करते हैं?'' अभिप्रतारी बोले, ''हम वायु और प्राण देवताओं के उपासक हैं,'' ब्रह्मचारी ने पुनः प्रश्न किया, ''यह भोजन आपने किसके लिए सिद्ध किया है?'' ऋषियों ने उत्तर दिया, ''उन्हीं वायु और प्राण देवताओं के लिए।'' ब्रह्मचारी हँसकर बोले, ''वायु देवता तो सबमें वास करते हैं न? मेरे भीतर हैं और आपमें भी'' ऋषि बोले, ''हाँ, वे सर्वव्यापी हैं।'' इस पर ब्रह्मचारी ने कहा, ''फिर आप मुझे भोजन देने से इनकार क्यों कर रहे हैं?''

''**काপेय! नाभिपश्यन्ति मर्त्या अभिप्रतारिन्बहुधा**
**वसन्तं यस्मै वा एतदन्नं तस्मा एतन्न दत्त भिति**''*

अर्थात् कैसा आश्चर्य में डाल देनेवाला आपका व्यवहार है, जिसके लिए यह अन्न है, उसे ही नहीं दिया जा रहा है? यह सुनकर ऋषि बहुत लज्जित हुए। बारंबार क्षमायाचना करते हुए, उन्होंने बड़े आदर से, ब्रह्मचारी को भोजन कराया। लोभ के वशीभूत होकर उनमें उत्पन्न भिन्न तत्त्व, एकात्मता का बोध होते ही, समाप्त हो गया। यह प्रसंग श्रमिक, व्यवस्थापक एवं सेवायोजक के लिए आदर्श बन सकता है। इस भाव की उपलब्धि अभ्युदय का आधार बन सकती है।

**अविद्यायामन्तरे वर्तमानाः स्वयं धीराः पण्डितमन्यमानाः।**
**जङ्घ यमानाः परियन्ति मूढा अन्धेनैव नीयमाना यथाऽन्धाः॥**

*2/1/8/72*

---

* उत्तर प्रदेशीय विद्युत् संस्थानों में श्रम स्थितियों का एक अध्ययन, डॉ. गोविंद राम साहनी, पृ. 317 अध्याय-10 भग्नाशात्पवहार का सिद्धांत।

मुंडक उपनिषद् (द्वितीय खंड) के आठवें मंत्र में भी कर्म की चर्चा की गई है। इस चर्चा में सकाम कर्म और निष्काम कर्म के संबंध में बताया गया है। यह कहा गया है कि सकाम कर्म भोग तथा अन्य अकांक्षाओं की पूर्ति के लिए किए जाते हैं। अपनी कामनाओं की संतुष्टि ही ऐसे कर्मों का उद्‌देश्य होता है। ऐसे कर्मों को करनेवाले स्वयं को बहुत बुद्धिमान मानते हैं और आजीवन यह करते हुए भटकते रहते हैं।

ऋषि ने आगे कहा, वे मूढ़ हैं जो विद्यारूपी ज्ञान का सहारा न लेकर निरंतर सकाम कर्म का पीछा करते रहते हैं। अविद्या की उपासना में व्यस्त रहते हैं, अतः सकाम कर्म त्याज्य हैं, चाहे वे इस जन्म में भोग की इच्छा से किए जाएँ अथवा स्वर्ग प्राप्ति हेतु। इस मंत्र का सार है कि कर्म अवश्य किए जाएँ, परंतु यह ध्यान रहे कि सकाम कर्म ही मानव के दुःख का कारण बनते हैं, अपेक्षा की पूर्ति पर भी और पूर्ति न होने पर भी। इसलिए मनुष्य निष्काम कर्म करे, जिससे उसे अंतःकरण की शुद्धि प्राप्त होती है, सुख और शांति मिलती है।

इसे अधिक स्पष्ट करते हुए नौवें मंत्र में कहा है—

**अविद्यायां बहुधा वर्तमाना वयं कृतार्था इत्यभिमन्यन्ति बालाः।**
**यत्कर्मिणो न प्रवेदयन्ति रागात्तेनातुराः क्षीणलोकाश्च्यवन्ते॥**

*2/1/9/72*

अर्थात् भोगों की प्राप्ति हेतु किए गए समस्त कर्म अविद्या हैं, अज्ञान हैं। ये कर्म चाहे सांसारिक हों अथवा स्वर्गादि के लिए हों, कभी भी मनुष्य को स्थायी शांति प्रदान नहीं कर सकते। ऐसे सकाम कर्म करनेवाले लोग विषयों की आसक्ति के कारण निरंतर इन्हीं में व्यस्त रहते हैं। वास्तविक कल्याण के मार्ग को वे कभी समझ नहीं पाते। ज्ञानी कहते हैं, भोगों के प्रति आसक्ति ही बंधन है।

यद्यपि ऋषि का मत यथार्थ है, तथापि कलियुग में बहुधा मनुष्य सांसारिक भोगों में ही व्यस्त है और अपने इसी कर्तव्य के पालन में निरंतर लगा हुआ है। पारिवारिक आवश्यकताओं की पूर्ति के कर्म में व्यस्त है। अधिक साधन-संपन्न लोग भी निरंतर धनार्जन और इस जीवन के सुख में वास्तविक सुख मानते हैं। आज तो सकाम कर्म ही बस कर्म माना जाता है। निष्काम कर्म करने की बात तो लोगों के ध्यान में ही नहीं आती।

श्वेताश्वतर उपनिषद् के प्रथम अध्याय के आरंभ में कहा गया है—

**ॐ ब्रह्मावादिनो वदन्ति।**
**किं कारणं ब्रह्म कुतः स्म जाता जीवाम केन क्व च संप्रतिष्ठाः।**
**अधिष्ठिताः केन सुखेतरेषु वर्तामहे ब्रह्मविदो व्यवस्थाम्॥**

*3/1/1/121*

अर्थात् अध्यात्म विषय का आरंभ इस प्रश्न से होता है कि इस जीवन और जगत को किसने उत्पन्न किया? वह कैसा है? मनुष्य के सुख-दुःख का कारण क्या है? विज्ञान कहता है, 'आवश्यकता आविष्कार की जननी है'। मनुष्य केवल आवश्यकता की पूर्ति से ही संतुष्ट नहीं हो जाता। आवश्यकता की संतुष्टि मनुष्य की शारीरिक, भौतिक आवश्यकता की ही संतुष्टि करता है, आत्मिक संतुष्टि नहीं करता। मानव पशु नहीं है। उसकी शारीरिक आवश्यकताओं से आगे भी कुछ है। भौतिक आवश्यकताओं की पूर्ति से आत्मा संतुष्ट नहीं होती। आधुनिक विज्ञान भौतिक सुख-सुविधाओं तक ही सीमित है। परंतु मनुष्य को इससे आगे गहन रहस्यों को जानने की जिज्ञासा रहती है।

श्वेताश्वतर उपनिषद् के आठवें मंत्र में मनुष्य के दुःख की चर्चा है—

**वेदाहमेतं पुरुषं महान्तमादित्यवर्णं तमसः परस्तात्।**
**तमेव विदित्वाऽति मृत्युमेति नान्यः पन्था विद्यतेऽयनाय॥**

*3/3/8/165*

अर्थात् इस संपूर्ण सृष्टि में मनुष्य ही एक ऐसा प्राणी है जो सबसे अधिक दुःखी है। पशु-पक्षी आदि इतने दुःखी नहीं होते हैं। वे अपने स्वाभाविक कार्य करके संतुष्ट हो जाते हैं। किंतु मनुष्य सभी प्रकार के कार्य करके भी दुःखी है। उसके पास कुछ न हो तो दुःखी होता ही है तथा सब कुछ पाकर भी दुःखी रहता है। यदि विपन्नता में दुःखी है तो संपन्नता में अधिक दुःखी है। जिसको दो समय का भोजन नहीं वह दुःखी है, तो जिसके पास संसार भर के पदार्थ हैं वह भी दुःखी है। संपूर्ण भौतिक साधन पाकर भी दुःखी है, तनावग्रस्त है, इसका रहस्य क्या है? यदि संपन्नता अभिशाप है तो क्या भिखारी रहकर जीना वरदान है? यह जीवन ही दुःख है, तो क्या मृत्यु का आवरण कर लिया जाए? यदि भौतिक प्रगति में दुःख है, तो क्या प्रगति को रोक दिया जाए? इनके उत्तर के लिए भौतिक और आध्यात्मिक चिंतन को गहनता से समझने की आवश्यकता होती है।

जैन धर्म कहता है जन्म दुःख है, बुढ़ापा दुःख है, रोग दुःख है, मृत्यु दुःख है।

अहो ! संसार दु:ख ही है, उसमें जीव क्लेश पा रहे हैं, बौद्ध दर्शन भी जीवन को दु:ख ही मानता है। पतंजलि ने भी पाँच दु:ख बताए हैं, अविद्यया, अस्मिता, राग, द्वेष तथा मृत्युभय। जिनका मूल अविद्या को बताया है, वास्तव में विषयों में सुख है ही नहीं। जो यह सोचते हैं कि सब प्रकार की भौतिक संपदा प्राप्त हो जाने पर सुखी हो जाएगा, वह भ्रम में जी रहा है। मन का बरतन ऐसा होता है कि वह चाहे जितना भर जाए खाली ही रहता है। वास्तव में मन इन भौतिक पदार्थों एवं भोगों से कभी शांत नहीं होता। संतुष्टि के लिए उसे कुछ और चाहिए। उसकी भूख बहुत गहरी है। मनुष्य को संतुष्टि के लिए अविद्या, अज्ञान से बाहर आना पड़ेगा। इस अंधकार से बाहर निकलकर ही उसे शांति एवं संतोष की प्राप्ति हो सकती है।

इस उपनिषद् के छठे अध्याय के अठारहवें मंत्र में भी इस तथ्य को समझने का आग्रह है कि भोग की, भौतिक पदार्थों की उपलब्धि की इच्छा रखनेवालों को कर्म करना ही पड़ेगा। इनकी प्राप्ति का एक ही मार्ग है, कर्म करना। आलसी, निष्क्रिय, अकर्मण्य, पुरुषार्थहीन व्यक्ति को कुछ भी प्राप्त नहीं होता, नहीं हो सकता। अत: निष्कर्ष यह कि कुछ प्राप्त करने के लिए कर्म तो करना ही पड़ेगा।

## सारांश–

1. अखिल ब्रह्मांड में जड़-चेतन जो कुछ भी है, वह सब कुछ ईश्वर से व्याप्त है, ईश्वर का है।
2. भोग का सच्चा अधिकारी वही है जो कर्म करता है।
3. संसार में जीने के दो मार्ग हैं—प्रवृत्ति मार्ग और निवृत्ति मार्ग 'कलियुग' में साधारणतया लोग प्रवृत्ति मार्ग का अनुसरण कर रहे हैं।'
4. यदि व्यक्ति सौ वर्ष तक जीना चाहता है तो उसे कर्म करना ही पड़ेगा।
5. कर्म सदैव सद्कर्म होना चाहिए, दुष्कर्म नहीं।
6. जो कर्म किए जाएँ, उन्हें प्रभु को समर्पित कर देना चाहिए।
7. ज्ञानी व्यक्ति में एकात्मभाव आ जाता है। वह व्यक्ति-व्यक्ति में भिन्नता न देखकर एकात्मता, परमात्मा का दर्शन करता है।
8. सभी में ईश्वर के दर्शन से उसमें 'मैं' और 'तू' का भाव समाप्त हो जाता है।
9. भारतीय चिंतन में, मनुष्य में एकरूपता का नहीं एकात्मता का दर्शन होता है।
10. श्रमिक और सेवायोजक में जब मानवीय तत्त्व आ जाता है तो भेदभाव

समाप्त हो जाता है। दोनों में प्रतियोगी भाव समाप्त हो जाता है और वे परस्पर पूरक समझने लगते हैं।

11. संस्थान का लाभ बढ़ने से श्रमिक और सेवायोजक, दोनों लाभान्वित होते हैं।
12. सेवायोजक का लाभ बढ़ने से, उसे लाभ में से एक अंश श्रमिक एवं प्रबंधकों में वितरित करने से संस्थान का हित साधन होता है।
13. जगत के समस्त प्राणियों में मनुष्य ही सबसे अधिक दुःखी प्राणी होता है। धनवान और निर्धन सभी दुःखी रहते हैं।

□

# मनु अर्थ-चिंतन*

उपरोक्त श्लोकों को निम्नलिखित परिपाटी से पढ़ा जाए—

**पहली संख्या**—अध्याय संख्या

**द्वितीय संख्या**—श्लोक संख्या

**तृतीय संख्या**—पृष्ठ संख्या

हिंदू मान्यता के अनुसार मनु मानव मात्र के पुरखा हैं। वे धरती के प्रथम शासक (राजा) हुए हैं, जिन्होंने विश्वव्यापी जल-प्लावन (बाढ़) से मानव की रक्षा की थी। सत्यनिष्ठ होने के कारण उनको 'सत्यव्रत' नाम से भी जाना जाता है। मनुस्मृति उनका मान्य ग्रंथ है, जिसमें राजा, प्रजा, शासन-प्रशासन, नीतिशास्त्र, न्यायशास्त्र, धर्मशास्त्र, समाजशास्त्र आदि विविध विषयों पर प्रकाश डाला गया है। महर्षि मनु ने इस ग्रंथ में विभिन्न देशों, धर्मों, वर्णों और जाति-उपजातियों के परंपरागत आचार-विचारों का वर्णन किया है। इस ग्रंथ में मानव-योग्य करणीय तथा अकरणीय कर्मों तथा आपद्धर्म आदि का वर्णन है। फलतः यह ग्रंथ आचार संहिता का विश्वकोष बन गया है।

मनु काल के संबंध में विद्वानों में मतैक्य नहीं है। यह हमारे अध्ययन का विषय नहीं है। यहाँ उनके द्वारा अर्थसंबंधी विषयों पर विचार किया जाएगा, जिनमें कर्म, पुरुषार्थ, संकल्प, वेतन, संपत्ति, अधिग्रहीत संपत्ति, उसका भुगतान, पुराना छिपा पड़ा खजाना, खोई हुई संपदा पर अधिकार, वेतन में भी स्त्री-पुरुष वेतन, कराधान, ऋण और ऋण-भुगतान, ब्याज का विचार, उपभोग-योग्य ऋण, परिवार-पालन हेतु ऋण, विद्वानों का पोषण, मूल्य, बचत आदि विषय शामिल हैं। इस

---

* सूत्र : मनु स्मृति, लेखक सुरेंद्रनाथ सक्सेना, प्रकाशक मनोज पब्लिकेशंस, दिल्ली, छठा संस्करण— 2011

प्रकार हजारों वर्ष पूर्व मनु ने मानव जीवन के भौतिक पक्ष पर जिस गहराई और व्यापकता से विचार किया वह विस्मयकारी है। परंतु आश्चर्य होता है कि विश्व आर्थिक चिंतन के इतिहास में मनु का उल्लेख कहीं नहीं मिलता।

## कर्म-पुरुषार्थ की शुद्धता

मनु ने कर्म के मूल पर कहा—

**सङ्कल्पमूलः कामो वै यज्ञाः सङ्कल्पसंभवाः।**
**व्रतानि यमधर्माश्च सर्वे सङ्कल्पजाः स्मृताः॥**

*2/3/39*

महर्षि मनु ने इस श्लोक में मानव प्रकृति पर प्रकाश डालते हुए कहा कि मनुष्य की किसी पदार्थ की प्राप्ति के लिए इच्छा, आकांक्षा उत्पन्न होने पर वह उसकी संतुष्टि के लिए संकल्प करता है। यही संकल्प उसे आर्थिक क्रिया के लिए प्रेरित करता है। इस प्रकार संकल्प मनुष्य की आर्थिक क्रिया (पुरुषार्थ) को जन्म देता है। अर्थात् आर्थिक क्रिया का मूल संकल्प और संकल्प का मूल मनुष्य की इच्छा, कामना और आकांक्षा होती है।

महर्षि ने यह अपेक्षा की है कि मनुष्य अपने संकल्प की प्राप्ति हेतु जो क्रियाएँ करे वे धर्मानुकूल हों। वह यम-नियमों का पालन करे। वे कहते हैं कि आर्थिक क्रियाएँ यदि यम-नियमों का पालन करते हुए धर्मानुसार की जाती हैं तो ये समाज के लिए हितकारी होती हैं, दूसरे लोगों को हानि नहीं पहुँचातीं। यदि ये क्रियाएँ धर्मानुकूल न हों तो व्यक्ति और समाज दोनों के लिए दुःखदायी और हानिकारक होती हैं।

## धर्म, अर्थ, काम

इस श्लोक में धर्म और अर्थ के महत्त्व के विवाद पर विचार किया गया है—

**धर्मार्थावुच्यते श्रेयः कामार्थौ धर्म एव च।**
**अर्थ एवेह वा श्रेयस्त्रिवर्ग इति तु स्थितिः॥**

*2/228/86*

कुछ विद्वान धर्म और अर्थ दोनों को महत्त्वपूर्ण मानते हैं। उनकी मान्यता है कि धर्म आवश्यक है। परंतु धन मानव जीवन के लिए बहुत महत्त्वपूर्ण होता है। बिना धन के जीवनयापन संभव नहीं। अतः सामान्य जीवन में इसके महत्त्व को स्वीकार करना चाहिए। उनका यह आग्रह भी है कि धनार्जन धर्मानुकूल साधनों से करना

चाहिए। कुछ दूसरे विद्वान अर्थ और काम को महत्त्व देते हैं। वे इन्हें मानव जीवन का लक्ष्य मानते हैं। उपर्युक्त श्लोक द्वारा महाराज मनु ने कहा कि धर्म, अर्थ और काम तीनों आवश्यक हैं। इनकी सिद्धि से मोक्ष का मार्ग स्वत: खुल जाता है। पुरुषार्थ-चतुष्ट्य में धर्म, अर्थ और काम के त्रिवर्ग को मनुजी ने श्रेष्ठ माना है। उनके अनुसार धन की प्राप्ति आवश्यक तो है, परंतु यह प्राप्ति धर्मानुकूल क्रियाओं द्वारा ही होनी चाहिए। धनार्जन धर्मानुसार न होने पर मानव जीवन सुखी नहीं हो सकता। अर्थ और काम पर ध्यान केंद्रित करके सुख की प्राप्ति नहीं हो सकती। केवल 'अर्थ' की उचित साधनों द्वारा प्राप्ति और 'काम' का उचित एवं मर्यादित सेवन सुखी जीवन का मूल है। अधर्मानुसार धन की प्राप्ति और अमर्यादित 'काम' केवल दु:ख ही दे सकते हैं। धन और धर्म का साथ उपयुक्त होता है। बिना उचित साधनों, बिना परिश्रम के अर्थार्जन दु:खदायी होता है। पसीना बहाकर, परिश्रम करके कमाया गया धन जीवन में सुख का संचार करता है। शास्त्र में 'अर्थ' और 'काम' को सँभालने के लिए इन्हें धर्म और मोक्ष की दीवारों के अंदर बाँधा गया है—धर्मानुसार अर्जन और मर्यादा के अंदर काम का उपयोग।

मानव जीवन में पुरुषार्थ के महत्त्व को अंकित करते हुए कहा—

**अनभ्यासेन वेदानामाचारस्य च वर्जनात्।**
**आलस्यादन्नदोषाच्च मृत्युर्विप्राञ्जिघांसति॥**

*5/4/189*

अर्थात् सद्ग्रंथों का नित्य अभ्यास करने, समय पालन करने, करणीय कार्य को न टालने, दूषित अन्न यानी अशुद्ध साधनों से प्राप्त अन्न का भक्षण न करने, अन्यायपूर्ण साधनों से प्राप्त धन से जीवन न चलाने को प्रेरित करता है। ऐसा जीवनयापन करना, पुरुषार्थ से परिपूर्ण, आयु लंबी होती है। इसके प्रतिकूल आलस्य जीवन में इन गुणों को टालता है। अत: आलस्य का तिरस्कार करना ही मानव जीवन के लिए श्रेयस्कर होता है।

आय की शुद्धता पर महर्षि ने आग्रह करते हुए कहा—

**नेहेतार्थान्प्रसङ्गेन न विरुद्धेन कर्मणा।**
**न विद्यमानेष्वर्थेषु नार्त्यामपि यतस्ततः॥**

*4/15/146*

यह एक सर्वमान्य तथ्य है कि परिश्रम करके, पसीना बहाकर प्राप्त आय का दुरुपयोग नहीं होता। इसके विपरीत यदि आय के स्रोत अशुद्ध, अनुचित और न्यायसंगत नहीं हैं तो इस आय का उचित उपयोग नहीं होता। ऐसी आय विलासिताओं,

अनावश्यक आवश्यकताओं पर व्यय की जाती है, जो अनेक बार हानिकारक होती हैं। मनु महाराज ने मानव को चेताया है कि आपत्ति काल में भी ऐसी आय से बचना चाहिए।

इस विषय पर आगे कहा—

**सर्वेषामेव शौचानामर्थशौचं परं स्मृतम्।**
**योऽर्थेशुचिर्हि स शुचिर्न मृद्वारिशुचिः शुचिः ॥**

*5/109/207*

अर्थात् जो व्यक्ति सदैव ईमानदारी का जीवन जीता है, अपनी आजीविका अर्जित करता है, वह सदा पवित्र रहता है। यह लोकोक्ति 'जैसा खाए अन्न वैसा बने मन' पूर्णतया सत्य सिद्ध होती है। उन्होंने मानव मात्र से यह आग्रह किया है कि वे अपनी आय की शुद्धता पर ध्यान रखें। ईमानदारी की आय से मन शुद्ध रहता है। मनु महाराज का यह भी कहना है कि मनुष्य को अंदर-बाहर शुद्ध होना चाहिए। ऐसा न हो कि मन अंदर से शुद्ध न हो और व्यक्ति बाहरी आडंबर शुद्धता का करे। ऐसी दोहरी सोच सुख प्रदान नहीं करती।

निम्न श्लोक में शुद्ध आय को आंतरिक शांति से संबद्ध किया गया है—

**यत्कर्मकुर्वतोऽस्य स्यात्परितोषोऽन्तरात्मनः।**
**तत्प्रयत्नेन कुर्वीत विपरीतं तु वर्जयेत्॥**

. *4/161/170*

अर्थात् महाराज मनु ने कहा कि जिस कार्य को करने से मन को शांति मिलती हो, अंतरात्मा को शांति मिलती हो, प्रसन्नता मिलती हो, सुख की अनुभूति हो, करते रहना चाहिए। इसके प्रतिकूल जिन कार्यों को करने से मन अशांत हो, अंतरात्मा दुःखी हो, भय में जीना पड़े, ऐसे कार्यों को कदापि नहीं करना चाहिए। दैनिक जीवन में हम देख सकते हैं कि अशुद्ध आय करनेवालों की क्या हालत होती है। ऐसे लोग बाह्य जगत में कितना ही दिखावा क्यों न करें, स्वयं को कितना ही अच्छा प्रदर्शित क्यों न कर लें, परंतु वास्तविक जीवन में वे शांति और सुख से बहुत दूर रहते हैं।

इसी तथ्य को अगले श्लोक में मनु ने कहा—

**यदि नात्मनि पुत्रेषु न चेत्पौत्रोषु नप्तृषु।**
**न त्वेव न कृतोऽधर्मः कर्तुर्भवति निष्फल : ॥**

*4/173/172*

अशुद्ध और अधार्मिक साधनों से आय प्राप्त करनेवालों को पापी कहा है। उनका मत है कि यदि पापी को, किसी कारणवश, अपने पाप का फल नहीं भोगना पड़ा, तो उसके पुत्रों को भोगना पड़ता है। यदि उसके पुत्रों ने नहीं भोगा तो उसके पौत्रों को भोगना पड़ता है। उनको भी न भोगना पड़ा हो तो पौत्रों के पुत्रों को कुफल मिलता है। अर्थात् पाप का, दुष्कर्मों का बुरा फल तो मिलता ही है, चाहे वह पीढ़ी-दर-पीढ़ी क्यों न हो। परिणाम भोगने में समयांतर हो सकता है, परंतु परिणाम तो भोगना ही पड़ता है।

इसी तथ्य को एक अन्य उदाहरण से भी अधिक स्पष्ट करते हुए कहा—

**अधर्मेणैधते तावत्ततो भद्राणि पश्यति।**
**ततः सपत्नाञ्जयति समूलस्तु विनश्यति॥**

*4/174/173*

अर्थात् पाप धरती में बोए गए बीज की भाँति तत्काल फलित होना आवश्यक नहीं होता। समय आने पर वह इस तरह फलता-फूलता है कि पापी को जड़-मूल से विनष्ट कर देता है। पापी यह सोचता है कि उसे सब प्रकार का भौतिक सुख प्राप्त हो रहा है। वह प्रसन्न होता है। उसकी संपदा को देखकर अन्य लोग भी उसे मान्यता देते हैं, उसकी प्रशंसा करते हैं। वह मान लेता है कि उसे सफलता प्राप्त हुई है। परंतु वह समूल नष्ट हो जाता है।

अगले श्लोक में मनु ने कुछ अन्य संदेश दिया—

**सत्यधर्मार्यवृत्तेषु शौचे चैवारमेत्सदा।**
**शिष्यांश्च शिष्याद्धर्मेण वाग्बाहूदरसंयतः॥**

*4/175/173*

अर्थात् सत्य का पालन करना, उसे जीवन में उतार लेना, अन्यों को कष्ट न पहुँचाना, यानी अन्यों की सहायता करना, उनकी सुविधा-असुविधा का ध्यान रखना, न्यायिक एवं शुद्ध साधनों से धनार्जन करना, उसी से अपनी जीविका चलाना आदि पर ध्यान देना चाहिए। इसके साथ ही अपने निकट के लोगों तथा बात माननेवालों शिष्यों को भी ऐसा करने की शिक्षा देनी चाहिए। खान-पान में संयम बरतने की शिक्षा भी देनी चाहिए।

## ऋण एवं प्रतिभू

महाराज मनु धन तथा धन का सहज आदान-प्रदान होने के महत्त्व को भली-भाँति जानते थे। उन्हें इसका पूर्वानुमान था कि धन के आदान-प्रदान तथा धन-

संबंधी अन्य व्यवहार में विवाद होंगे। उन्होंने इस विषय की भी चिंता की। ऋण व ऋणदाता के विवाद को निपटाने के संबंध में निम्नांकित अनेक श्लोकों में वर्णन किया गया है—

**अधमर्णार्थसिद्ध्यर्थमुत्तमर्णेन चोदितः।**
**दापयेद्धनिकस्यार्थमधमर्णाद्विभावितम्॥**

*8/47/284*

**यैर्यैरुपायैरर्थं स्वं प्राप्नुयादुत्तमर्णिकः।**
**तैस्तैरुपायैः संगृह्य दापयेदधमर्णिकम्॥**

*8/48/284*

**धर्मेण व्यवहारेण छलेनाचरितेन च।**
**प्रयुक्तं साध्येदर्थं पञ्चमेन बलेन च॥**

*8/49/284*

**यः स्वयं साधयेदर्थमुत्तमार्णोऽधमर्णिकात्।**
**न सः राजाभियोक्तव्यः स्वकं संसाधयन्धनम्॥**

*8/50/284*

**अर्थेऽपव्ययमानं तु करणेन विभावितम्।**
**दापयेद्धनिकस्यार्थं दंडलेशं च शक्तितः॥**

*8/51/285*

**अपह्नवेऽधमर्णस्य देहीत्युक्तस्य संसदि।**
**अभियोक्तादिशेद्दृश्यकरणं वान्यदुद्दिशेत्॥**

*8/52/285*

अर्थात् धन के लेन-देन के व्यवसाय को सुचारु चलन में रहने, रखने के लिए शासन द्वारा ऐसी व्यवस्था की रचना करनी चाहिए, जिससे ऋणदाता द्वारा दिए गए ऋण की राशि को सहज ही लौटाया जा सके। शासन द्वारा उन समस्त विधियों को अपनाना चाहिए, जिनके द्वारा ऋण की वापसी प्राप्त की जा सके। अर्थात् ऋणराशि की वापस प्राप्ति की सुनिश्चितता अवश्य होनी चाहिए, जिसके बिना लेन-देन का चलन बाधित होता है। ऐसी व्यवस्था शासन द्वारा ही की जा सकती है।

उनका कहना है कि प्रथमतः शासन सहज सामान्य रीति से, फिर अन्य ढंग से

समझा-बुझाकर, चतुराई से, सहज सामान्य लोकनिंदा का भय दिखाकर, यदि इन विधाओं से सफलता प्राप्त न हो, तो बल प्रयोग द्वारा शासन की कारवाई की धमकी देकर ऋण राशि ऋणदाता को वापस दिलानी चाहिए।

सबसे सरल यह है कि ऋणदाता ऋणी को समझा-बुझाकर अपनी राशि वापस प्राप्त कर ले। यदि ऐसी स्थिति हो तो शासन द्वारा किसी प्रकार का हस्तक्षेप नहीं होना चाहिए।

यदि ऋण लेनेवाला मुकर जाए और लिखित पत्रों द्वारा तथा साक्ष्यों द्वारा यह प्रमाणित हो जाए कि वास्तव में ऋण लिया गया था तो ऐसी स्थिति में शासन को क्रियाशील होकर ऋण राशि की वापसी की व्यवस्था करनी चाहिए। ऋणदाता को ऋण की मूल राशि के अतिरिक्त, उसे हुई हानि का प्रतिफल भी दिलवाना चाहिए। यदि ऋण का लेन-देन सहज और सुरक्षित हो तो बचत का सुंदर उपयोग हो सकता है, जो देश के साधनों के सदुपयोग के सुखद फल हो सकते हैं।

आर्थिक गतिविधियों की गति को बनाए रखने के लिए यह आवश्यक है। वर्तमान वाणिज्यिक एवं व्यापारिक व्यवहार पर दृष्टि डालें तो पता चलता है कि लगभग अस्सी प्रतिशत आर्थिक गतिविधियाँ इसी प्रकार चलती हैं, केवल बीस प्रतिशत ही नकद व्यवहार होता है। आज की भाषा में आर्थिक विकास इसी पर आधारित है। इसमें बाधा उपस्थित होना राष्ट्रीय दृष्टि से अत्यंत हानिकारक सिद्ध हो सकता है।

जमानती (प्रतिभूद्ध) के संबंध में मनु ने कहा—

**यो यस्य प्रतिभूस्तिष्ठेद्दर्शनायेह मानवः।**
**अदर्शयन् सत तस्य प्रयच्छेत्स्वधनादृणम्॥**

*12/158/304*

जो व्यक्ति दूसरे को ऋण दिलाते समय वापसी की जमानत लेता है, अथवा ऋणी को प्रस्तुत करने का दायित्व लेता है, परंतु समय आने पर वह इसमें असफल रहता है, तो ऋणी का धन उसे स्वयं ऋणदाता को देना चाहिए। इस प्रकार उधार का लेन-देन सहज रूप से चलता रह सकता है, आर्थिक गतिविधियाँ सरलतापूर्वक गतिशील रह सकती हैं।

पिता द्वारा लिए गए ऋण का पुत्र द्वारा भुगतान पर कहा—

**प्रतिभाव्यं वृथादानमाक्षिकं सौरिकं च यत्।**
**दंडशुक्लावशेषं च न पुत्रो मातुमर्हति॥**

*12/158/304*

अर्थात् यदि कोई पिता अपनी गंदी आदतों में फँसकर, उधार लिए गए धन को बरबाद कर देता है, तथा ऋण का भुगतान करने के पूर्व ही उसकी मृत्यु हो जाती है। ऐसी स्थिति में उसके पुत्र को ऋण भुगतान के लिए बाध्य नहीं किया जा सकता।

महाराज मनु ने ऋणदाता के धन की सुरक्षा तक ही विचार सीमित नहीं किया, वरन् ऋणी का शोषण, उस पर अन्याय, अनावश्यक दबाव पर भी आपत्ति जताई।

इसी प्रकार उन्होंने ऋण का वर्गीकरण भी किया। उनके अनुसार ऋण तीन प्रकार के होते हैं—उत्पादक ऋण, परिवार पालन हेतु अर्थात् उपभोग ऋण तथा विलासिता ऋण।

**ब्याज**

ऋण की चर्चा को यहीं स्थगित करके ब्याज के विषय पर विचार करने हेतु 'मनुस्मृति' में इस पर चर्चा को आगे बढ़ाते हैं:

**द्विकं शतं वा गृह्णीयात्सतां धर्ममनुस्मरन्।**
**द्विकं शतं हि ग्रह्णानो न भवत्यर्थकिल्विषी॥**

*8/141/301*

**द्विकं त्रिकं चतुष्कं च पञ्चकञ्चशतं समम्।**
**मासस्य वृद्धिं ग्रीह्णीयाद्वार्णानामनुपूर्वशः॥**

*8/142/301*

आधुनिक अर्थशास्त्र में इस विषय पर विचार किया गया है कि ब्याज क्यों लिया जाता है? ब्याज उत्पन्न होने का कारण क्या है? ब्याज का औचित्य क्या है? ब्याज दर निर्धारित कैसे होती है? इन प्रश्नों पर अनेक अर्थशास्त्रियों ने अपने विचार व्यक्त किए हैं।

मनुस्मृति में इन प्रश्नों के उत्तर नहीं दिए गए। मनुजी ने इनका उत्तर नहीं दिया। परंतु ब्याज की अवधारणा को अनेक श्लोकों के माध्यम से व्यक्त किया है। आगे दो श्लोकों की व्याख्या करते हैं—

अर्थात् मनु ने दो प्रतिशत मासिक ब्याज दर को उचित एवं सामान्य रूप से प्रचलित ब्याज दर कहा है। 2 प्रतिशत मासिक ब्याज लेनेवाला ऋणदाता कोई अनुचित कार्य नहीं कर रहा, कोई पाप नहीं कर रहा।

परंतु अगले श्लोक में उन्होंने दो प्रतिशत, तीन प्रतिशत, चार प्रतिशत तथा पाँच प्रतिशत ब्याज दर, वह भी जाति आधारित कहकर, पूर्व श्लोक में बताई दर से

मेल नहीं रखता। ब्याज दर को जाति आधारित कहना उचित एवं न्यायसंगत नहीं कहा जा सकता।

ऋण देते समय बंधक रखी गई सामग्री के संबंध में कहा—

**नत्वेवाधोसोपकारे कौसीदीं वृद्धिमाप्नुयात्।**
**न चाधेः कालसंरोधान्निसर्गोऽस्ति न विक्रयः॥**

*8/143/301*

**न भोक्तव्यो बलादाधिर्भुञ्जानो वृद्धिमुत्सृजेत्।**
**मूल्येन तोषयेच्चैनमाधिंस्तेनोऽन्यथा भवेत्॥**

*8/144/301*

कि जो ऋण, उत्पादक वस्तु, जैसे—भूमि, पशु आदि, बंधक रखकर दिया गया हो, उस पर ब्याज लेना नहीं बनता, नहीं लेना चाहिए। इसके लिए तर्क यह है कि उत्पादक वस्तु का उपयोग करके ऋणदाता दूसरे मार्ग से आय प्राप्त होने का अवसर पाता है। अत: उसे दोहरी आय करने का अधिकार देना उचित नहीं है। यह भी चेताया गया है कि यदि ऋणी व्यक्ति, ऋण के चुकता करने हेतु निर्धारित समय पर बंधक छुड़ा नहीं पाता तो ऋणदाता को बंधक पदार्थ को बेच डालने का अधिकारी नहीं माना जा सकता। न ही उसे यह अधिकार मिल जाता कि वह बंधक को किसी अन्य व्यक्ति को हस्तांतरित कर सके। अर्थात् बंधक की अवधि समाप्त हो जाने के बाद भी वह अपने सामान का स्वामी होता है।

महाराज मनु का यह भी संदेश है कि बंधक रखे गए पदार्थ का अनुचित उपयोग नहीं होना चाहिए। यह भी कहा गया है कि बंधक रखे गए पदार्थ का उपयोग सावधानी से होना चाहिए। उस पदार्थ का उपयोग होते समय यदि वह क्षतिग्रस्त हो जाता है तो ऋणदाता को उसकी क्षतिपूर्ति करनी चाहिए और ऋणी को उसका सामान, उसकी संतुष्टि के अनुसार वापस मिलना चाहिए।

इस प्रकार मनु ने ऋणी के प्रति किसी हानि या शोषण से उसकी सुरक्षा की चिंता की है।

## वेतन

महाराज मनु ने वेतन पर भी मार्गदर्शक प्रकाश डाला है—

**राजा कर्मसु युक्तानां स्त्रीणां प्रेष्यजनस्य च।**
**प्रत्यहं कल्पयेत् वृत्तिं स्थान कर्मानुरूपतः॥**

*7/125/257*

**पणो देयोऽवकृष्टस्य षडुत्कृष्टस्य वेतनम्।**
**षाण्मासिकस्तथाच्छादो धान्यद्रोणस्तु मासिक:॥**

*7/126/257*

उन्होंने कहा कि भिन्न-भिन्न कार्य में रत स्त्री-पुरुषों का वेतन शासन द्वारा निर्धारित किया जाना चाहिए। अर्थात् सभी पृथक-पृथक कार्य करनेवालों का वेतन समान नहीं हो सकता। वेतन (मजदूरी) उनके कार्य की विभिन्नता के आधार पर निर्धारित किया जाता है। स्त्री और पुरुष कर्मियों का वेतन उनके कार्य की बारीकी से संबद्ध होता है। साधारण प्रकार के कार्य पर कम तथा विशिष्ट कार्य के लिए वेतन की राशि अधिक होती है। साधारण प्रकार के कार्य और उच्च स्तर के कार्य के वेतन में छह गुणा तक अंतर हो सकता है। कर्मियों को वेतन के अतिरिक्त वेश (Uniform) देने की सुविधा का प्रावधान भी किया जाना चाहिए। न्यून वेतनभोगियों को एक वर्ष में दो जोड़ी वेश दिया जाए। इस प्रकार न्यून वेतन पानेवालों को अन्य सुविधाएँ देने का विचार तथा न्यून उच्च वेतन में 1:6 का अनुपात बताकर अति दूरगामी मार्गदर्शन किया है।

'मनुस्मृति' में जहाँ, स्त्री-पुरुष वेतन, न्यून-अधिक वेतन, न्यून वेतन, न्यून वेतनभोगियों की सहायतार्थ अन्य सुविधाओं आदि पर ध्यान दिया गया, वहीं कर्मचारियों से प्रामाणिकता एवं कठोर अनुशासन का पालन करते हुए, परिश्रम की अपेक्षा भी की गई है। निर्दिष्ट कार्य को पूर्ण न करने पर दंड और प्रामाणिकता से कार्य करने पर सुविधाओं पर भी ध्यान दिया गया है। उसे पुरस्कृत करने की बात भी कही गई है।

कामचोर और कार्यशील कर्मचारियों के संबंध में निम्नलिखित कुछ श्लोकों में विचार किया गया है—

**भृत्यो नार्तो न कुर्याद्यो दर्पात्कर्म यथोदितम्।**
**स दण्डय: कृष्णलान्यष्टौ न देयं चास्यवेतनम्॥**

*8/214/313*

**आर्तस्तु कुर्यात्स्वस्थ: सन्यथाभाषितमादित:।**
**स: दीर्घस्यापि कालस्य तल्लभेतैव वेतनम्॥**

*8/215/314*

**यथोक्तमार्तः सुस्थोवा यस्तत्कर्म न कारयेत्।**
**न तस्य वेतनं देयमल्पोऽनस्यापि कर्मणः॥**

*8/216/314*

मनु का कहना है कि कामचोर कर्मी को वेतन नहीं देना चाहिए। उसे शारीरिक दंड भी देना चाहिए। जो कर्मी स्वामी द्वारा निर्दिष्ट कार्य को, स्वस्थ रहते हुए भी, संपादित नहीं करता उसे दंडित किया जाए।

कर्म करने के प्रति इतना कठोर होते हुए भी महाराज मनु उन कर्मियों के प्रति बहुत स्नेह एवं सहानुभूति रखते हैं और उन्हें प्रोत्साहित करते हैं, जो निष्ठापूर्वक, प्रामाणिकता से, स्वामी के आदेश का पालन करते हैं। ऐसे कर्मचारी यदि रोगादि के कारण लंबे समय तक कार्यस्थल से अनुपस्थित रहें, तो भी उन्हें पूरा वेतन भुगतान करना चाहिए। उन्हें पुरस्कृत करने का संकेत भी मनु महाराज ने किया है।

मनु का आग्रह है कि कर्मचारी को निर्दिष्ट कार्य पूर्ण करना ही चाहिए। यदि वह निर्धारित कार्य पूर्ण नहीं करता तो उसको वेतन पाने का अधिकारी नहीं माना जा सकता। अतः उसे वेतन नहीं दिया जाना चाहिए।

कार्य पूर्ण करने एवं निर्धारित समय पर पूर्ण करने संबंधी दो श्लोकों पर कठोर काररवाई की बात कही गई है—

**निगृह्य दापयेच्चैनं समयव्यभिचारिणाम्।**
**चतुः सुवर्णान्षणिनिष्कांश्छतमानं च राजतम्॥**

*8/219/314*

अर्थात् कार्य पूर्ण करने का वचन देकर भी जो व्यक्ति कार्य पूर्ण न करे, उस दुष्ट को शासन द्वारा बंदी बनाकर उस पर भारी अर्थदंड भी लगाना चाहिए। प्राचीनकाल में समयबद्ध कार्य पर ऐसा विचार कल्पनातीत है। अपने देश में हम लोग समय पर कार्य संपन्न न करने के दुष्परिणाम भोग रहे हैं। एक बार समय पर सड़क निर्माण के, शासन के कठोर निर्णयों के सुख की अनुभूति भी की है। अतः निर्धारित समय पर कार्य संपन्न करने के लिए मनु की कठोरता के औचित्य पर प्रश्न करना संभव नहीं, न ही उचित है।

कार्य कोई भी हो, उसे संपन्न करने का समय निश्चित करना ही चाहिए। निर्धारित समय पर, सामान्यतया, कार्यपूर्ण करने का आग्रह न्यायसंगत है। ऐसा न होने पर उत्तरदायी व्यक्ति को कठोर दंड दिया जाना सर्वथा उचित है। विलंब के कारण होनेवाली हानि की भरपाई भी उसी व्यक्ति से करवानी चाहिए। मनु महाराज

की, इस विषय पर, गंभीरता दूरदृष्टि की परिचायक एवं प्रशंसनीय है।

समय पर कार्य पूर्ण न करने पर और अधिक कठोर पग उठाना चाहिए, ऐसा निम्न श्लोक में कहा गया है—

**एतद्दण्ऽविधिः कुर्याद्धार्मिकः पृथिवीपतिः।**
**ग्रामजातिसमूहेषु समयव्यभिचारिणाम॥**

*8/220/314*

मनु महाराज का मानना है कि निर्धारित समय पर कार्य संपादन न करना कोई हल्का-फुलका अपराध नहीं। वे इसे अत्यंत गंभीर अपराध मानते हैं। उनका कहना है कि इसे केवल अर्थदंड तक सीमित रखना उचित नहीं है। वे इससे अधिक दंड का प्रावधान करने हेतु कहते हैं कि ऐसे व्यक्तियों को ग्राम, जाति और समाज से बहिष्कृत कर दें। इस प्रकार मनु समय पर कार्य पूर्ण करने के लिए कठोरतम दंड का विधान कर रहे हैं।

आजकल कार्यपूर्णता संबंधी जो दृश्य देखा जा रहा है, वह यही प्रमाणित करता है कि समय पालन के गंभीर विषय को महत्त्व नहीं दिया जाता। फलतः विकास की अधिकांश योजनाएँ विलंब का भाजन हो रही हैं। उनकी लागत बढ़ती जा रही है। उनसे अपेक्षित लाभ से वंचित होना पड़ रहा है। यह विलंबकारी प्रवृत्ति केवल भौतिक योजनाओं तक सीमित नहीं है। इसके व्यास में बौद्धिक कार्य भी फँस रहे हैं। केवल न्यायिक निर्णयों का उदाहरण ही सामने रखें तो विलंब के कारण मुकदमों के अंबार लग गए हैं। साधारण मुकदमों की बात ही क्या? अत्यंत महत्त्वपूर्ण निर्णयों की भी दुर्गति हो रही है। अतः आवश्यकता यह है कि मनु द्वारा हजारों वर्ष पूर्व समय पालन न करनेवालों को जिस कठोर दंड का विधान किया गया, उससे सीख लेकर उदाहरण प्रस्तुत किया जाए। कुछ लोगों को ही उदाहरणीय दंड देने से दिशा बदल सकती है। आखिर निजी कार्यों को साधारणतया समय से ही पूरा किया जाता है। यही बात सार्वजनिक कार्यों पर क्रियाशील क्यों नहीं हो सकती?

वेतन और कार्यक्षमता का संबंध निम्न श्लोक में दिया गया है—

**प्रकल्प्या तस्य तैर्वृत्तिः स्वकुटुम्बाद् यथार्हतः।**
**शक्तिं चावेक्ष्य दायं च भृत्यानां च परिग्रहम्॥**

*10/121/418*

महाराज मनु के अनुसार कर्मी का वेतन निर्धारित करते समय उसकी कार्यक्षमता, कार्य के लिए उसकी विशेषज्ञता, उसकी रुचि, लगन, विश्वसनीयता और प्रामाणिकता

को ध्यान में रखकर, उसका वेतन निर्धारित करना चाहिए। कार्य कैसा है? उसका स्वरूप कैसा है? कार्य सरल है या कठिन? कार्य साधारण है अथवा विशिष्ट? इन सभी तथ्यों का आकलन कर लेना चाहिए। इनके अतिरिक्त, कर्मी का परिवार, परिवार का आकार, उसकी आवश्यकताओं का परिमाण, इन सभी तथ्यों की जानकारी इसलिए आवश्यक है कि इनके आधार पर उसे चिंतामुक्त रखने के लिए उसे कितना पारिश्रमिक देना आवश्यक होगा। वास्तविकता यह है कि यदि कर्मी अभावग्रस्त होता है तो वह अपने कार्य में पूरी क्षमता का उपयोग नहीं कर पाता। कार्य करते समय उसे परिवार की आवश्यकता की चिंता सताती है, उसका मन बँट जाता है, पूरे मन से कार्य नहीं कर पाता। ये सभी तत्त्व उसकी कार्यक्षमता को कुप्रभावित करते हैं। अतः इसकी हानि स्वामी को झेलनी पड़ती है। अतः कर्मी को नियुक्त करते समय उसका वेतन इन बातों को ध्यान में रखकर निर्धारित करना चाहिए।

इस प्रकार मनु ने प्रशिक्षण, विशेषज्ञता और कार्यक्षमता को कर्मी के वेतन से जोड़कर आधुनिक चिंतन पर छाप छोड़ी है। परंतु कष्ट इस बात का होता है कि इतने प्राचीन चिंतक का स्मरण तक नहीं किया जाता। मनु ने कर्मी की आवश्यकता के अनुसार वेतन निर्धारित करना किसी प्रकार व्यावहारिक नहीं लगता। एक अन्य बात मनुजी द्वारा कही गई, उसे भी आधुनिक चिंतकों ने स्वीकारा है, और वह है श्रमिक, कर्मी, की मानसिकता का अनुकूलन। अंतर यह है कि आधुनिक पाश्चात्य चिंतन भौतिक लाभ के लिए किया गया, जबकि भारतीय चिंतन के मूल में मानवीयता एवं आत्मीयता है।

कुशल कर्मियों संबंधी श्लोक में प्रशंसा की गई—

**धर्मेप्सवस्तु धर्मज्ञाः सतां वृत्तिमनुष्ठिताः।**
**मंत्रवर्जाः न दुष्यन्ति प्रशंसां प्राप्नुवन्ति च॥**

*10/124/419*

अर्थात् जो कर्मी, उसके लिए निर्धारित कर्म से अधिक एवं उत्तम कार्य संपन्न करने की कुशलता रखते हैं, कार्य में रुचि लेते हैं, संबंधित कार्य के गूढ़ तत्त्वों की समझ रखते हैं, उसे करते हुए उनकी पात्रता बढ़ जाती है। जो कि प्रशंसनीय है। उनके लिए लाभकारी भी है।

## वैश्य

वर्ण-व्यवस्था के जनक महात्मा मनु ने समाज को चार वर्णों में विभाजित किया-ब्राह्मण, क्षत्रिय, वैश्य और शूद्र। धन संबंधी कार्यों को उन्होंने वैश्य के

दायित्व में रखा। धन-संपदा संबंधी ज्ञान, धन की व्यवस्था और अभिवृद्धि के कार्यों में उनकी विशेषज्ञता पर ध्यान दिया। शास्त्रों में कहा गया है कि स्वयं ब्रह्माजी ने वैश्यों को धन-संपदा, पशुपालन का दायित्व उन्हें सौंपा। तत्कालीन समय में पशु ही संपदा थे, जिनके पालन और संवर्द्धन को उन पर छोड़ा।

नीचे हम धन-संबंधी चर्चा करते हैं—

**न च वैश्यस्य कामः स्यान्न रक्षेयं पशूनिति।**
**वैश्येचेच्छति नान्येन रक्षितव्या कथञ्चन॥**

*9/327/398*

**मणिमुक्ताप्रवालानां लौहानां तांतवस्य च।**
**गंधानां च रसानां च विद्यादर्घं बलाबलम्॥**

*9/328/398*

**बीजानामुप्तिविच्च स्यात्क्षेत्रदोषगुणस्य च।**
**मानयोगं च जानीयात्तुलायोगांश्च सर्वशः॥**

*9/329/398*

मनु महाराज का तत्कालीन संपदा-पशु के संबंध में आग्रह है कि उस समय की इसी एक संपदा की रक्षा करनी चाहिए। उन्होंने यह भी कहा कि यदि वैश्य इसकी रक्षा नहीं करता तो कोई दूसरा भी ऐसा न करे। संभवतः उनके मन में यह विचार हो कि पशु की रक्षा न होने की स्थिति में, पशुधन का ह्रास होने से, वैश्य की बुद्धि में यह आ जाए कि उसे अपने कर्तव्य का पालन भलीभाँति करना चाहिए।

आगे उन्होंने कहा कि संपदा के अन्य मानक यथा मणिमुक्ता मूँगा, लोहा, वस्त्र और कपूर आदि गंध और रसों के गुण-दोषों की अच्छी परख का ज्ञान उसे होना चाहिए। साथ ही इन सभी तथा अन्य पदार्थों के मूल्य के उतार-चढ़ाव से संबंधित पूरी जानकारी होनी चाहिए।

वैश्यों से उन्होंने यह अपेक्षा भी की है कि उन्हें कृषि संबंधी पूरी जानकारी रखनी चाहिए। कौन से बीज कैसे हैं? कौन से बीजों की बुवाई कब की जाती है? खेत की मिट्टी में क्या-क्या गुण-दोष हैं? दोषों का उपचार कैसे किया जाए? सभी प्रकार के माप-तोलों की जानकारी भी उसे भलीभाँति होनी चाहिए। संपदा के संवर्द्धन के लिए एक वैश्य से यह अपेक्षित है।

अगले दो श्लोकों में एक कुशल वैश्य में अन्य गुणों और कार्यक्षमता की

अपेक्षा की गई है—

**सारासारं च भाण्डानां देशानां च गुणावगुणान्।**
**लाभालाभञ्च पण्यानां पशूनां परिवर्धनम्॥**

*9/330/399*

**भृत्यानां च भृतिं विद्याद्भाषाश्च विविधा नृणाम्।**
**द्रव्याणां स्थानयोगांश्च क्रयविक्रयमेव च॥**

*9/331/399*

अर्थात् अनाज के विभिन्न प्रकार के संबंध में वह पूरी जानकारी रखता हो कि किस प्रकार के गुण-दोष क्या-क्या हैं? इतना ही नहीं यह भी कि विभिन्न देशों में, विभिन्न प्रकार के अनाजों के क्या-क्या गुण-दोष होते हैं, हो सकते हैं? उनमें कौन-कौन से सस्ते-महँगे हैं? विभिन्न वस्तुओं के क्रय-विक्रय से क्या लाभ-हानि हैं। पशुओं के संवर्द्धन की क्या विधियाँ हैं? सहकर्मियों का वेतन कैसे और कितना दिया जाता है? उसकी विधाएँ क्या हैं? वह विभिन्न भाषाओं की जानकारी रखता हो। उसे विभिन्न पदार्थों के भंडारण की जानकारी हो, उनके क्रय-विक्रय संबंधी ज्ञान भी हो।

**धर्मेण च द्रव्यवृद्धावातिष्ठेद्यत्नमुत्तमम्।**
**दद्याच्च सर्वभूतानामन्नमेव प्रयत्नतः॥**

*9/332/399*

वैश्य को अपने धन-रक्षण और संवर्द्धन की जानकारी हो और वह संपदा-संवर्द्धन में सतत संलग्न हो, प्रयासरत हो। मनु ने वैश्य को एक अन्य महत्त्वपूर्ण दायित्व यह सौंपा है कि वह अनाज को उन लोगों तक पहुँचाए, जिनके पास इसका अभाव है। इस प्रकार उन्होंने वैश्यों का हित सोचा तो उसके साथ ही पूरे समाज की चिंता भी की है।

## धन-संचय एवं सदुपयोग, पारिवारिक दायित्व

महाराज मनु ने धन संचय का संकेत दिया एवं धन के सदुपयोग हेतु मत व्यक्त किया तथा दुरुपयोग से बचने के लिए कहा—

**यस्य त्रैवार्षिकं भक्तं पर्याप्तं भृत्यवृत्तये।**
**अधिकं वापि विद्येत सः सोमं पातुमर्हति॥**

*11/7/422*

**अतः स्वल्पीयसि द्रव्ये यः सोमं पिबति द्विजः।**
**सः पीतसोमपूर्वोऽपि न तस्याप्नोति तत्फलम्॥**

*11/8/422*

अर्थात् जिनके पास प्रचुर मात्रा में धन है, परिवार के सुचारु संचालन हेतु, भरण-पोषण के लिए आवश्यक तीन वर्ष की व्यवस्था है, वही सोमयज्ञ करने के अधिकारी हैं। (सोम-यज्ञ एक अति व्यय-शील यज्ञ होता है)। दूसरे शब्दों में, यदि किसी परिवार के पास दीर्घकाल तक भरण-पोषण के साधन न हों तो उन्हें सोमयज्ञ नहीं करना चाहिए। दोनों श्लोकों का संयुक्त अर्थ यह होगा कि परिवार का सुचारु भरण-पोषण सुनिश्चित होने पर ही सोम-यज्ञ जैसा खर्चीला अनुष्ठान करना चाहिए। इस प्रकार महाराज मनु ने दो संदेश दिए हैं। प्रथम यह कि एक गृहस्थ व्यक्ति का प्रथम कर्तव्य है परिवार का सुचारु पालन, जिसकी अनदेखी नहीं करनी चाहिए और इस कार्य को प्राथमिकता देनी चाहिए। दूसरा यह कि उपलब्ध साधनों का दुरुपयोग करके धार्मिक क्रियाकलाप करना अनुचित है। उन्होंने चेताया कि पोषण की व्यवस्था न होने पर भी यदि कोई व्यक्ति ऐसा करता है तो उस अनुष्ठान का फल उसे नहीं मिलता।

इन श्लोकों में यह संदेश भी निहित है कि व्यक्ति को कुछ-कुछ बचत भी करनी चाहिए। यह और कि सुलभ साधनों के बाहर जाकर व्यय कभी नहीं करना चाहिए। आय से अधिक व्यय करनेवाले का समाज में तिरस्कार होता है।

सोमयज्ञ इस जन्म में सुखी जीवन एवं परलोक में स्वर्ग प्राप्ति की कामना से किया जाता है। यह यज्ञ निरंतर कई दिनों तक चलता है, जिसमें विशेष प्रकार की लकड़ी से अग्नि प्रज्वलित की जाती है, जो यज्ञ की पूर्णाहुति तक जलती रहती है। इस अग्नि को दोबारा नहीं जलाया जाता। यज्ञ में भारी मात्रा में घी और समिधा डाली जाती है। यज्ञ पूर्ण होने पर मुख्य पुरोहित को भारी दक्षिणा तथा सहायक पुरोहितों को समुचित दक्षिणा समर्पित की जाती है। कुल मिलाकर यज्ञ पर भारी-भरकम मात्रा में धन का व्यय होता है।

इस सबको ध्यान में लेकर मनु जी ने केवल साधन-संपन्न लोगों को ही यह यज्ञ करने की स्वीकृति दी है। इसी कारण कम साधनवालों के लिए इसे वर्जित किया है। यह स्पष्ट है कि मनु ने परिवार के उचित रीति से पालन एवं विकास को अत्यंत महत्त्वपूर्ण माना है। यह उदाहरण हम सबके लिए अनुकरणीय है।

परिवार के दायित्व को प्राथमिकता देते हुए कहा गया है—

**भृत्यानामुपरोधेन यत्करोत्यौध्वर्दैहिकम्।**
**तद् भवत्यसुखोदर्कं जीवतश्च मृतस्य च॥**

*11/10/422*

वह व्यक्ति जिस पर परिवार निर्भर करता है, यदि अपने दायित्व की अनदेखी कर, उसके संरक्षण पर ध्यान न देकर, परिवार को आवश्यक सुविधाओं से वंचित रखकर, स्वयं के परलोक को सुधारने हेतु दान-पुण्य करता है, उसके इहलोक तथा परलोक दोनों दु:खदायी सिद्ध होते हैं। अत: किसी को भ्रमवश आत्म-प्रवंचना में नहीं फँसना चाहिए।

## धन की तरलता

अगले तीन श्लोकों में धन की तरलता, गतिशीलता पर प्रकाश डाला गया है—

**आदाननित्याच्चादातुराहरेदप्रयच्छत:।**
**तथा यथाऽस्य प्रथते धर्मश्चैव प्रवर्धते॥**

*11/15/423*

**तथैव सप्तमे भक्ते भक्तानि षड्नश्नतो।**
**अश्वस्तन विधानेन हर्तव्यं हीनकर्मण:॥**

*11/16/423*

**खलात्क्षेत्रादगाराद्वा युतोवाप्युपलभ्यते।**
**आख्यातव्यं तु तत्तस्मै पृच्छते यदि पृच्छति॥**

*11/17/423*

अर्थात् यदि कोई व्यक्ति प्रतिदिन दान लेता तो है, किंतु देता कभी नहीं, तो उसकी अनिच्छा होते हुए भी, उसका धन उससे ले लेना चाहिए। इस क्रिया से उसका यश बढ़ता है। उसका धन भी प्रचलन में आ जाने से बढ़ता है। धन का उपयोग होने; प्रचलन में आने से वैसे ही बढ़ता है, जैसे बुद्धि के उपयोग से बुद्धि-बल बढ़ता है। धन को प्रचलन से बाहर रखनेवाले व्यक्ति को हीन कर्मी की संज्ञा दी गई है। कहा गया है कि जो व्यक्ति धन का सदुपयोग नहीं कर रहा, उसके पास कुछ धन छोड़कर, शेष उससे लेकर उपयोग में, चलन में लाना चाहिए। धन को

निष्क्रिय रखना किसी प्रकार उचित नहीं ठहराया जा सकता। ऐसा निष्क्रिय धन घर में, खेत में अथवा अन्य कहीं भी मिले, उसे लेकर चलन में डालना चाहिए।

इस विषय पर अगले श्लोक को देखना उपयोगी होगा—

**यद्धनं यज्ञशीलानां देवस्वं तद् विदर्बुधाः।**
**अयज्वानां तु यद् वित्तमासुरत्वं तदुच्यते॥**

*11/20/424*

यदि वह व्यक्ति, उससे लिए गए धन के संबंध में चिंतित है और अपनी असुविधा के लिए अपनी परेशानी व्यक्त करता है, तो उसे बता दिया जाए कि आवश्यकता हेतु उसके लिए धन छोड़कर शेष धन का सदुपयोग करने के लिए वह धन चलन में लाया गया है। महाराज मनु का आग्रह है कि धन को निष्क्रिय नहीं रखना चाहिए। उन्होंने सक्रिय (तरल) धन को 'देवधन' तथा निष्क्रिय धन को 'असुर धन' की संज्ञा दी है।

वर्तमान में अर्थशास्त्री धन की सक्रियता (तरलता) के संबंध में यही सोच रखते हैं। परंतु स्वामी से बलपूर्वक निष्क्रिय धन लेने के बजाय धन को चलन में लाने हेतु अनेक प्रेरक योजनाएँ चलाई जा रही हैं।

अब से हजारों वर्ष पूर्व महाराज मनु ने धन तथा अन्य उत्पादक साधनों को सक्रिय, गतिशील रखने का विचार, आधुनिक अर्थचिंतन में अत्यंत महत्त्वपूर्ण मानकर उत्पादक स्रोतों को तरल रखना सब प्रकार से आवश्यक माना जाता है। उत्पादक स्रोतों को निष्क्रिय रखना राष्ट्रीय दृष्टि से अत्यंत अहितकर माना जाता है।

## बचत

इसी विषय के एक अन्य पक्ष पर अगले श्लोक में प्रकाश डाला गया है—

**आपदर्थेधन रक्षेद्दारान रक्षेद् धनैरपि।**
**आत्मानं सत्तं रक्षेद्दारैरपि धनैरपि॥**

*7/213/273*

महाराज मनु का कहना है कि जीवन सदैव एक जैसा नहीं चलता रहता। इसमें उतार-चढ़ावा आते रहते हैं। कभी संकट या आपात् स्थिति भी उत्पन्न हो सकती है। इसलिए मनुष्य को अपनी आय में से कुछ भाग, सुविधानुसार, बचाकर अवश्य रखना चाहिए, जिसका उपयोग संकट की स्थिति में किया जा सके। आपात् काल में किसी से माँगना नहीं पड़ेगा। आधुनिक महान् अर्थशास्त्री लार्ड केंस ने ब्याज संबंधी सिद्धांत

में जिस तरलता की माँग का उल्लेख किया है, उनमें से ऐसी माँग भी है। अतः प्रत्येक व्यक्ति को आय के कुछ भाग की बचत अवश्य करनी चाहिए।

महात्मा मनु द्वारा समाज को वर्ण-व्यवस्था देकर वैज्ञानिक आधार का दिग्दर्शन कराया गया है। यह नितांत स्वाभाविक है कि मनुष्य सभी कार्यों में समान रूप से निपुण नहीं होता। प्रारंभिक काल में यह व्यवस्था सुचारु रूप से चलन में रही। कालांतर में इसकी त्रुटियाँ सामने आईं। समय के साथ बदलाव होते रहे। अब जो रूप साधारणतया प्रचलन में है, उसमें प्रारंभिक काल की श्रम विभाजन की स्थिति अधिकांशतः बदल गई है। तो भी उसका प्रभाव दिखाई पड़ता है। अब भी पीढ़ी-दर-पीढ़ी अपने पैतृक कर्म में पारंगत लोग उसी कार्य में संलग्न एवं सफल हैं। विभिन्न वर्णों के लोग सेवाकार्य में सफलतापूर्वक संलग्न हैं और क्षत्रिय, वैश्य, शूद्र ज्ञानार्जन और उसके वितरण का कार्य कर रहे हैं, विश्वविद्यालयों में उच्च कोटि के विद्वान के रूप में प्रसिद्धि प्राप्त कर रहे हैं।

## विद्वान एवं बुद्धिजीवी

मनु महाराज ने विद्वानों-बुद्धिजीवियों को सभी प्रकार की सुविधाएँ उपलब्ध कराने के संबंध में कहा—

**श्रुतवृत्ते विदित्वाऽस्य वृत्तिः धर्म्याप्रकल्पयेत्।**
**संरक्षेत्सर्वतश्चैनं पिता पुत्रमिवौरसम्॥**

*7/135/259*

शासन का कर्तव्य है कि उच्च कोटि के विद्वानों-बुद्धिजीवियों की विस्तृत जानकारी प्राप्त करे और उनकी जीविका की सुंदर व्यवस्था करके उन्हें इसकी चिंता से मुक्त करे, उन्हें ज्ञानार्जन और उसके वितरण में संलग्न रहने दें। ऐसा न हो कि जीविका की चिंता में वे अपने महत्त्वपूर्ण इस कार्य में अपनी प्रतिभा का उपयोग न कर सकें। इससे समाज उस ज्ञान से वंचित नहीं रह जाएगा, जो उसके लिए अत्यंत उपयोगी सिद्ध हो सकता है। उनका मानना है कि यह वर्ग समाज का मानस-पुत्र होता है, जिसका सुचारु भरण-पोषण शासन द्वारा एक अच्छे पिता के समान करना चाहिए, जो अपनी संतति के लिए करता है।

अनेक बार ऐसा लगता है कि वर्तमान युग में स्कालरशिप (Scholarship) की व्यवस्था का सूत्र इसी सोच का प्रतिफल है। ऐसी व्यवस्था को अधिक पुष्ट करना समाज के लिए लाभकारी सिद्ध होगा। इससे ज्ञान के विभिन्न क्षेत्रों, विभिन्न शाखाओं में चमत्कारी परिणाम प्राप्त होना निश्चित है।

**मूल्य निर्धारण तथा उपभोक्ता संरक्षण (Consumer Protection)**

अगले तीन श्लोकों में वस्तुओं के मूल्य निर्धारण पर मनु का मत है—

**आगमं निर्गमं स्थानं तथा वृद्धि क्षयावुभौ।**
**विचार्य सर्वपण्यानं काम्येत्क्रयविक्रयौ॥**

*8/400/343*

**पञ्चरात्रे पञ्चरात्रे पक्षे पक्षेऽथवा गते।**
**कुर्वीत चैषां प्रत्यक्षमर्धसंस्थापनं नृपः॥**

*8/401/344*

**तुलामान प्रतीमान सर्व एव स्यात्सुरक्षितम्।**
**षट्सु षट्सु च मासेषु पुनरेव परीक्षयेत्॥**

*8/402/344*

व्यापारी द्वारा धोखा देने की किसी भी विधि से उपभोक्ता संरक्षण (Consumer Protection) के उपाय शासन द्वारा अपनाए जाने चाहिए। व्यापारी, किसी स्थिति में, किसी प्रकार, उपभोक्ता से छल न करने पाए। उपभोक्ता किसी भ्रष्ट व्यवहार का भाजन न बने, इस पर भी शासन ध्यान दे। यह इसलिए आवश्यक है कि व्यापारी का उद्देश्य होता है—अधिक लाभ कमाना। यदि शासन मूल्यों पर ध्यान न दे और व्यापारी को खुली छूट दे दे तो वह मनमानी करने के लिए स्वतंत्र हो जाएगा। जैसा आजकल भारत में हो रहा है तथा उपभोक्ता का खुलकर शोषण हो रहा है। मनु ने शासन को यह निर्देश भी दिया है कि प्रत्येक छह मास के अंतराल से तौल-बाँट की जाँच करे, जिससे इनमें गड़बड़ी करके उपभोक्ता को धोखा न दिया जा सके।

व्यापार में एक अन्य भ्रष्ट आचरण पर भी विचार किया गया—

**अदूषितानां द्रव्याणां दूषणे भेदने तथा।**
**मणीनामपवेधे च दंडः प्रथमसाहसः॥**

*9/285/392*

**समैर्हि विषमं वस्तु चरेद्वैमूल्यतोऽपि वा।**
**समाप्नुयाद्दमं पूर्वं नरोमध्यममेव वा॥**

*9/286/392*

अर्थात् जो लोग अच्छे माल में घटिया माल की मिलावट करके माल को दूषित करते हैं, उन पर राज्य को नियंत्रण रखना चाहिए और कठोर दंड देना चाहिए। इससे दोषी व्यक्ति भविष्य में ऐसा नहीं करेगा, उसकी दूषित प्रवृत्ति समाप्त हो जाएगी। दंड देने का ऐसा उदाहरण अन्यों को भी वैसी भूल न करने के लिए प्रेरित करेगा।

यह भी ध्यान में लाया गया है कि व्यापारी ग्राहक से अधिक मूल्य लेकर घटिया सामग्री न दे तथा कोई वस्तु माप में, परिमाण में भी कम न हो। माप-तौल में दूषण पर अध्याय आठ के श्लोक संख्या 402 में भी उल्लेख किया गया है। यहाँ इस विषय को पुनः कहकर इसकी गंभीरता का संकेत मिलता है। इस प्रकार व्यापार की शुद्धता का आग्रह किया गया है।

## कृषि

कृषि को महत्त्व देते हुए, मनु ने किसी प्रकार की गलत छूट न देते हुए, कठोर दंड का विधान किया, जिसे अगले श्लोक में अंकित किया गया है—

**अबीजविक्रयी चैव बीजोत्कृष्टं तथैव च।**
**मर्यादाभेदकश्चैव विकृतं प्राप्नुयाद्वधम्॥**

*9/290/393*

अर्थात् कृषि उत्पाद को हानि पहुँचानेवाले, उत्तम कोटि के बीजों में घटिया बीज मिलाकर बिक्री करनेवाले, परंपरागत नियमों का उल्लंघन करके मर्यादा भंग करनेवाले व्यापारी के लिए कठोरतम दंड—मृत्युदंड का भी विधान किया है। इन सभी दोषों को इसलिए बताया गया है, क्योंकि बीजों में मिलावट से उत्पाद में हानि होती है तथा मिलावटी सामग्री से जन-स्वास्थ्य बिगड़ता है। अतः इस प्रकार के कार्य करनेवाले व्यापारी को उदाहरणीय दंड दिया जाना चाहिए, जिससे दूषित कर्म हतोत्साहित हो सके।

## कर्म-परिश्रम

निम्न श्लोक में कर्म की महत्ता दरशाई गई है—

**सर्वं कर्म दैवायत्तं विधाने दैव मानुषे।**
**तयोर्दैवमचिन्त्यं तु मानुषे विद्यते क्रिया॥**

*7/205/271*

अर्थात् संसार में सभी कार्य देव और मनुष्य के अधीन होते हैं, देवों पर मनुष्य का कोई नियंत्रण नहीं होता। इसलिए मनु महाराज का मत है कि मनुष्य को यह नहीं सोचना चाहिए कि देव उसका कार्य कर देंगे। ऐसी सोच मिथ्या है। उनका आग्रह है कि मनुष्य अपना काम स्वयं करे, कर्म करना उसके वश में है, उसका अधिकार है, कर्तव्य भी है। इसके लिए उसको किसी की अनुमति नहीं लेनी होती। 'अपना हाथ जगन्नाथ' की कहावत के अनुसार उसे कर्म करते रहना चाहिए, फल की कामना किए बिना कर्म करते ही जाना चाहिए। कर्म करके वह स्वयं अपनी सहायता करे तथा देव भी स्वयं उसकी सहायता करेंगे। जो करना अपने नियंत्रण में हो, उसके लिए दूसरों की ओर क्यों देखा जाए? कर्म का फल तो मिलेगा, अवश्य मिलेगा। किसी कार्य में विफल होने का एक ही अर्थ है—सफल होने के लिए जितने परिश्रम की आवश्यकता थी, उसमें कुछ कमी रह गई है। विफलता से निराश होने का कोई कारण नहीं।

## कराधान

कराधान के संबंध में महाराज मनु का कहना है कि कर शासकीय आय का प्रमुख साधन होते हैं। जो लोग कर देने में समर्थ हैं, उनसे कर अवश्य लेना चाहिए। कराधान में जन सामान्य की अनदेखी नहीं करनी चाहिए। जहाँ उन्होंने राज्यकोष में पर्याप्त आय की चिंता की, वहीं कर लगाते समय, करदाता की असुविधा और चुभन का विचार भी किया। राज्य का सतत विकास भी उनकी दृष्टि में था। राज्य की व्यवस्था एवं संचालन-संबंधी विभिन्न मदों को ध्यान में लेते हुए, समाज के प्रति उनकी स्पंदनशीलता और राज्य की आवश्यकता संबंधी उनका मत जानकर, मनु की दूरदर्शिता पर आश्चर्य होना स्वाभाविक है—

## करारोपण

**क्रयांविक्रयमध्वानं भक्तं च सपरिव्ययम्।**
**योगक्षेमं च सम्प्रेक्ष्य वणिजो दापयेत् करान्॥**

*7/127/257*

अर्थात् करारोपण के समय, राज्य के व्यापारियों के ऊपर-ऊपर से दिखनेवाले लाभ को ही उनका लाभ मान लेना त्रुटिपूर्ण होगा, न्यायसंगत नहीं होगा। विक्रय की जानेवाली सामग्री के क्रय, माल-भाड़ा तथा उसकी सुरक्षा एवं अन्य व्ययों को ऊपर से दिखनेवाले लाभ में से घटाकर, उनके शुद्ध लाभ पर कर लगाना चाहिए। शुद्ध आय पर लगाए गए कर भी ऐसे न हों जो उसकी आय प्राप्ति की प्रेरणा को हतोत्साहित करें।

अगले श्लोक में कहा है—

**यथा फलेन युज्येत राजा कर्ता च कर्मणाम्।**
**तथा वेक्ष्य नृपो राष्ट्रे कल्पयेत् सततं करान्॥**

*7/128/257*

कि व्यापार एवं उद्योग के सतत विकास को, हानि पहुँचाए बिना, कर लगाना चाहिए। इस प्रकार मनु ने व्यापार एवं उद्योग के विकास को ध्यान में रखकर करारोपण पर मत दिया है। कारण यह बताया कि इनके विकास से केवल व्यापारियों एवं उद्योगपतियों को ही लाभ नहीं होता, वरन् संपूर्ण राष्ट्र लाभान्वित होता है। ये बातें आधुनिक अर्थशास्त्र एवं आर्थिक चिंतन में अत्यंत महत्त्वपूर्ण मानी जाती हैं। कराधान सदैव इनके विकास एवं विस्तार को प्रोत्साहित करने का उपकरण मानकर, उपयोग कर के कर-नीति का निर्धारण करना चाहिए।

आगे करारोपण पर अधिक प्रकाश डाला गया है—

**यथाल्पाल्पमदन्त्याद्यं वार्यो कोवत्सषट्पदाः।**
**तथाल्पाल्पो ग्रहीतव्यो राष्ट्राद्राज्ञाब्दिकः कराः॥**

*7/129/258*

अर्थात् साधारण जन से थोड़ा-थोड़ा वार्षिक कर लेना चाहिए। जोंक के उदाहरण का उपयोग करके कहा कि वह धीरे-धीरे रोगी का रक्त चूस लेती है, जो रोगी को लाभ पहुँचाता है, अपना पेट भरती है और रोगी को कष्ट भी नहीं पहुँचाती। एक बछड़ा माँ का दूध धीरे-धीरे पीता है और भँवरा भी प्यार से फूलों का रस चूसता है, पुष्प को कष्ट नहीं देता। भाव यह है कि कर लेना तो अवश्य चाहिए, परंतु प्रजा को कष्ट न हो और पीड़ा का अनुभव न हो।

श्लोक संख्या 130, 131, 132 और 133 में मनु महाराज ने कर प्राप्ति की कुछ अन्य मदों पर भी ध्यान दिलाया है। पशुओं तथा स्वर्ण के क्रय-विक्रय के लाभ का दो प्रतिशत, धान्य का छठा भाग, इसमें भी अनेक प्रकारांतर पर बारहवाँ भाग कर के रूप में लेना चाहिए। भूमि की स्थिति एवं उर्वरता के अनुसार छठा, आठवाँ या बारहवाँ भाग लेना चाहिए।

कुछ प्रकार के मूल्यवान पेड़ों, मांस, घी, रस, शहद, सुगंधित-वस्तुओं, दवाओं, फूलों, कंदमूल तथा विभिन्न प्रकार के फलों पर भी कर लिया जा सकता है। इनके अतिरिक्त कुछ प्रकार के पत्तों, शाकों, तृणों, चमड़ा, मिट्टी के बरतनों, पत्थर के बरतनों तथा मूर्तियों पर भी विवेकानुसार कर लेना चाहिए।

आगे दो श्लोकों में उनका उल्लेख है जिनसे कर न लेने का निर्देश मनुस्मृति में दिया गया है—

**म्रियमाणोऽप्याददीत न राजा श्रोत्रियात्करम्।**
**न च क्षुधाऽस्य संसीदेच्छ्रोत्रियो विषये वसन्॥**

*7/133/258*

**यत्किञ्चिदपि वर्षस्य दापयेत्करसंज्ञितम्।**
**व्यवहारेण जीवन्तं राजा राष्ट्रे पृथग्जनम॥**

*7/137/259*

अर्थात् अस्वस्थ व्यक्ति, जो मृत्यु के निकट हों और निर्धन भी, विद्वान भी, इन सभी से कर नहीं लेना चाहिए। राज्य का यह कर्तव्य है कि उसकी प्रजा में कोई भूखा न रहे, विशेष रूप से विद्वान, बुद्धिजीवी, ज्ञानी, ये सभी उस श्रेणी में आते हैं जिनसे कर न लिया जाए।

जो लोग व्यापारी या उद्योगपति की सेवा में लगे हैं, इनके अतिरिक्त, जो किसी प्रकार कठिनाई से जीवनयापन कर रहे, जीवन चला भर रहे हैं, उनसे कर न लेकर अथवा नाममात्र का कर लेकर छोड़ दिया जाए। अर्थात् कर-नीति ऐसी हो, जो आर्थिक स्थिति के अनुसार कराधान करनेवाली हो।

अनिश्चित जीविका साधनों तथा बेरोजगारों पर विचार—

**कारूकाञ्छिल्पिनश्चैव शूद्रांश्चात्मोपजीविनः।**
**एकैकं कारयेत्कर्म मासि मासि महीपतिः॥**

*7/138/259*

मनु महाराज कहते हैं कि ऐसी प्रजा, जिसकी आय एवं जीविका के साधन सुनिश्चित नहीं हैं, उन्हें कुछ समय का काम, शासन द्वारा दिलाना चाहिए—जैसे—बढ़ई, लोहार, राजगीर, दैनिक मजदूर आदि जो काम करने के इच्छुक तो हैं, परंतु उन्हें काम नहीं मिलता। इस श्रेणी के लोगों से कर लेने का प्रश्न ही नहीं उठता।

इस अत्यंत महत्त्वपूर्ण विषय पर आधुनिक सत्ताएँ कार्य कर रही हैं, जैसे—भारत में 'मनरेगा' द्वारा बेरोजगारी भत्ता देने की व्यवस्था। परंतु न इन दोनों नीतियों का वैज्ञानिक एवं वास्तविक सत्याधार खोजा गया है, न ही इनके संचालन की कठोर एवं तर्कसंगत विधि अपनाई गई है। 'मनरेगा' द्वारा जो लोग लाभ के लिए लक्षित हैं, वे वास्तविक लाभ से वंचित हैं और जो लोग लाभ प्राप्त कर रहे हैं, वे

जिस कार्य के लिए लगाए गए, उसे ईमानदारी से करते दिखाई नहीं देते। वास्तविक ग्रामीण चित्र यह सुना जा रहा है कि उनको वेतन पाने का अधिकार तो है, परंतु निर्धारित कार्य करना उनका दायित्व नहीं है। यदि सेवायोजक उनको निष्ठापूर्वक कार्य करने का आग्रह करे तो कार्य में लगाए गए व्यक्ति द्वारा स्थानीय पुलिस में झूठी रिपोर्ट दर्ज कराए जाने के कारण वह योजक अपराधी की भूमिका में आ जाता है। फलत: स्थानीय छोटे-छोटे उद्योग बंद हो गए हैं। जहाँ 'मनरेगा' लागू होने के पूर्व उन्हें काम पर रखा जाता था, वहाँ भी शिकायत के भय से उनको काम में नहीं लगाया जा रहा। 'मनरेगा' क्रियाशील करने से पूर्व कर्मी और सेवायोजक के अधिकार एवं कर्तव्य वैज्ञानिक आधार पर परिभाषित नहीं किए गए।

बेरोजगारी भत्ते की योजना में आशंका यह दिख रही है कि यह नीति कहीं बेरोजगार बने रहकर लाभान्वित होने की प्रवृत्ति को बढ़ावा तो नहीं देगी? यह भी कि यह भत्ता पानेवाले शत-प्रतिशत इस लाभ के अधिकारी हैं या नहीं?

इन योजनाओं के पीछे की भावना अभिनंदनीय है। परंतु इनके कुशल संचालन की व्यवस्था किया जाना वांछित एवं देश के हित में होगा। इस प्रकार योजनाएँ अपना उद्‌देश्य प्राप्त कर सकेंगी।

कर लगाते समय राज्य को लोभमुक्त होना आवश्यक क्यों है?

**नोछिन्द्यादात्मनो मूलं परेषां चातितृष्णया।**
**उच्छिन्दन्ह्यात्मनो मूलमात्मानं तांश्च पीडयेत्॥**

*7/139/259*

शासकों को सावधान करते हुए कहा गया है कि लोभ के वशीभूत होकर, प्रजा से अधिकाधिक कर लेकर, अपनी जड़ें काटने की भूल न करें। अर्थात् करदाता से उचित मात्रा में ही कर लेना चाहिए। अन्यथा लोगों के मन में राज्य के प्रति विरोध तथा विद्रोह की भावना पनपती है। इसके विपरीत यदि किन्हीं अन्य कारणों अथवा प्रजा के प्रति अति अनुराग के कारण करों की राशि बहुत घटा दी जाए, तो राज्य की आय बहुत कम हो जाएगी। ऐसी स्थिति में राज्य अपनी आवश्यक गतिविधियाँ करने में भी असमर्थ हो जाएगा। अर्थात् ये दोनों अवस्थाएँ उपस्थित नहीं होनी चाहिए। भाव यह है कि कर की राशि न तो बहुत अधिक हो, न बहुत कम। कर लगाते समय राज्य ध्यान रखें कि करारोपण संतुलित हो।

आगे तीन श्लोकों में इस विषय की चर्चा है कि नदी का सेतु पार करते समय

शुल्क की मात्रा कितनी हो—

**पण यानं तरे दाप्यं पौरूषोऽर्धपणं तरे।**
**पादं पशुश्च योषिच्च पादार्थ रिक्तकः पुमान्॥**

*8/403/344*

**भाण्डपूर्णानि यानानि तार्यदाप्यानि सारतः।**
**रिक्तभाण्डानि यत्किञ्चित्पुमांसश्चापरिच्छदाः॥**

*8/404/344*

**दीर्घध्वनि यथा देशं यथा कालं तरो भवेत्।**
**नदीतीरेषु तद्विद्यात्समुद्रे नास्ति लक्षणम्॥**

*8/405/344*

इस विषय पर अपना मत बताते हुए महाराज मनु ने बताया कि खाली हाथ व्यक्ति, सामान सहित व्यक्ति, खाली यान, माल भरा हुआ यानों पर भिन्न-भिन्न दर से शुल्क लेना चाहिए। इतना ही नहीं, माल-वाहक यानों में भरे हुए माल की मात्रा, उसका भार आदि तथ्यों के आधार पर शुल्क लिया जाए।

इसके साथ ही खाली वाहनों, यात्रियों तथा निर्धनों के शुल्क में छूट का प्रावधान भी करना चाहिए। यह भी कहा कि यदि पुल बहुत लंबा हो, तो शुल्क का निर्धारण देश व काल के अनुसार करना चाहिए। सेतुओं पर शुल्क की ये प्रक्रियाएँ समुद्री मार्ग पर क्रियाशील नहीं होती।

## संपत्ति

संपत्ति संबंधी विवादों पर मनु महाराज ने विस्तार से प्रकाश डाला है। लगता है कि वर्तमान समय में इस विषय पर चल रहे विवाद मनुस्मृति की रचना के समय में भी हुआ करते थे। तभी इस विषय पर लंबी चर्चा की गई है।

अवयस्क बालक-बालिकाओं के संपत्ति संबंधी विवादों पर कहा—

**बालदायादिकं रिक्थं तावद्राजानुपालयेत्।**
**यावत्सः स्यात्समावृत्तो यावच्चातीतशैशवः॥**

*8/27/281*

अवयस्क बच्चे स्वयं संपत्ति का संरक्षण नहीं कर सकते। इसलिए राज्य का यह दायित्व है कि बच्चों की संपत्ति हर प्रकार सुरक्षित रहे, जब तक वे वयस्क नहीं

हो जाते, गुरुकुल में अध्ययनरत रहते हैं। अतः उनके वयस्क हो जाने तक संपत्ति की सुरक्षा का दायित्व राज्य का होता है। अतः राज्य को यह दायित्व सावधानी से निर्वाह करना चाहिए।

निर्बलों एवं असहायों की संपत्ति पर कहा—

**वशाऽपुत्रासु चैवं स्याद्रक्षणं निष्कुलासु च।**
**पतिवृतासु च स्त्रीषु विधवास्वातुरासु च॥**

*8/28/281*

संतानहीना, वंध्या, पुत्रहीना, कुलांतर की पतिव्रता, विधवा, रोगग्रस्त महिला की संपत्ति के संरक्षण का दायित्व भी राज्य को निर्वाह करना चाहिए। ऐसी व्यवस्था से कोई भी उसके अधिकार का भक्षण नहीं कर सकेगा।

संपत्ति के बलात् हरण पर दंड-विधान ऐसा हो—

**जीवन्तीनां तु तासां ये तद्धरेयुः स्वबान्धवाः।**
**तांछिष्याच्चौरदंडेन धार्मिकः पृथिवीपतिः॥**

*8/29/281*

अर्थात् यदि संतानहीन, वंध्या, पुत्रहीना, अन्य बाहर कुल से आई पतिव्रता, विधवा एवं रोगग्रस्त स्त्री के जीवित रहते हुए, यदि उसकी संपत्ति, उसके सगे संबंधी, बलात छीन लेते हैं तो न्यायप्रिय शासन द्वारा धर्मानुसार उन्हें वह दंड दिया जाए, जो चोरों को दिया जाता है। भाव यह है कि किसी की संपत्ति पर बलात अधिकार कर लेना चोरी के समान अपराध माना गया है।

लावारिस संपत्ति के संबंध में कहा गया है—

**प्रणष्टस्वामिकं रिक्थं राजा त्रयब्दं निधापयेत्।**
**अर्वाक्त्रयब्दाद्धरेत्स्वामी परेण नृपतिर्हरेत्॥**

*8/30/281*

जिस संपत्ति का स्वामी स्वर्गवासी हो गया हो तथा वह किसी को उसका अधिकारी घोषित न कर गया हो, शासन द्वारा उस संपत्ति को अपने अधिकार में लेकर, तीन वर्ष तक उसके वैधानिक अधिकारी की प्रतीक्षा करनी चाहिए। यदि इस काल-खंड में संपत्ति का कोई वैधानिक अधिकारी प्रस्तुत न हो तो वह संपत्ति राज्य की मानी जाए।

राज्य द्वारा अधिगृहीत संपत्ति पर निम्न तीन श्लोकों मे कहा—

**ममेदमिति यो ब्रूयात्सोऽनुयोज्यो यथाविधिः।**
**सवाद्यरूपसंख्यादीन् स्वामीतद्द्रव्यमर्हति॥**

*8/31/281*

**अवेदयानो नष्टस्य देशं कालं च तत्त्वतः।**
**वर्णं रूपं प्रमाणं च ततसमं दंडमर्हति॥**

*8/32/281*

**आददीताथ षड्भागं प्रणष्टाधिगतान्नृपः।**
**दशमं द्वादशं वापि सतां धर्ममनुस्मरन्॥**

*8/33/282*

राज्य द्वारा अधिगृहीत की गई संपत्ति पर यदि कोई व्यक्ति अपना अधिकार जताता है तो संपत्ति के स्वरूप, संख्या और स्वर्णादि होने पर उसकी मात्रा एवं मूल्य के संबंध में आवश्यक प्रश्नों से उसके द्वारा दिए गए उत्तर की जाँच करके, पूरा संतोष हो जाने पर उसे संपत्ति सौंप दी जाए।

इसके साथ ही यह सावधानी भी बरती गई है कि कोई अनधिकृत व्यक्ति झूठ बोलकर, धोखा देकर, उस संपत्ति पर अधिकार तो नहीं जता रहा। कोई व्यक्ति इस प्रकार की कुचेष्टा न करे, इसे भी ध्यान में रखा जाए। यदि अधिकार जतानेवाला व्यक्ति धोखेबाज पाया जाए, तो उस संपत्ति के दूने का अर्थदंड दिया जाना चाहिए। इस प्रकार महाराज मनु ने धोखे और असत्य व्यवहार को हतोत्साहित करने का मार्ग प्रशस्त किया।

वर्तमान युग, दुर्भाग्यवश, धोखे से भरा हुआ है। वृथा चेष्टा करके संपत्ति के अधिकार प्राप्त करने के लिए उच्च कोटि के वकीलों को भारी-भरकम फीस देकर लोग मालिक बनने में लगे हैं। उनका धोखा सिद्ध हो जाने पर उन्हें कुछ अर्थदंड दिया जाता है। यदि मनु द्वारा सुझाया गया दंड अपनाकर संपत्ति के मूल्य का दोगुणा अर्थदंड का विधान स्वीकार कर लिया जाए तो इसके दो प्रकार के लाभ प्राप्त हो सकते हैं। एक, इससे धोखा देने की प्रवृत्ति हतोत्साहित होगी। दूसरा, झूठे मुकदमों (अभियोगों) का अंबार नहीं लगेगा। पुराने झूठे अभियोग वापस लिए जाएँगे और उनका भंडार छोटा एवं हल्का होने का मार्ग साफ हो जाएगा।

महाराज मनु ने राज्य सत्यता एवं राजधर्म का पालन करने के लिए कहा कि

राज्य द्वारा अधिगृहीत संपत्ति, उसके वास्तविक अधिकारी को देने में संकोच नहीं करना चाहिए। परंतु यह सावधानी रखी जाए कि पक्षपात करके, लालच में आकर अनधिकृत व्यक्ति को, किसी स्थिति में, उसका स्वामी न मान लिया जाए। उसके प्रमाणित अधिकारी को संपत्ति वापस करते हुए संपत्ति के मूल्य का छठा, दसवाँ अथवा बारहवाँ भाग कर के रूप में राजकोष में जमा किया जाए।

निम्न दो श्लोकों में, खोई हुई, संपत्ति पर विचार किया गया है—

**ममायमिति यो ब्रूयान्निधिं सत्येन मानवः।**
**तस्याददीत षड्भागं राजा द्वादशमेव वा॥**

*8/35/282*

**अनृतं तु वदन्दंडयः स्ववित्तस्यांशमष्टमम्।**
**तस्यैव वा विधानस्यसंख्यायाल्पीयसींकलाम्॥**

*8/36/282*

खोई हुई वस्तु, संपत्ति पर यदि कोई व्यक्ति अपना अधिकार जताता है और अपनी बात को सिद्ध करने में विफल हो जाता है तो उसे दंडित किया जाए। परंतु यदि वह सफल पाया जाता है तो वह संपत्ति उसे वापस कर देनी चाहिए। इस विषय में भी झूठे व्यक्ति को दंडित किए जाने पर कहा कि संपत्ति के मूल्य का आठवाँ भाग अथवा उसकी सामर्थ्य के अनुसार कम-अधिक करके दंडित किया जाए।

धरती में छिपी संपत्ति, कोई पुराना खजाना, मिलने के संबंध में कहा—

**यं तु पश्येन्निधिं राजा पुराणं निहितं क्षितौ।**
**तस्मादद्विजेभ्यो दत्त्वार्धमर्धं कोषे प्रवेशयेत्॥**

*8/38/283*

**निधीनां तु पुराणानां धातूनामेव च क्षितौ।**
**अर्धभाग्रक्षणाद्राजा भूमेरधिपतिर्हि सः॥**

*8/39/283*

यदि भूमि में गड़ी हुई संपत्ति अथवा कोई खजाना मिलता है और यह राज्य या राजकर्मचारियों को मिलता है तो इसके दो भाग कर के, आधा विद्वानों में वितरित किया जाए, आधा राजकोष में जमा किया जाए।

वैसे तो जिस व्यक्ति की भूमि में गड़ी संपत्ति, खजाना मिले तो आधे भाग का स्वामी वही व्यक्ति होता है, शेष आधा भाग राजकोष में जमा करना चाहिए।

अर्थात् भू-स्वामी उस संपूर्ण संपत्ति का अधिकारी नहीं होता। संपदा वितरण का यह नियम भूमि में पड़ी सभी निधियों, वस्तुओं, धातुओं आदि पर क्रियाशील होता है, ऐसा मनु जी का कथन है।

वर्तमान समय में उक्त नियम में काफी संशोधन किए गए हैं। धातुओं, खनिजों पर अब भू-स्वामी को केवल अधिकार-शुल्क (Royalty) दिया जाता है, जिसमें समय-समय पर दर-परिवर्तन होता रहता है।

भू-स्वामित्व संबंधी विषय पर कहा—

**पृथोरपीमां पृथिवीं भार्यां पूर्वविदो विदुः।**
**स्थाणुच्छेदस्य केदारमाहुः शल्यवतो मृगम्॥**

*9/43/354*

प्रारंभिक काल में धरती अत्यंत ऊबड़-खाबड़ थी, जिसे महाराज पृथु ने घोर परिश्रम करके समतल किया था। इसी कारण इस धरती को उनके नाम से पृथ्वी कहा जाता है।

साधारणतया देखा जा रहा है कि अनेक भू-स्वामी अपनी भूमि या भूमि का कोई भाग बटाई पर देकर, जोतनेवाले से, निर्धारित भाग प्राप्त करते हैं। अर्थात् भूमि पर सारा परिश्रम जोतनेवाला करता है। महाराज मनु का मत है कि भूमि का स्वामित्व उस व्यक्ति का होना चाहिए जो उस पर परिश्रम करके भूमि का उपयोग करता है।

## सारांश–

1. मनुष्य की आर्थिक क्रिया का मूल है इच्छा, आकांक्षा।
2. आर्थिक क्रियाएँ शुद्ध हों।
3. मानव जीवन के लिए धन अति आवश्यक।
4. धनार्जन धर्मानुसार क्रियाओं से होना चाहिए।
5. अर्थ और काम का उपयोग मर्यादित हो।
6. सद्ग्रंथों के नित्य अध्ययन से सद्कर्मों के लिए प्रेरणा मिलती है।
7. परिश्रम करके, पसीना बहाकर प्राप्त आय का दुरुपयोग नहीं किया जाता।
8. धन के सहज आदान-प्रदान का आग्रह किया।
9. ऋण लेना-देना सरल एवं सुरक्षित हो।
10. ब्याज पर संक्षिप्त विचार।
11. उत्पादक एवं उपभोग्य ऋण का भेद किया,

12. वेतन—स्त्री-पुरुष का वेतन, वेतन-निर्धारण में कार्यक्षमता का महत्त्व।
13. अच्छे-बुरे कर्मी तथा कार्य का संपादन।
14. श्रमिक का मनोनुकूलन होना आवश्यक।
15. क्षमतानुसार व्यय किया जाए।
16. परिवार का सुचारु पालन अतिआवश्यक।
17. आय का कुछ भाग बचाकर रखा जाए।
18. परंपरागत कार्य की महत्ता पर प्रकाश डाला।
19. विद्वानों, बुद्धिजीवियों की चिंता।
20. व्यापार में शुद्धता आवश्यक।
21. कृषि पर विशेष ध्यान।
22. कराधान, करारोपण, राजकोष तथा जनसाधारण की चिंता।
23. बेरोजगारों की चिंता।
24. संपत्ति संबंधी विवाद, अधिगृहीत संपत्ति।
25. गड़ी-छिपी संपदा पर निर्णय।

□

# वाल्मीकि रामायण अर्थ-चिंतन*

'वाल्मीकि रामायण' के अनुसार श्री रामचंद्र अपने पिता महाराज दशरथ के चार पुत्रों में ज्येष्ठ थे, जो महाराज के उपरांत अयोध्या के राजसिंहासन के उत्तराधिकारी थे। परंतु उनके अनुज भरत की माता कैकई ने महाराज द्वारा उनको दिए गए वचनों में से एक वचन के पालन हेतु रामचंद्रजी को चौदह वर्ष तक वनवास देने का आग्रह किया। परिणामस्वरूप श्रीराम ने अपने पिता के वचन का सम्मान रखकर वनवास का पथ लिया। उस समय भरत अपने ननिहाल गए हुए थे। वहाँ से अयोध्या वापस आकर जब उन्हें इसकी जानकारी मिली, तो वे बहुत दु:खी हुए। उन्होंने निश्चय किया कि वे राजसिंहासन नहीं सँभालेंगे, क्योंकि पिता के बाद श्रीराम ही उसके उचित अधिकारी थे। उन्होंने रामचंद्रजी को वनवास छोड़कर अयोध्या वापस लाने का निर्णय लिया और भ्राता की खोज में निकल पड़े। उस समय श्रीराम चित्रकूट में डेरा डाले हुए थे। श्रीराम को वापस लाने के उद्देश्य से भरत अपने अग्रज श्रीराम से मिले।

परिवार-संबंधी जानकारी के उपरांत श्रीराम ने भरत से राजनीतिक एवं आर्थिक जानकारी प्राप्त की। उनके संवाद में रो आर्थिक प्रश्न यह दरशाते हैं कि उस काल में भी अर्थचिंतन होता था। नीचे इनके विवेचन की एक झलक प्रस्तुत है।

कर्मचारियों की नियुक्ति के संबंध में रामचंद्रजी ने पूछा कि क्या उनकी नियुक्ति से पूर्व उनकी निपुणता, क्षमता, चरित्र की शुद्धता आदि का परीक्षण करते हैं? उनकी पारिवारिक पृष्ठभूमि तथा उनके परिवार के अन्य लोगों द्वारा की गई सेवा की जानकारी लेते हैं? ऐसा तो नहीं कि वे बिना जाँच एवं परीक्षण के नियुक्ति पाते हैं? उन्होंने भरत को बताया कि अनेक अक्षम कर्मियों की अपेक्षा गिने-चुने

---

* सूत्र : महर्षि वाल्मीकि प्रणीत श्रीमद्वाल्मीकीय रामायण, प्रथम एवं द्वितीय खंड, प्रकाशक गीता प्रेस, गोरखपुर, संस्करण सवंत 2069।

श्रेष्ठ कर्मियों की नियुक्ति श्रेयस्कर होती है। वे संकट के समय समाज-कल्याण का मार्ग प्रशस्त करते हैं और कठिन स्थिति से उसे उबार लेते हैं। अभिप्राय यह है कि मूर्खों एवं कम बुद्धिमान व्यक्तियों की अपेक्षा विद्वान एवं सुयोग्य व्यक्तियों का चयन किया जाना चाहिए।

अधिक योग्य एवं लालचमुक्त कर्मियों की नियुक्ति अधिक महत्त्वपूर्ण स्थान पर की जाए, तो उनकी क्षमता का पूर्ण उपयोग करना संभव होता है। अतः मध्यम श्रेणी के लोगों को मध्यम एवं साधारण क्षमतावालों की नियुक्ति सामान्य दायित्व बिंदुओं पर की जाए। ईमानदार, लालच एवं छल-कपट से मुक्त व्यक्तियों को मंत्री आदि के पद पर लगाया जाए। ऐसे व्यक्ति ही अपेक्षित उत्तम कार्य करने में समर्थ होते हैं।

मंत्री का दायित्व सँभालनेवाले व्यक्ति सदैव ध्यान रखें कि उनकी कठोरता सर्व-जन को अप्रसन्न न कर दे। कार्यपालिका कठोरता की सीमाओं में रहकर कार्य संपादन करे, जिससे प्रजा उद्विग्न न हो जाए। शासन का उद्देश्य जन-रंजन होना चाहिए, जिससे प्रजा का कल्याण हो सके। शासन की कठोरता एवं अनुशासन प्रशंसा का साधन बने।

कराधान संबंधी मार्गदर्शन में बताया कि प्रजा पर बहुत अधिक कर लगाना, उसे रुचिकर नहीं लगता। सीमा से अधिक कर लगानेवाले शासन का तिरस्कार हो जाता है। राजकीय-कार्य में व्यय तो होता ही है। कर राजकीय आय का प्रमुख स्रोत होते हैं। अतः एक जागरूक शासक को नवीन कल्याण योजनाओं को, प्रजा की कर देय-क्षमता को ध्यान में रखकर, प्रारंभ करना चाहिए। कोई भी कर लगाने से पूर्व प्रजा की कर-देय क्षमता का आकलन करना नितांत आवश्यक होता है।

भारत में कर-प्रणाली में निरंतर परिवर्तन किए जा रहे हैं। अनेक नवीन मदों पर भी कर लगाए गए हैं। परंतु एक महत्त्वपूर्ण तथ्य कराधिकारियों की दृष्टि में नहीं आ रहा। इस विषय पर पुराने ढंग से ही विचार होता है, जो नितांत अव्यावहारिक है। अनेक नहीं वरन् बहुसंख्य वेतनभोगी ऐसी सेवाओं में संलग्न हैं, जिनमें कोई चिकित्सा भत्ता नहीं दिया जाता, सेवानिवृत्ति के उपरांत भी उन्हें यह सुविधा नहीं मिलती। आयु बढ़ने के साथ उनका स्वास्थ्य बिगड़ता जाता है, जिसके कारण उनका चिकित्सा व्यय बढ़ता है। अनेक बीमारियों का उपचार अत्यंत व्यय-शील होता है। परंतु उनको कराधान से छूट देने संबंधी विचार नहीं किया जाता। इसका कारण यह हो सकता है कि वेतनभोगियों के संबंध में, केवल शासकीय सेवकों को, ध्यान में रखा जाता है, जिनको सेवाकाल तथा सेवानिवृत्ति के बाद भी यह

सुविधा उपलब्ध होती है। इसके कारण अर्ध-शासकीय एवं निजी सेवकों के लिए कर का भार उन्हें कष्टकारी हो जाता है।

प्रभु श्रीराम ने भरतजी से, एक अन्य महत्त्वपूर्ण विषय पर, मार्गदर्शन करते हुए पूछा कि क्या रक्षाकर्मियों की पूरी चिंता की जाती है? उनका वेतन समुचित हो और भुगतान नियमित रूप से, समय पर किया जाए तथा उनके वेतन के अतिरिक्त सुविधाएँ तथा भत्ते भी दिए जाएँ। ऐसा न होने पर उनमें रोष पनपता है, असंतोष होता है। निर्धारित समय पर नियमित एवं समुचित भुगतान सुरक्षाकर्मियों तथा अन्य वेतनभोगियों को होना ही चाहिए। उनके पारिवारिक प्रबंध के लिए, ऐसा किया जाना आवश्यक है। अन्यथा वे स्वामी के प्रति अविश्वास करने लगते हैं, जो अनर्थकारी हो सकता है।

*वाल्मीकि रामायण, प्रथम खंड, पृ. 503*

उस युग में कृषि उद्योग का स्थान सर्वोपरि रहा होगा। कृषि के संबंध में श्रीराम ने भरत से जानकारी लेते हुए सिंचाई की स्थिति जानी। सिंचाई कृषि की जान होती है। यह कृषि उत्पाद को सर्वाधिक प्रभावित करती है। जल और सिंचाई-व्यवस्था संबंधी पूछताछ से प्रतीत होता है कि नदियों के पानी को खेतों तक पहुँचाया जाता होगा। खेती के लिए आवश्यक पशुओं के संबंध में भी जानकारी ली गई। कृषि को हानि पहुँचानेवाले पशुओं के संबंध में तथा कृषि को हानि पहुँचानेवाले पशुओं के भय की चर्चा भी की। उस समय संपूर्ण देश धन-धान्य से परिपूर्ण था। स्त्री-पुरुष प्रसन्न रहते थे, धार्मिक एवं सामाजिक उत्सवों में बढ़-चढ़कर भाग लेते और आनंद मनाते थे। विद्वानों का आदर होता था, विभिन्न स्थानों पर बड़े-बड़े यज्ञों के आयोजन से वायुमंडल शुद्ध एवं स्वस्थ रखा जाता था, अनेकानेक देवस्थान, तालाब पाए जाते थे। विभिन्न प्रकार की खानों की चर्चा भी की गई। देश की शांति-व्यवस्था और सुरक्षा पर भी विचार हुआ। ऐसा वर्णन वाल्मीकिजी ने किया है।

यह वर्णन भी आया कि देश की अर्थव्यवस्था, विकास एवं समृद्धि का ध्यान रखते हुए अनेक छोटी-छोटी बातों पर भी विचार किया गया।

कृषि को दी गई प्राथमिकता के बाद व्यापार की निर्बाध प्रगति, कृषि एवं पशुपालन द्वारा जीविका चलानेवालों से राज्य के मधुर संबंध एवं उनकी कुशलता की चिंता की जाती थी, जो आर्थिक समृद्धि के लिए नितांत आवश्यक है। कृषक एवं व्यापारी को समृद्धि का आधार माना जाता था तथा इनको महत्त्वपूर्ण स्थान प्राप्त था। भरत को बताया गया कि संपूर्ण प्रजा के सुख की चिंता एवं व्यवस्था

करना राज्य का प्राथमिक कर्तव्य होता है। इनके कार्यों में आनेवाली बाधाओं को दूर किया जाना चाहिए।

इस संवाद में कामकाजी लोगों की प्रसन्नता पर भी विचार किया गया। कर्मचारियों की संतुष्टि का ध्यान रखना, भयमुक्त होकर अपनी बात शासन के समक्ष रखना, अपना मत एवं विचार रखना, सामान्य बात थी। राज्य (शासक) और कर्मचारियों की निकटता, देश की समृद्धि के लिए आवश्यक माने जाते थे।

देश की समृद्धि के लिए आंतरिक शांति और सुरक्षा आवश्यक होती है। संवाद में चर्चा के विषयों में दुर्गों की स्थिति भी थी। दुर्गों में शस्त्रास्त्र, भोजन-सामग्री, जल, आवश्यक उपकरण, शिल्पी, अन्य विशेषज्ञ तथा कुशल सैनिकों आदि की जानकारी भी ली गई। अर्थात् इस विषय पर भी ध्यान दिया जाता था।

राज्यकोष की जानकारी, आय के स्रोतों और व्यय के मदों की क्या स्थिति है? कहीं ऐसा तो नहीं कि आय-व्यय में असंतुलन उत्पन्न हुआ हो? इसका अर्थ है कि उस समय राज्यकोष का संचालन उचित रीति से होता था। प्रजा के परिश्रम से प्राप्त आय में से करके रूप में प्राप्त किए गए जन-धन का दुरुपयोग न हो, सोच-विचार करके, विद्वानों, राज्य के हितैषियों, कुशल योद्धाओं, अभ्यागतों आदि पर व्यय का ध्यान रखा जाता था। इस बात की चिंता की जाती थी कि यह धन अपात्रों के हाथ न लगे।

स्वामी और सेवकों के मध्य विवाद न हो, इसका भी ध्यान रखा जाता था। कभी उठे, इनके विवादों में, उनके निराकरण में न्याय-संगत प्रक्रिया अपनाई जाती थी और उचित समाधान निकाला जाता था।

श्रीराम ने भरत से कहा कि बच्चों, विद्वानों एवं वरिष्ठ नागरिकों, कुशल वैद्यों आदि के अनुराग का ध्यान रखकर, उन्हें संतुष्ट रखा जाए। धर्म तथा अर्थ के महत्त्व का ध्यान रखकर, यह सावधानी रखी जाती थी कि इनमें से कोई दूसरे पर हावी न हो जाए तथा इनके महत्त्व के अनुसार संतुलन स्थापित रहे। ये दोनों विषय अत्यंत संवेदनशील हैं, इनके संतुलन में त्रुटि न हो, इसका विशेष ध्यान रखा जाए। यह संतुलन बिगड़ जाने से नैतिक और सामाजिक व्यवस्था भंग हो सकती है।

*वाल्मीकि रामायण, प्रथम खंड, राम-भरत मिलाप*

वर्तमान में धर्म-अर्थ का संतुलन बिगड़ चुका है। अर्थ धर्म पर हावी हो जाने के कारण अनर्थ हो रहा है। सब ओर अर्थ का बोलबाला है। अर्थ जीवन का उद्‌देश्य बन चुका है। अर्थ साधन के स्थान पर साध्य बन गया है। उचित-अनुचित

की चिंता किए बिना धनोपार्जन किया जा रहा है। धर्म का स्थान गौण हो गया है। फलतः अनिष्टकारी एवं अधार्मिक व्यवहार का प्रचलन एक सामान्य बात हो गई है। व्यक्तिगत जीवन विनाश के मार्ग पर अग्रसर है। सामाजिक एवं राजनैतिक व्यवहार में यह ध्यान नहीं रखा जा रहा कि कर के रूप में जनता की कमाई से प्राप्त किए गए धन का अनुचित उपयोग न हो। सत्ता में बने रहने के लिए भत्ते के रूप में रिश्वत देने में संकोच नहीं किया जाता। नामी आधुनिक अर्थशास्त्री लार्ड जे.एम. कींस ने बेरोजगारी की समस्या से निपटने के लिए, किए जानेवाले भुगतान से लाभ पहुँचाने के लिए परिश्रम को आधार बनाया था। परंतु भारत में बिना परिश्रम किए बेरोजगारी भत्ता बाँटा जा रहा है। इस प्रकार समाज को बेरोजगार बने रहने की प्रेरणा देकर, उसका अनिष्ट किया जा रहा है। कर के रूप में प्राप्त मूल्यवान, जन-निधि, से निःसंकोच उपहार वितरित किए जा रहे हैं। रामायणकाल की शिक्षाओं पर ध्यान नहीं दिया जाता। ईमानदारों को करारोपित किया जा रहा है। बेईमान कर की चोरी कर रहे हैं।

रामराज्य के स्वर्णिम युग का ससम्मान स्मरण, लाखों वर्ष बाद भी, करके गौरव का अनुभव होता है। यह शासन-व्यवस्था आदर्श के रूप में मानी जाती है। राम-भरत मिलाप में श्रीराम द्वारा भरतजी से प्राप्त आर्थिक जानकारी संतोषजनक लगती है। सहज ही समझा जा सकता है कि स्वयं श्रीराम के शासनकाल में आर्थिक स्थिति कैसी रही होगी। भरत से किए गए प्रश्नों से स्पष्ट होता है कि श्रीराम को आर्थिक विषयों की सूझ-समझ कितनी गहन थी। उन्होंने स्वयं शासन चलाकर कैसा दृश्य उपस्थित किया होगा? जन-रंजन से भरपूर, ऐसे शासन को सदा-सर्वदा आदर्श शासन के रूप में स्मरण किया जाता रहेगा।

महर्षि वाल्मीकि ने श्रीराम को महात्मा रघुनंदन की संज्ञा से संबोधित किया। रामचंद्रजी द्वारा किए गए अश्वमेध यज्ञ का वर्णन करते हुए उन्होंने बताया कि यह स्थायी व्यवस्था की गई थी कि प्रसाद के रूप में, जिस वस्तु की आवश्यकता हो, तब तक दी जाए, जब तक प्राप्तकर्त्ता संतुष्ट न हो जाए। याचक को उसकी इच्छा, आवश्यकता अनुसार प्रत्येक वस्तु दी जाए, जब तक उसके मुख से माँग निकलती रहे। जब तक याचक अपनी माँग मुख से निकालता, वस्तु उसके सामने होती थी।

वाल्मीकिजी द्वारा वर्णन के अनुसार यज्ञ में उपस्थित प्रत्येक व्यक्ति स्वस्थ एवं संतुष्ट दिखाई देता था। मलिन मुखवाला कोई व्यक्ति नहीं दिखता था। उपस्थित चिरजीवी ऋषि-मुनि अनुभव कर रहे थे कि उन्हें ऐसे किसी यज्ञ का स्मरण नहीं, जिसमें दान-क्रिया की ऐसी धूम हो। यज्ञ दान-क्रिया, दान राशि से पूर्णतया अलंकृत

था। जिसे धन की इच्छा थी, वह धन पा रहा था, जिसे स्वर्ण की इच्छा थी, वह स्वर्ण पा रहा था। ऋषि, मुनि कह रहे थे कि ऐसा यज्ञ पहले इंद्र, चंद्रमा, यम और वरुण के घर भी नहीं देखा गया।

बानर और राक्षस हाथों में दान-सामग्री लिए खड़े थे। वस्त्र, धन, अन्न आदि की इच्छा रखनेवालों को अधिकाधिक दिया जा रहा था। यह यज्ञ निरंतर एक वर्ष तक चलता रहा। इसमें कभी किसी वस्तु का अभाव न रहा। बहुसंख्य ऋषि-मुनियों से सम्मानित हो महा तेजस्वी, आत्मज्ञानी, महर्षि वाल्मीकि ने बहुत सुख एवं आनंद से, निरंतर एक वर्ष उसमें निवास किया।

*वाल्मीकि रामायण, द्वितीय खंड, पृ. 810*

इसके अध्ययन के पश्चात् वर्तमान निराशाजनक शासन-व्यवस्था पर कहाँ तक विचार किया जाए? संपूर्ण व्यवस्था में आमूल-चूल परिवर्तन आवश्यक प्रतीत होता है। सुधार कितना, कहाँ तक किया जाएगा? वास्तविकता यह है कि देश-संचालन संबंधी चिंतन ही क्रांतिकारी बदलाव चाहता है। टुकड़ों में परिवर्तन से काम नहीं चलेगा।

## सारांश–

1. कृषि उद्योग सबसे अधिक महत्त्वपूर्ण, उससे संबंधित विषयों पर विशेष ध्यान।
2. व्यापार विकास की निर्बाध व्यवस्था पर जोर।
3. कर्मचारियों की नियुक्ति से पूर्व, उनकी क्षमता एवं सामर्थ्य का आकलन एवं परीक्षण आवश्यक।
4. कर्मियों की योग्यता एवं रुचि के अनुसार कार्य पर लगाना।
5. सुरक्षाकर्मियों के वेतन, भत्ते का ध्यान तथा समय पर भुगतान।
6. सभी कर्मचारियों का वेतन भुगतान निर्धारित समय पर।
7. करारोपण के समय कर-देय क्षमता का विचार हो।
8. कार्यपालिका की कठोरता सीमा के अंदर हो।
9. देश की समृद्धि पर ध्यान।

□

# नारद अर्थ-चिंतन*

उपरोक्त नारद चिंतन अध्याय में कृपया श्लोकों को निम्नलिखित परिपाटी से पढ़ा जाए–

**पहली संख्या**–अध्याय संख्या

**द्वितीय संख्या**–श्लोक संख्या

**तृतीय संख्या**–पृष्ठ संख्या

'नारदस्मृति' के प्रथम अध्याय के श्लोक 63-64 में मत व्यक्त किया गया है कि राज्य को, किसी नीति पर कार्य आरंभ करने से पूर्व, उस विषय के विशेषज्ञों से चर्चा करके, उनका मत जान लेना चाहिए। यदि उनके सुझाव उचित लगें तो उनका समावेश करके योजना आरंभ करनी चाहिए। अन्यथा नीति क्रियाशील कर देने के उपरांत, उसके दोष सामने आने पर, खेद प्रकट करने और पछताने से कोई लाभ प्राप्त नहीं होता।

**यथा पक्वेषु धान्येषु निष्फलाः प्रावृषो गुणाः।**
**निर्णिक्तव्यवहाराणां प्रमाणमफलं तथा॥**

*1/63/28*

अर्थात् जैसे धान पक्व होने के बाद वृष्टि की धारा निष्फल है, वैसे व्यवहार का निर्णय हो जाने पर सब प्रयास निष्फल हो जाता है।

**अभूतमप्यभिहितं प्राप्तकालं परीक्षयेत्।**
**यत्तु प्रमादान्नोच्येत तद्‌यूतमपि हीयते॥**

*1/64/28*

* सूत्र : नारद स्मृति : लेखक डॉ. ब्रजकिशोर 'स्वाई' प्रकाशक चौखंबा संस्कृत भवन, वाराणसी, संस्करण-2006।

प्रथम अध्याय अर्थात् व्यवहार में जिसे असत्य कहा जाता है, उसका परीक्षण होना चाहिए। यदि उसे सत्य नहीं कहा जा सकता तो अपने पक्ष में निर्णय नहीं आता।

महर्षि नारद ने हजारों वर्ष पूर्व, इन श्लोकों द्वारा जो सावधानी बरतने के लिए कहा, वह भारत की प्रथम पंचवर्षीय योजना में न अपनाने का परिणाम, योजना को जल्दबाजी में लागू करके, भोगा गया और अब तक भोगा जा रहा है। किसी विशाल भवन की नींव मजबूत न होने के जो दुष्परिणाम होते हैं, उन्हें एक के बाद दूसरी और अब तक भोगना हमारी विवशता बन गई है। किसी भी देश में नियोजित विकास आरंभ करने से पूर्व वहाँ की अर्थव्यवस्था का विस्तृत सर्वेक्षण अतिआवश्यक होता है। उससे आय के संभावित स्रोतों, कृषि एवं निर्माण उद्योगों, खनिज, जल, विद्युत, जनसाधारण की आय, जीवनस्तर, शिक्षा एवं स्वास्थ्य सुविधाएँ, जनसंख्या का आकार एवं वृद्धि दर, रोजगार एवं बेरोजगारी, आंतरिक शांति एवं बाह्य सुरक्षा की स्थिति आदि की जानकारी के आधार पर, लक्ष्य निर्धारित किए जाते हैं, जो कि नहीं किया गया था। नियोजित अर्थव्यवस्था छह दशक पूरे कर चुकी है, परंतु अब भी देश की लगभग चालीस प्रतिशत जनसंख्या गरीबी रेखा से नीचे (Under Poverty Line) जीने के लिए विवश है। परंतु निर्धनता के आँकड़ों के साथ खिलवाड़ करके गरीबी प्रतिशत को कम बताने का निष्फल प्रयास किया जा रहा है। नेशनल सैंपल सर्वे (National Sample Survey) की वर्तमान रिपोर्ट, जो जुलाई 2013 के तीसरे सप्ताह में प्रकाशित हुई, के अनुसार 2011-12 जून-जुलाई-जून में छपे आँकड़े चौंकानेवाले हैं। रिपोर्ट के अनुसार इस काल खंड में, उच्चतम आय वर्ग (5) को छोड़ दें तो नगरों में 23 रुपए और ग्रामीण भारत में मात्र 17 रुपए प्रति व्यक्ति प्रतिदिन आय है। नगरों में प्रति परिवार मासिक आय 10,285 रुपए है, तो गाँवों में मात्र 4,481 रुपए प्रति परिवार है।

अन्य अनेक योजनाएँ भी बिना विस्तृत सर्वेक्षण एवं विशेषज्ञों से विस्तृत चर्चा के अभाव में क्रियाशील की जा रही हैं, जिनका भाग्य भी वैसा ही होनेवाला है, जिसकी चेतावनी महर्षि नारद ने दी है। मनमाने ढंग से लागू योजनाओं का परिणाम ऐसा ही होता है।

कर्मियों (श्रमिकों, वेतनभोगियों) की किसी काम पर नियुक्ति से पूर्व नारद ने सुझाया कि व्यक्ति की क्षमता, विशेषज्ञता का परीक्षण करने के बाद, यदि वह उस कार्य के लिए उपयुक्त पाया जाए, तभी उसकी नियुक्ति से अपेक्षित परिणाम प्राप्त हो सकते हैं। यदि ऐसा नहीं किया जाए तो परिणाम निराशाजनक होंगे।

प्रचलित व्यवहार यह है कि कुछ पदों, अनिवार्य रूप से उच्च पदों पर, नियुक्ति से पूर्व अभ्यार्थी का लिखित परीक्षण किया जाता है, परंतु शारीरिक परिश्रम

करनेवाले श्रमिकों का वैयक्तिक परीक्षण नहीं किया जाता। बड़े पैमाने पर श्रमिकों की नियुक्ति में उनका वैयक्तिक परीक्षण साधारणतया व्यावहारिक नहीं होता। सुरक्षाकर्मियों की नियुक्त में नारदजी के मतानुसार परीक्षण अवश्य किया जाता है। बड़े औद्योगिक संस्थानों में भी स्थायी पदों पर नियुक्ति हेतु परीक्षण होता है।

ऋण देने तथा उसके परिशोधन पर नारद मुनि ने विस्तार से विचार किया है। उनके मतानुसार ऋण का शोधन आवश्यक होता है, ऋणी की मृत्यु की स्थिति में उसकी अगली पीढ़ी, उत्तराधिकारियों द्वारा होना चाहिए। ऋणपरिशोधन होना ही चाहिए। यह वर्णन चतुर्थ अध्याय के दस श्लोकों में किया गया है।

*पृ. 57-66*

नारद के अनुसार 'ऋणदान' प्रकरण में विवेचित यह विषय धर्मशास्त्र में भलीभाँति चर्चित है। यह विषय महत्त्वपूर्ण तथा प्रसिद्ध माना जाता है। पिता द्वारा परिवार के पोषण हेतु प्राप्त किया गया ऋण, यदि उसके जीवनकाल में चुकता न किया गया हो तो उस पितृकृत ऋण का परिशोधन पुत्रों द्वारा किया जाना चाहिए। वे लोग संयुक्त परिवार में हों अथवा विभक्त परिवार में, जिन पर परिवार का दायित्व न्यस्त हो, उनके द्वारा परिशोधन होना ही चाहिए। मृत पिता की संपत्ति में, पुत्रों को जिस अनुपात में भाग मिला हो, उसी अनुपात में, पिता द्वारा किए गए ऋण का, परिशोधन किया जाए। यदि पुत्रों द्वारा ऋण परिशोधन न हुआ हो, तो पौत्र को यह कार्य करना चाहिए। इसके पश्चात् चतुर्थ पुरुष इस संबंध में अपरिशोध्य होता है, अर्थात् परिवार पोषण हेतु प्राप्त किए गए ऋण का परिशोधन तीसरी पीढ़ी तक हो जाना चाहिए। इसके बाद की पीढ़ी को ऐसे ऋण के परिशोधन से मुक्त रखना चाहिए, क्योंकि वे एक ही कुल के सापिंड्य माने जाते हैं, उसी के अंदर आते हैं। ऐसा न होने की स्थिति में ऋण परिशोधन के लिए वह जन्म-जन्मांतर तक ऋणमुक्त नहीं होता।

नारदमुनि ने यह भी कहा है कि ऋण यदि कामवासना, क्रोध, सुरापान, द्यूत-क्रीड़ा (जुआ) तथा किसी दूसरे का जामिन होने के लिए लिया गया है, तो पिता द्वारा पुत्र का तथा पुत्र द्वारा पिता का ऋणशोधन नहीं किया जाता। परंतु परिवारपालन तथा अति कठिन आर्थिक स्थिति में लिए गए ऋण का भुगतान ऊपर दी गई व्यवस्था के अनुसार किया जाना चाहिए।

आगे कहा कि यदि कोई तपस्वी, संत-संन्यासी, ऋण-शोधन से पूर्व मृत्यु को प्राप्त हो जाता है, तो उसकी तपस्या, अग्निहोत्र का फल उसे प्राप्त नहीं होता वरन् ऋणदाता को प्राप्त होता है।

पिता, पितृव्य या ज्येष्ठ भ्राता ऋण लेकर विदेश चला जाए, अथवा गुम हो जाए, तो पुत्र को बीस वर्ष तक उस ऋण का भुगतान नहीं करना चाहिए। एक संयुक्त परिवार में लिया गया ऋण यदि लेनेवाले के जीवनकाल में परिशोध नहीं हो पाया तथा उस परिवार में अन्यों की भी मृत्यु हो गई हो, और परिवार में एक व्यक्ति ही जीवित बचा हो, तो उस व्यक्ति का कर्तव्य है कि परिवार के हित में लिए गए उस ऋण का परिशोधन करे। उसकी भी मृत्यु हो जाने पर उसके पुत्रों को अपने भाग के ऋण का भुगतान करना चाहिए।

पति की मृत्यु हो जाने पर, पुत्रहीन स्त्री को स्वयं द्वारा लिए गए ऋण का भुगतान करना चाहिए। आपातकाल में, पति के बाहर चले जाने पर, यदि उसकी पत्नी ने कोई ऋण लिया हो, तो उस ऋण का परिशोधन पति द्वारा किया जाना चाहिए, परंतु यदि पत्नी द्वारा लिया गया वह ऋण कुटुंब के हित में लिया गया हो। पति की मृत्यु हो जाने पर, कोई स्त्री अपने पुत्र को छोड़कर यदि किसी दूसरे पुरुष से विवाह कर लेती है, तो उसके स्त्रीधन को वह पुरुष ले जा सकता है। परंतु उस स्त्री के पूर्व पति का पति-धन उसके पुत्र का होता है। यदि विधवा स्त्री अपने पुत्र तथा पति-धन को लेकर दूसरे पुरुष से विवाह कर ले तो उसका वर्तमान पति उसके पूर्व पति के ऋण का भुगतान करता है। यदि कोई निर्धन, अपुत्रक स्त्री दूसरे पुरुष से विवाह कर लेती है, तो उसके पूर्व पति द्वारा लिए गए ऋण का भुगतान वह पुरुष करेगा, क्योंकि वह स्त्री ही स्वयं उसका स्त्री-धन होती है।

ऋण संबंधी लिखित प्रमाण और साक्ष्य द्वारा दिए गए मौखिक प्रमाण के विषय पर महर्षि का कहना है कि लिखित प्रमाण को साक्ष्य के मौखिक प्रमाण से श्रेय माना जाएगा। उन्होंने यह भी कहा कि यदि लिखित प्रमाण-पत्र छिन्न हो गया हो, खंड-खंड हो गया हो, किसी के द्वारा अपहृत कर लिया गया हो, तोड़-मरोड़ करने से खराब हो गया हो, कहीं रखकर भूल गया हो, खो गया हो, तो ऐसी स्थिति में दूसरा पत्र बनवा लिया जाए। यही लेख्य विधि होती है।

नारद ने वेतन भुगतान जैसे महत्त्वपूर्ण विषय पर भी मार्गदर्शन किया है। यह विवरण 'वेतन भुगतान विधि' कहा जाता है। उनका कथन है कि वेतन का भुगतान निर्धारित समय पर होना चाहिए। वेतन भुगतान को टालना, भुगतान न करना अनुचित है। अत: यह विवाद का विषय नहीं होना चाहिए। यह भुगतान कार्यारंभ, मध्य या मासांत पर किया जा सकता है। जिस कर्मी का वेतन पूर्वनिर्धारित नहीं होता, उसे लाभ द्वारा अथवा अन्य किसी प्रकार भुगतान होता है। स्वामी को, अपने कर्मी के साथ, किसी प्रकार कुटिलता न करनी चाहिए। उसे उसके परिश्रम का

भुगतान, किसी भी स्थिति में, करना ही चाहिए। ऐसा कर्मी जो अपना निर्धारित कार्य पूर्ण किए बिना, अधूरा छोड़ जाता है, उसे दंडित किया जाना चाहिए। इस प्रकार कर्मी एवं स्वामी दोनों के संबंध में कहा गया है।

*4/1-5/188, 189*

**भृत्यानां वेतनस्योक्तो दानादानविधिक्रमः।**
**वेतनस्यानपाकम तद्विवादपदं स्मृतम॥**
**भृत्याय वेतनं दद्यात् कर्मस्वामी ययाक्रमम्।**
**आदौ मध्येऽवसाने वा कर्मणो यद्धिनिश्चितम्॥**

*4/1-2/188*

अर्थात् भृत्यों को वेतन दान विधि कहा गया है। वेतन का भुगतान न करना विवाद उत्पन्न करता है। किसी कर्म का आदि, मध्य अथवा अंत में, कर्म की पूर्णता के आधार पर, स्वामी द्वारा भुगतान किया जाता है।

**भृत्यावनिश्चिताया तु दशभागं समाप्नुयः।**
**लाभगोबीज शस्यानां वणिगगोपकृषीवलाः॥**
**कर्माकुर्वन् प्रतिश्रुत्य कार्यो दत्वा भृतिं वलात्।**
**भृतिं गृहीत्वाऽकुर्वाणो द्विगुणां भृतिमावहेत्॥**

*4/3-5/189*

अर्थात् जिस कार्य के लिए वेतन निश्चित नहीं किया गया उस पर भृत्य वणिक के लाभ का, गोपाल का भृत्य गोजात द्रव्य का और कृषक का भृत्य शस्य का दसवाँ भाग ले सकते हैं।

काम करने के लिए प्रतिश्रुति (अर्थ) देकर भी जो काम नहीं करता, भृति (अर्थ) देकर उसको काम कराना चाहिए। जो भृति देकर भी काम नहीं करता, उससे भृति का दो गुणा प्राप्त किया जा सकता है।

एक अन्य अध्याय 'विक्रिया संप्रदानम' में वस्तुओं के क्रय-विक्रय विषय पर उनका दिशा-निर्देश है कि वस्तु का मूल्य, क्रेता से प्राप्त कर लेने के बाद, यदि विक्रेता वह वस्तु क्रेता को उस समय नहीं देता, और वस्तु का मूल्य घट जाता है, उस स्थिति में, विक्रेता द्वारा क्रेता को वस्तु देते समय मूल्य के अंतर का भुगतान क्रेता को किया जाता है, यह व्यापारिक व्यवहार, संसार के सभी देशों में प्रचलित है। अतः इसका पालन होना चाहिए। इन दो समयों के मध्य यदि हानि होती है, तो

उसका भार विक्रेता को वहन करना चाहिए। व्यापार संबंधी विवादों के निपटारे में इस नियम का पालन किया जाना चाहिए। यही नियम सर्वत्र मान्य एवं प्रचलित है।

व्यापारिक व्यवहार के संबंध में उन्होंने यह भी कहा कि यदि कोई विक्रेता दोषरहित वस्तु दिखलाकर, दोषपूर्ण वस्तु क्रेता को देता है, तो उस कुटिल को दंडित किया जाए। दंडस्वरूप दोनों प्रकार की वस्तुओं के मूल्य के अंतर से दो गुणा भुगतान क्रेता को किया जाना चाहिए। इसके अतिरिक्त वह राजदंड का भागीदार भी होता है।

व्यापारी, लाभ के उद्देश्य से, व्यापार करता है। वस्तु का मूल्य उसकी लागत तथा देश एवं काल को ध्यान में रखकर निर्धारित करता है। ऐसा करते समय किसी प्रकार के छल-कपट का कोई स्थान न होना चाहिए। यही व्यवहार वाणिज्य के प्रसार एवं विकास का आधार होता है जो दीर्घकाल तक अखंड चलता रहता है। छल-कपट का व्यवहार अल्पकालिक होता है।

*अध्याय-4/200-201*

**अर्धश्चेदपचीयेत सोदयं पण्यमावहेत्।**
**स्थायिनामेष नियमो दिगलाभो दिगविचारिणाम्॥**

*4/5/200*

अर्थात् विक्रेता मूल्य लेकर यदि क्रेता को पण्य द्रव्य नहीं देता, बाद में यदि उस द्रव्य का मूल्य ह्रास हो जाता है तो विक्रय के समय मूल्य देने और वर्तमान के अंतर का भुगतान क्रेता को होना चाहिए।

*अध्याय-4/200*

**दीयमानं न गृह्णति क्रींत पण्यं च यः क्रयी।**
**विक्रीणानस्तदन्यत्र विक्रेता नापराध्नुयात्॥**

*4/9/201*

अर्थात् विक्रेता द्वारा दिया हुआ द्रव्य क्रेता नहीं लेता है तो अन्य को उस द्रव्य के विक्रय करने से विक्रेता दोषभागी नहीं होता है।

**सारांश–**

1. किसी कार्य को आरंभ करने से पूर्व, उस विषय के जानकारों से, विशेषज्ञों से चर्चा एवं विचार-विमर्श कर लेना उपयोगी होता है।

2. किसी कर्मी (श्रमिक, वेतन भोगी) की नियुक्ति से पूर्व उसका परीक्षण एवं परिचय कर लेना चाहिए।
3. उपभोग एवं अन्य आवश्यक कार्यों हेतु लिए गए ऋण का तीन पीढ़ियों तक शोधन उचित एवं अनिवार्य होता है।
4. विलास हेतु लिए गए ऋण के शोधन का दायित्व अगली पीढ़ी का नहीं होता।
5. वेतन का भुगतान निश्चित समय पर किया जाना चाहिए।
6. व्यापार के विकास के लिए आवश्यक है कि उसमें छल-कपट न हो।

□

# याज्ञवल्क्य अर्थ-चिंतन*

उपरोक्त अध्याय याज्ञवल्क्य चिंतन के श्लोकों को निम्नलिखित परिपाटी पढ़ा जाए–

**पहली संख्या**–अध्याय संख्या

**द्वितीय संख्या**–श्लोक संख्या

**तृतीय संख्या**–पृष्ठ संख्या

भारतीय साहित्य परंपरा में काल-क्रम की दृष्टि से सर्वप्रथम स्थान वेदों का है। लंबे समय तक इनके श्रवण से संबंध रहने के कारण ही इनका नाम 'श्रुति' पड़ा। इसके उपरांत आचार-संहिता परक स्मृति ग्रंथों की रचना के युग का आरंभ हुआ। इन्हीं स्मृति ग्रंथों गें याज्ञवल्क्य स्मृति भी है। स्मृति ग्रंथों को ही शास्त्र कहा जाता है।

याज्ञवल्क्य ऋषि सुनंदा देवी (माता) व बृह्मरथ (पिता) के पुत्र थे। अपनी विद्वत्ता के कारण उन्हें ब्रह्मर्षि कहा गया। भारतीय अध्यात्म एवं धर्म-चिंतन परंपरा में उनका नाम सुपरिचित एवं अत्यंत महत्त्वपूर्ण है। 'शतपथ ब्राह्मण', 'महाभारत' एवं 'श्रीमद्भागवत-पुराण' ग्रंथों के आधार पर याज्ञवल्क्य ऋषि वैशम्पायन के शिष्य थे, जिनसे उन्होंने यजुर्वेद का अध्ययन किया था। यही ऋषि महाराज युधिष्ठिर के राजसूय यज्ञ में भी भाग लेते दिखाए गए हैं। गोस्वामी तुलसीदास ने इन्हीं ऋषि याज्ञवल्क्य से ऋषि भरद्वाज को रामकथा सुनवाई है। वृहदारण्यक के अनुसार यही ऋषि महाराज जनक के गुरु थे, जिन्हें विदेह के नाम से भी जाना जाता है। ऐसा प्रसंग आता है कि एक बार राजा जनक ने विभिन्न प्रदेशों के विद्वानों को एक यज्ञ

* याज्ञवल्क्य स्मृति, लेखक रामचंद्र वर्मा शास्त्री, डायनेमिक पब्लिकेशन (इंडिया) लिमिटेड, मेरठ।

में आमंत्रित किया। उन्होंने सोने के सींगों से सजी एक हजार गऊओं को प्रस्तुत करते हुए चुनौती भरे शब्द कहे, ***''यो वै ब्रह्मिष्ठः सः एताः गाः उदजताम्''***, अर्थात् स्वयं को ब्रह्मज्ञानी समझनेवाला इन गायों को हाँककर ले जा सकता है। कुछ समय तक सभा में सन्नाटा छाया रहा। उपस्थित किसी विद्वान ने चुनौती स्वीकार नहीं की। अंत में ऋषि याज्ञवल्क्य ने मौन तोड़ा और अपने शिष्यों को गायें अपने अधिकार में लेने का आदेश दिया।

ऐसे ज्ञानी ऋषि ने जीवन के विभिन्न पक्षों पर प्रकाश डाला। अर्थशास्त्र संबंधी विविध पहलुओं पर भी उन्होंने विचार किया। पुरुषार्थ (कर्म, परिश्रम), धनार्जन, कार्मिकों (श्रमिकों) की नियुक्ति, वेतनदान, आय-व्यय, ऋण व संबंधित अभिलेख, ब्याज, साक्षी (गवाह), धन-संपत्ति का विभाजन, दंड प्रक्रिया, सीमा विवाद, ग्राहक-संरक्षण आदि विषयों के संबंध में विचार व्यक्त किए। 'याज्ञवल्क्यस्मृति' नामक ग्रंथ में उनके विचार संकलित हैं, जिनमें से केवल उनके आर्थिक विचारों पर चर्चा की जाएगी।

## भाग्य तथा पुरुषार्थ

उन्होंने केवल भाग्य पर निर्भर रहना अस्वीकार किया और पुरुषार्थ, कर्म, परिश्रम करने का आग्रह किया—

**यथा ह्येकेन चक्रेण रथस्य न गतिर्भवेत्।**
**एवं पुरुषकारेण विना दैवं न सिद्धयति॥**

*1/350/110*

जिस प्रकार एक चक्र से रथ चल नहीं सकता, उसकी गति ठीक बनाए रखने के लिए दोनों पहियों का समान रूप से संतुलित एवं कार्यशील होना आवश्यक है, उसी प्रकार अभीष्ट कार्य-सिद्धि के लिए भाग्य के अनुकूल होने के साथ-साथ पुरुषार्थ का होना भी आवश्यक है। आशय यह है कि भाग्य तभी फल देगा, जब व्यक्ति उस फल को पाने के लिए उद्यत होगा, पुरुषार्थ करेगा।

अर्थात् मनुष्य को केवल भाग्य पर निर्भर, भाग्य भरोसे, नहीं रहना चाहिए। भाग्य का भी कुछ महत्त्व तो होता है, परंतु व्यक्ति को भाग्य के सहारे छोड़कर निष्क्रिय नहीं बैठना चाहिए। यह किसी प्रकार उचित नहीं है। भाग्य एवं कर्म जीवन के दो पहिए जैसे हैं। भाग्य पर व्यक्ति का कोई नियंत्रण नहीं होता, जबकि कर्म करना उसके हाथ में होता है। कर्म करना, परिश्रम करना भाग्य को भी बदल

सकता है। जैसे रथ एक पहिए पर नहीं चल सकता, उसी प्रकार केवल भाग्य के सहारे नहीं चला जा सकता। जीवन-रूपी रथ को ठीक गति तभी मिल सकती है, जब भाग्य और कर्म दोनों सक्रिय हों। इनमें भी पुरुषार्थ अधिक महत्त्वपूर्ण है, क्योंकि यही गतिमान होता है और व्यक्ति के वश में होता है। पुरुषार्थ से अभीष्ट फल की प्राप्ति की जा सकती है। कर्मशीलता नितांत आवश्यक है, क्योंकि यही जीवन को सुखी बना सकती है।

## वेतन-मजदूरी

अपने कर्मचारियों को वेतन देने के संबंध में भी ऋषि ने विचार किया है—

**दाप्यस्तु दशमं भागं वाणिज्यपशुसस्यतः।**
**अनिश्चित्य भृतिं यस्तु कारयेत्स महीक्षिता॥**

*21/194/180*

अर्थात् ऐसे सेवकों, श्रमिकों, जिनसे कार्य शुरू करने से पूर्व वेतन निश्चित न किया गया हो, उन्हें सेवायोजक को, उनके द्वारा संपन्न किए गए कार्य से होनेवाले लाभ का दसवाँ भाग पारिश्रमिक के रूप में देना चाहिए। जो सेवक व्यापार, पशुपालन अथवा कृषि कार्य में लगे हों, लाभ के दशम भाग के अधिकारी होते हैं। यदि सेवायोजक ऐसा न करे तो शासन द्वारा भुगतान करवाने के दायित्व का निर्वाह किया जाना चाहिए। इस प्रकार महर्षि सुनिश्चित होना चाहते होंगे कि ऐसे कर्मियों के साथ कोई अन्याय न हो सके।

वर्तमान समय में बिना पूर्व निर्धारित वेतन के कहीं भी कार्य नहीं लिया जाता। कार्य संपन्न होने के बाद लाभ की गणना की समस्या से कोई नहीं जूझना चाहता। तो भी यदि कहीं ऐसा होता है, तो ऋषि द्वारा दिए गए निर्देश के अनुसार अथवा जितना लेने के लिए श्रमिक तैयार हो जाए, भुगतान करना चाहिए।

पारिश्रमिक के रूप में अग्रिम वेतन लेनेवाले श्रमिक के संबंध में कहा—

**गृहीतवेतनः कर्म त्यजन्द्विगुणमावहेत्।**
**अगृहीते समं दाप्यो भृत्यै रक्ष्य उपस्करः॥**

*21/193/180*

अर्थात् अग्रिम राशि प्राप्त करके कार्य न करनेवाले अथवा निर्धारित कार्य को अधूरा छोड़ देनेवाले श्रमिक पर पर्याप्त दंड लगाना चाहिए। उसके द्वारा प्राप्त की गई अग्रिम राशि से दो गुणा उससे वसूल करना चाहिए। बिना अग्रिम राशि प्राप्त

किए, परंतु कार्य पूर्ण करने का आश्वासन देकर, कार्य अधूरा छोड़ जानेवाले श्रमिक से, उसके वेतन के समान, उस पर अर्थदंड लगाना चाहिए। कार्य से संबंधित उपकरणों की देखभाल का दायित्व श्रमिक का होता है, यह भी ऋषि का कथन है।

परंतु वर्तमान समय में ऐसा कर पाना, अर्थात् श्रमिक से अर्थदंड वसूल कर पाना व्यावहारिक नहीं है। कोई व्यक्ति श्रमिक से उलझने को तैयार नहीं है।

**देशं कालं च योऽतीयाल्लाभं वुर्क्ताच्च योऽन्यथा।**
**तत्र स्यात्स्वामिनश्छन्दोऽधिकं देयं कृतेऽधिके॥**

*21/195/180*

अति उत्साह में यदि किसी कर्मी द्वारा व्यापार विस्तार के लिए उचित स्थान व उपयुक्त समय का समुचित विचार किए बिना, मनमाने ढंग से कार्य करने के कारण, स्वामी को हानि होती है, तो कर्मचारी को वेतन देने, न देने, न्यूनाधिक वेतन देने के संबंध में स्वामी स्वतंत्र होता है। इसके विपरीत, देश और काल का धैर्यपूर्वक आकलन करके, सोच-समझकर कार्य करके, स्वामी की अपेक्षा से अधिक लाभ पहुँचानेवाले कर्मी को, स्वामी द्वारा निर्धारित वेतन से अधिक भुगतान करने को सर्वथा उचित कहा है।

आजकल कोई छोटा या मध्यम श्रेणी का व्यापारी अथवा उद्योगपति अपने कर्मचारी को इतनी स्वतंत्रता देने का जोखिम उठाने का साहस नहीं करता। वह कर्मचारी से अपेक्षा करता है कि वह निर्दिष्ट कार्य का संपादन करे। किंतु यदि किसी कुशल कर्मी की सोच में कोई नवीनता करने का विचार आए, तो वह अपने स्वामी से चर्चा करके, उसकी अनुमति से, नया प्रयोग करता है और सफल होने पर पुरस्कृत किया जाता है तो यह उचित है। बड़े उद्योगपति भी, उनकी स्वीकृति के बिना, नया प्रयोग करने की अनुगति नहीं देते, न ही कोई सेवक जोखिम लेने का साहस करता है।

**यो यावत्कुरुते कर्म तावत्तस्य तु वेतनम्।**
**उभयोरप्यसाध्यं चेत्साध्ये कुर्याद्यथाश्रुतम्॥**

*21/196/180*

महर्षि याज्ञवल्क्य ने कहा कि यदि दो कर्मी संयुक्त रूप से किसी एक कार्य को पूर्ण नहीं कर पाते और अधूरा छोड़ देते हैं तो किए गए कार्य के अनुसार उन्हें पारिश्रमिक दिया जाए, जिसके वे अधिकारी हैं। किंतु अस्वस्थता के कारण उनके द्वारा अपूर्ण छोड़े गए कार्य को, यदि स्वस्थ होकर पूर्ण करने के लिए तैयार हैं और

संपन्न कर देते हैं, तो उन्हें वेतन भुगतान करना चाहिए, जिसके वे उचित अधिकारी हैं। इस प्रकार महर्षि ने श्रमिकों के वैधानिक और न्यायिक पक्ष पर प्रकाश डाला है।

## उच्चपदस्थ कर्मचारी

अब तक श्रमिकों के वेतन भुगतान और इसके न्यायिक पक्ष का विचार किया गया है। महर्षि ने उच्चपदस्थ कर्मचारियों पर दृष्टि डालने का सुझाव देते हुए कहा—

**ये राष्ट्राधिकृतास्तेषां चारैर्ज्ञात्वा विचेष्टितम्।**
**साधून्सम्मानयेद्राजा विपरीतांश्च घातयेत्॥**

*1/337/108*

अर्थात् संस्थान में (सत्ता में) उच्च पदों पर आसीन अधिकारियों पर शासन या स्वामी को विशेष ध्यान रखना चाहिए। यह एक सत्य है कि संस्कार का संचार उच्च पदों से होता है। यदि उच्च पदों पर आसीन लोग शुचिता, सत्यता, पवित्रता का व्यवहार करते हैं तो पूरे संस्थान में यही व्यवहार मिलेगा। इसका विलोम भी उतना ही सत्य है। अत: महर्षि ने आग्रह किया कि इनके कार्य, चरित्र, आचरण और व्यवहार पर विशेष पैनी दृष्टि रखनी चाहिए। समय-समय पर अपने विश्वसनीय गुप्तचरों द्वारा जाँच करवाते रहना चाहिए। हीन चरित्रवाले, भ्रष्टाचारी और असद्-व्यवहारवाले कर्मियों को दंडित किया जाना चाहिए, सुधार न करने पर उनको संस्थान से अलग करने में भी कभी संकोच नहीं करना चाहिए।

आश्चर्य होता है कि प्राचीन काल में व्यक्त उनके विचार वर्तमान युग पर पूर्णतया क्रियाशील दिखते हैं। यह कितना सत्य है कि अच्छाई एवं बुराई का संचार ऊपर से होता है, नीचे से नहीं। व्यापक रूप से फैले भ्रष्टाचार से आज जन-जन दु:खी और त्रस्त है। समाज सुधारकों का यह विश्वास, पर्याप्त रूप से सत्य प्रतीत होता है कि समाज को भ्रष्टाचार से मुक्त किया जाए। मुक्ति का प्रारंभ नीचे से नहीं वरन् ऊपर से किया जाना चाहिए। यदि ऊपर के भ्रष्टाचार को दूर न किया जाए, तो इस बीमारी का अंत कभी नहीं किया जा सकता।

## श्रमिक-सेवा योजक

याज्ञवल्क्य ने यह सुझाव भी दिया कि सुयोग्य एवं उत्तम श्रेणी के अधिकारियों को यथासंभव, यथाशक्ति प्रोत्साहन देते रहना चाहिए। प्रतिदिन एवं विशेष अवसरों पर यथा चंद्रग्रहण, सूर्यग्रहण, संक्रांति, दीवाली तथा अन्य पर्वों पर, विशेष रूप

से, निर्धारित वेतन से अतिरिक्त प्रतिदान करना चाहिए। इसके अतिरिक्त सुयोग्य कर्मियों द्वारा कभी कुछ माँग की जाती है, तो सेवायोजक को उनकी उपेक्षा नहीं करनी चाहिए तथा उनकी माँग को सहर्ष स्वीकार कर लेना चाहिए। अपनी शक्ति के अनुसार श्रद्धापूर्वक प्रतिदान करना चाहिए। महर्षि ने यहाँ श्रमिक की अपेक्षा और सेवायोजक के सामर्थ्य दोनों को ध्यान में रखा है।

महर्षि ने जहाँ कर्मियों को प्रोत्साहित एवं पुरस्कृत करने की बात कही, वहीं उनसे सद्व्यवहार और प्रामाणिकता की अपेक्षा भी की है। इसके साथ ही सेवायोजक को, उसके संबंध में सावधान करने का प्रयत्न भी किया है। उनका कहना है कि यदि श्रमिक दुर्व्यवहार करता है, अपराध करता है, तो उसे दंडित करना चाहिए—

**अधर्मदंडनं स्वर्गकीर्तिलोकविनाशनम्।**
**सम्यक्तु-दंडणं राज्ञः स्वर्गकीर्तिजयावहम्॥**

*1/356/111*

**अपि भ्राता सुतोऽर्ध्यो या श्वशुरो मातुलोऽपि वा।**
**नादंण्डयो नाम राज्ञोऽस्ति धर्माद्विचलितः स्वकात्॥**

*1/357/111*

**इति सञ्चिन्त्य नृपतिः क्रतुतुल्यफल पृथक्।**
**व्यवहारान्स्वयं पश्येत्सभ्यैः परिवृतोऽन्वहम्॥**

*1/359/112*

इन श्लोकों में सेवायोजक को सावधान करते हुए कहा गया है कि शास्त्र और न्याय की उपेक्षा करके, स्वेच्छाचारी की भाँति, मनमाने ढंग से, सेवकों के साथ व्यवहार करनेवाला, इस लोक में मान प्रतिष्ठा तथा परलोक में स्वर्ग प्राप्त करने से वंचित रह जाता है और अपने विनाश का कारण बनता है। वह स्वयं अपने पैरों पर प्रहार करता है। इसके विपरीत उपयुक्त रीति से, शास्त्र के निर्देशानुसार सेवक को दंडित करनेवाला सेवायोजक, इस लोक में यशस्वी और सम्मानित होकर सेवकों और श्रमिकों में लोकप्रिय होता है तथा मरणोपरांत उत्तम गति पाता है। इस प्रकार अच्छे सेवायोजक का इहलोक और परलोक दोनों सुंदर होते हैं।

दंड के उपर्युक्त विधान के चलते सेवायोजक अपने संबंधियों, यथा—भ्राता, पुत्र, श्वसुर, मामा एवं आचार्य के हित में पक्षपात नहीं कर सकता। वह दोहरे मानदंड नहीं अपना सकता। उसके निकट संबंधी के उच्च पद पर आसीन होने के

कारण वे अदंडनीय नहीं बन सकते। अपराध करनेवाला, कोई भी हो, अपराधी होता है। उसके द्वारा किए गए अपराध का दंड भोगता है। प्रत्येक कर्मी, उसके द्वारा किए गए अपराध की गंभीरता के अनुसार दंड का भागीदार होता है। अर्थात् सभी शास्त्रानुसार दंड पाते हैं।

महर्षि यह भी कहते हैं कि दुष्ट को दंड देना धर्म है। सेवायोजक (सत्ता) को इस धर्म का पालन करना ही चाहिए। यह आवश्यक है कि दंडित करने से पूर्व उसके द्वारा किए गए अपराध की भलीभाँति जाँच-पड़ताल कर लेनी चाहिए। सेवायोजक को चाहिए कि वह इस संबंध में सभ्य और श्रेष्ठ लोगों तथा जानकारों से दंड एवं अपराध के संबंध में चर्चा कर ले, तभी अपराधी को दंडित करना उचित होगा।

श्रमिक-सेवायोजक संबंधों में तनाव के परिणामस्वरूप औद्योगिक अशांति के जो उदाहरण देखने में आते हैं, उनके गंभीर अध्ययन से यह निष्कर्ष निकलता है कि इसमें केवल एक पक्ष दोषी नहीं होता। बड़े-बड़े औद्योगिक घराने और कंपनियाँ भारी वार्षिक लाभ की घोषणा करके अपनी साख में बढ़ोतरी का लाभ उठाना चाहते हैं। प्रश्न यह उठता है कि जिस अनुपात में उनका लाभ बढ़ा है, क्या उसी अनुपात में, उनके लाभ का भाग उनके संस्थान में श्रमिक और अन्य वैतनिक कर्मियों का वेतन भी बढ़ा है? यदि नहीं तो वेतनभोगियों के रोष की सामग्री तो स्वयं सेवायोजक ही उन्हें उपलब्ध करा देता है। श्रमिक हो अथवा सेवायोजक—दोनों का लक्ष्य तो एक ही होता है—लाभ कमाना, और अधिक लाभ कमाना। इस विषय पर सेवायोजक ध्यान दें कि वे दोनों मानव हैं। मानव होने के कारण इन दोनों का लक्ष्य भी एक ही है, तो एक का लाभ बढ़ते जाना और दूसरे पक्ष को वहीं टिके रहना, शांति और संतोष कैसे दे सकता है?

आजकल श्रमिक संघों में शक्ति का संचार हुआ है, जो कि अभिनंदनीय है। परंतु उनमें बाहरी तत्त्वों, गैर-श्रमिक नेताओं का प्रवेश सद्भाव जगाने के स्थान पर असंतोष उत्पन्न करके, उनके हितैषी बनने का स्वाँग करके, संस्थान के स्वामी और प्रबंधन के विरुद्ध आग सुलगाने के कार्य में रत हैं। फलत: अपने उचित भाग, न्याय-संगत माँगों को मनवाने का शांति का मार्ग अपनाने के स्थान पर श्रमिक अशांति का रास्ता पकड़ लेते हैं। जो संस्थान उनको परिवार-पालन के साधन उपलब्ध करता है, उसी में तोड़-फोड़ और आग लगाकर नष्ट करने में संकोच नहीं करते, राष्ट्रीय संपत्ति की हानि का विचार करते ही नहीं। उसी जैसा वेतनभोगी प्रबंधक उन्हें अपना शत्रु लगने लगता है, जिसकी जीवनलीला को ही समाप्त कर

देते हैं। संस्थान में कार्य रुक जाता है, परंतु वे इसकी चिंता भी नहीं करते।

श्रमिक संघों तथा सेवायोजकों की सोच, दोनों, इसके लिए उत्तरदायी होते हैं। अधिक शक्तिशाली का दायित्व अधिक होता है। कुछ सेवायोजक ऐसे भी हैं जो इस प्रकार के तनावों से मुक्त होते हैं। अपने तथा अपने सहयोगी कर्मियों की उपेक्षा किए बिना, उनके अधिकारों के संबंध में जागरूक होते हैं। समस्या उत्पन्न होने से पहले ही उसका समाधान कर देते हैं। फलतः निरंतर आगे निकलते जाते हैं, वे भी और उनके सहयोगी कर्मी भी। वे इस विषय पर जागरूक रहते हैं कि उनका लाभ बढ़ाने में सहयोगी कर्मियों, श्रमिकों का बहुत महत्त्वपूर्ण योगदान होता है।

## ऋण एवं अभिलेख

महर्षि याज्ञवल्क्य ने ऋण और संबंधित पक्षों पर भी विस्तार से विचार किया। ऋणदाता, ऋण लेनेवाला, साक्षी (गवाह) एवं अभिलेख की चर्चा की—

**यः कश्चिदर्थो निष्णातः स्वरुच्या तु परस्परम्।**
**लेख्यं तु साक्षिमत्कार्यं तस्मिन्धनिकपूर्वकम्॥**

*2/84/141*

**समामासतदर्धाहर्नामजातिस्वगोत्रकैः।**
**सब्रह्मचारिकात्मीयपितृनामादिचिह्नितम्॥**

*2/85/141*

**समाप्तेऽर्थे ऋणी नाम स्वहस्तेन निवेशयेत्।**
**मतं मेऽमुकपुत्रस्य यदत्रोपरि लेखितम्॥**

*2/86/141*

**साक्षिणश्च स्वहस्तेन पितृनामकपूर्वकम्।**
**अत्राहममुकः साक्षी लिखेयुरिति ते समाः॥**

*2/87/141*

**अलिपिज्ञः ऋणी यः स्यात्स्वमतं तु सः लेखयेत्।**
**साक्षी वा साक्षिणाऽन्येन सर्वसाक्षि समीपतः॥**
**उभयाभ्यर्थितेनैतन्मया ह्यमुकसूनुना।**
**लिखितं ह्यमुकेनेति लेखकोऽन्ते ततो लिखेत्॥**

*2/88/142*

**विनापि साक्षिभिर्लेख्यं स्वहस्तलिखितं तु यत्।**
**तत्प्रमाणं स्मृतं लेख्यं बलोपधिकृतादृते॥**

*2/89/142*

अर्थात् महर्षि ने कहा कि एक पूर्ण, प्रामाणिक ऋणपत्र के लेख में लेन-देन के वर्ष, मास, पक्ष—कृष्ण-शुक्ल और दिन के अतिरिक्त, लेन-देनवालों का नाम, जाति, गोत्र आदि तथा पिता का नाम भी लिखा जाना चाहिए।

जब ऋणदाता और ऋण लेनेवाले दोनों पक्ष, ब्याज की दर, ऋण की अवधि और ऋण राशि की वापसी आदि विषयों पर सहमत हो जाएँ तो साक्ष्यों की उपस्थिति में, उन सभी बातों को शामिल करते हुए, ऋणपत्र लिपिबद्ध कर दिया जाए। इस पत्र पर साक्ष्यों सहित ऋणदाता तथा ऋणी के हस्ताक्षर अंकित होने चाहिए। दोनों पक्ष अपने-अपने पिता का नाम भी लिखें। इसके अतिरिक्त ऋण लेनेवाला यह भी लिखे कि उसे वे सभी शर्तें स्वीकार हैं जिनका उल्लेख ऋणपत्र में है। इस स्वीकृति के साथ वह अपने पिता के नाम के साथ पुनः हस्ताक्षर करे। साथ ही साक्षी भी लिखें कि ऋणपत्र लिखे जाते समय वे उपस्थित थे, और पुनः हस्ताक्षर करें।

ऋण अभिलेख अंतिम रूप से तैयार तब माने जाएँगे, जब अभिलेख तैयार करनेवाला, लिखनेवाला यह प्रमाणित करे कि उसने ऋणदाता और ऋणकर्ता के अनुरोध पर, एवं उनकी सहमति से उक्त अभिलेख तैयार किया, जिसमें उन दोनों की सहमत सभी बातें शामिल हैं। लेखक को अपना व अपने पिता का नाम अंकित करके प्रमाणस्वरूप हस्ताक्षर करना चाहिए।

महर्षि ने यह भी बताया कि यदि ऋण लेनेवाला बिना किसी दबाव, जोर-जबरदस्ती और लालच, छल-कपट के, स्वेच्छा से, अपने हाथ से लिखकर, बिना साक्ष्यों (गवाहों) के, लिख दे, तो उसे भी प्रामाणिक शपथ-पत्र माना जाएगा। परंतु अभिलेख क्रमानुसार हों, स्पष्ट हों, पूर्ण हों और उनका प्रत्येक अक्षर पठनीय होना चाहिए।

अगले श्लोक में महर्षि ने यह व्यवस्था भी दी है कि ऐसा अभिलेख कब तक मान्य होगा—

**ऋणं लेख्यकृतं देयं परुषैस्त्रिभिरेव तु।**
**आधिस्तु भुज्यते तावद्यावत्तन्न प्रदीयते॥**

*2/90/142*

अर्थात् ऋण अभिलेख्य की मान्यता तीन पीढ़ियों तक स्वीकार्य होगी। लिखित अभिलेख की राशि का पूर्ण भुगतान, एक के बाद एक, तीन पीढ़ियों तक न हो पाने की स्थिति में चौथी पीढ़ी को ऋण भुगतान के लिए बाध्य नहीं किया जा सकता। परंतु ऋण के लिए खेत, खलिहान, आभूषण, आवास आदि सामान बंधक के रूप में रखे गए हों तो ऋणदाता व उसके वंशज इनका उपभोग तब तक कर सकते हैं, जब तक ऋण की पूरी राशि का भुगतान न हो जाए। इसके लिए तीसरी अथवा पाँचवीं पीढ़ी का सीमा-बंधन नहीं होगा।

इस तथ्य को अगले श्लोक में अधिक स्पष्ट किया गया है—

**आधिः प्रणश्येद् द्विगुणे धने यदि न मोक्ष्यते।**
**काले कालकृतो नश्येत्फलभोग्यो न नश्यति॥**

*2/58/131*

ऋण के लिए बंधक रखे गए सामान के संबंध में महर्षि का मत है कि निर्धारित और सहमत ब्याज दर पर, ब्याज की राशि मूल ऋण राशि के समान हो जाए, परंतु ऋणी निश्चित अवधि में भुगतान करने में विफल हो जाए, ऐसी स्थिति में ऋण की कुल राशि दोगुणी हो जाती है, तो ऋणी का बंधक रखे गए सामान पर अधिकार समाप्त हो जाता है और उस सामान पर ऋणदाता का अधिकार हो जाता है। इस प्रकार बंधक रखे गए सामान के विषय में स्थिति स्पष्ट कर दी गई है।

ऋण भुगतान के विषय में ऋणी को सावधान करते हुए महर्षि कहते हैं—

**न मयैतत्कृतं पत्रं कूटमेतेन कारितम्।**
**अधरीकृत्य तत्पत्रमर्थे दिव्येन निर्णयः॥**
**लेख्यस्य पृष्ठेऽभिलिखेद्दत्तवा दत्त्वर्णिको धनम्।**
**धनी वोपगतं दद्यात्स्वहस्तपरिचिह्नितम्॥**

*2/93/143*

अर्थात् ऋणदाता को ऋण राशि लौटाते समय, उसे ऋणपत्र के पीछे भुगतान का विवरण लिखते रहना चाहिए तथा उस पर ऋणदाता की स्वीकृति भी अंकित होनी चाहिए। ब्याजसहित ऋण का भुगतान हो जाने पर ऋणलेख को काट देना चाहिए अथवा साक्षियों (गवाहों) के समक्ष उस पत्र को फाड़कर नष्ट कर देना चाहिए।

**दत्त्वर्णं पाटयेल्लेख्यं शुद्धयै वाऽन्यत्तु कारयेत्।**
**साक्षिमच्च भवेद्यद्वा तद्दातव्यं ससाक्षिकम्॥**

*2/94/144*

ऋण संबंधी उपर्युक्त विवरण से सिद्ध होता है कि महर्षि याज्ञवल्क्य के कार्यकाल में भी ऋणसंबंधी व्यवहार क्रियाशील था। हजारों वर्ष पूर्व भी इस विषय के विभिन्न पक्षों पर सूक्ष्म दृष्टि से विस्तृत विचार किया गया। स्पष्ट है कि ऋण-व्यवहार को विवादों से मुक्त रखने का यह प्रयास सब प्रकार से अभिनंदनीय है। कुछ बातें आज के लिए भी मार्गदर्शक हैं।

साक्षियों के संबंध में महर्षि ने कुछ सावधानियों की भी चर्चा की है—

**तपस्विनो दानशीलाः कुलीनाः सत्यवादिनः।**
**धर्मप्रधाना ऋजवः पुत्रवन्तो धनान्विताः॥**

*2/68/136*

**त्रयवराः साक्षिणो ज्ञेयाः श्रौतस्मार्तक्रियापराः।**
**यथाजाति यथावर्णं सर्वे सर्वेषु वा स्मृताः॥**

*2/69/136*

अर्थात् साक्षी एक तपस्वी, उदार, कुलीन, निरीह, निर्लोभी, दानी, संपन्न, सत्यवादी, अर्थ व काम की अपेक्षा धर्म को महत्त्व देनेवाला, सरल, छल-कपट से मुक्त, पुत्र-पौत्रवाला और संपन्न व्यक्ति होना चाहिए। ऐसा व्यक्ति साक्षी बनने पर न तो विचलित होता है, न ही धोखा देता है, न भय अथवा लोभ का शिकार होता है। साक्षी का उच्च चरित्र होना चाहिए। यही गुण उसके साक्ष्य को प्रामाणिक बनाता है। अतः समाज की दृष्टि में प्रतिष्ठित और सम्माननीय व्यक्ति अच्छे साक्षी बन सकते हैं। वेदज्ञानी और शास्त्रोक्त व्यक्ति भी उत्तम साक्षी हो सकते हैं।

अब यह पर्याप्त रूप से स्पष्ट हो चुका है कि महर्षि की दृष्टि कितनी पैनी है, दूरगामी है! वर्तमान समय में साक्ष्य के अभाव में गंभीर अपराधी भी छूट जाते हैं। यह समस्या इसलिए है कि साक्षी उन गुणों से रहित होते हैं, जिनके संबंध में महर्षि याज्ञवल्क्य ने संकेत दिया है। उनमें वही दोष पाए जाते हैं जिनके प्रति सावधान किया गया है। साक्षी लोभ, भय आदि कमजोरियों के शिकार हो जाते हैं। कभी-कभी तो लगता है कि लोगों ने साक्ष्य को आय प्राप्ति का व्यवसाय बना लिया है। परिणामस्वरूप अपराधी छूट रहे हैं और निरपराधी, सच्चे लोग असत्य साक्ष्य के कारण अपराधी सिद्ध कर दिए जाते हैं और दंड के भागी बन जाते हैं। अतः आवश्यक यह है कि गवाहों से संबंधित कठोर प्रावधानों का अनुसरण करके न्याय प्रक्रिया को अधिक न्यायिक और विश्वसनीय बनाया जाए।

**ब्याज**

महर्षि याज्ञवल्क्य ने ब्याज के संबंध में भी विचार किया—

**अशीतिभागो वृद्धिः स्यान्मासि मासि सबन्धके।**
**वर्णक्रमाच्छतं द्वित्रिचतुष्पञ्चकमन्यथा॥**

*2/37/126*

(बंधक गिरवी) रखे सामान (स्वर्णाभूषण) पर दिए जानेवाले ऋण की राशि पर उसका अस्सीवाँ भाग, प्रतिमास, ब्याज लेना उचित है। बंधक रखे बिना दिए गए ऋण पर जाति के अनुसार ब्याज लिया जाए। ब्राह्मण, क्षत्रिय, वैश्य, शूद्र से क्रमश: दो, तीन, चार और पाँच प्रतिशत ब्याज लेना चाहिए।

अर्थात् स्वर्णाभूषण आदि बंधक रखने पर ऋण लेनेवाले से एक रुपए बीस पैसे प्रतिशत मासिक ब्याज लेना उचित है। बिना बंधक रखे ऋण पर ऋण लेनेवाले से उसके वर्ण के अनुसार ब्याज लेना चाहिए।

महर्षि ने स्पष्ट नहीं किया कि वर्णानुसार ब्याज की बदलती दर के पीछे उनका विचार और तर्क क्या है? वैसे तो संपूर्ण समाज एक इकाई होता है, जिस पर एक ही दर से ब्याज लेना बनता है। किंतु यदि वर्णानुसार ब्याज का निर्धारण किया जाता तो इसका क्रम प्रतिकूल होता। शूद्र से न्यूनतम, वैश्य से अधिक, क्षत्रिय से और अधिक तथा ब्राह्मण से सबसे ऊँची दर पर ब्याज लेना तर्कसंगत होता।

निम्न श्लोक में यह कहा गया है कि जोखिम के कम-अधिक होने के साथ ब्याज दर में अंतर किया जाता है—

**कान्तारगास्तु दशकं सामुद्रा विंशकं शतम्।**
**दद्युर्वा स्वकृतां वृद्धिं सर्वे सर्वासु जातिषु॥**

*2/38/126*

ऊँचे लाभ को ध्यान में रखकर, ऋण लेकर, जोखिम भरे गहन जंगल, शंका-ग्रस्त क्षेत्र में जानेवाले व्यक्ति से दस प्रतिशत, समुद्र यात्रा करनेवाले से बीस प्रतिशत ब्याज लेना चाहिए। भाव यह है कि जिस ऋण के डूब जाने की आशंका कम हो, कम दर पर, जहाँ अधिक जोखिम वाला हो, वहाँ ब्याज की ऊँची दर प्राप्त करनी चाहिए।

महर्षि ने विवशता में लिए गए ऋण पर ब्याज के संबंध में कहा—

**संततिस्तु पशुस्त्रीणां रसस्याष्टगुणा परा।**
**वस्त्रधान्यहिरण्यानां चतुस्त्रिद्विगुणा परा॥**

*2/39/126*

यदि कोई व्यक्ति इतना विवश हो गया है कि ऋण के लिए उसे अपने पशु एवं स्त्री को बंधक रखना पड़े, तो उस निरीह ऋणी से ब्याज नहीं लेना चाहिए। ऐसे में उनका उपभोग ही ब्याज है। आगे कहा कि उनकी संतति पर भी ऋणदाता अधिकार जता सकता है, जिसे ब्याज के रूप में ग्रहण किया जा सकता है। उपभोग की वस्तुओं, यथा घी, तेल आदि द्रव्यों पर ब्याज की सामान्य दर से अधिकतम आठ गुणा तक ब्याज लिया जा सकता है। वस्त्र-क्रय हेतु ऋण पर चार गुणा, पूँजीगत वस्तु के क्रय हेतु सामान्य से तीन गुणा तथा स्वर्ण क्रय हेतु ऋण पर सामान्य से दो गुणा तक ब्याज लिया जा सकता है।

इस प्रकार महर्षि ने ब्याज की दर के संबंध में साधारणतया इस नियम का पालन किया है कि 'अधिक जोखिम, अधिक ब्याज, कम जोखिम, कम ब्याज' का उपदेश दिया है। यह नियम वर्तमान समय में भी क्रियाशील है। अर्थात् प्राचीन काल से चला आ रहा नियम सामान्य रूप से स्वीकार कर लिया गया है।

जहाँ तक उपभोग्य व्यय हेतु ऋण पर ब्याज का संबंध है, उसकी दिशा का पालन भी किया जाता है। एक अन्य विषय पर प्राचीन चिंतन आधुनिक युग में भी स्वीकार करने योग्य है, परंतु पूरी तरह स्वीकार नहीं किया गया, वह है कि अत्यंत विवश अवस्था में ऋण पर ब्याज न लेना, शून्य ब्याज दर अथवा कहें कि ब्याज-रहित ऋण दिया जाए। इस दिशा में वर्तमान शासकों को आगे आना चाहिए।

## वित्त-व्यवस्था एवं नियंत्रण

वित्त-व्यवस्था एवं नियंत्रण पर भी याज्ञवल्क्य ने चर्चा की—

**तत्र तत्र च निष्णातानध्यक्षान्कुशलांशुचान्।**
**प्रकुर्यादायकर्मान्तव्ययकर्मसु चोद्यतान्॥**

*1/321/105*

शासक (सेवायोजक भी) को राज्य (संस्थान) को होनेवाली आय का तथा धर्म, अर्थ और काम से संबंधित आवश्यक व्यय का विवरण रखने के लिए योग्य, कुशल, ईमानदार, कर्तव्य-निष्ठ और समर्पित वृत्ति के लोगों, विशेषज्ञों की नियुक्ति करनी चाहिए, जो अपने विभाग के प्रमुख के रूप में अपने दायित्व का निर्वाह करें। स्वयं सत्तासीन शासक (सेवायोजक) को पैनी दृष्टि से राज्य (संस्थान) की आय-व्यय पर नियंत्रण रखना चाहिए। ऐसा करने से ही राज्य (संस्थान) सफलता पाते हुए आगे बढ़ सकता है। यदि मुखिया, अधिकारियों की नियुक्ति करके, उनके

कार्य पर पैनी दृष्टि न रखे तो राज्य (संस्थान) को हानि उठानी पड़ सकती है, जैसा कि आजकल देखने को मिलता है। नियुक्त किए गए प्रमुखों के कार्य की सूक्ष्म जाँच, राज्य (संस्थान) के मुखिया को करनी ही पड़ेगी। तभी अपने द्वारा विभाग प्रमुख के नाते नियुक्त किए गए अधिकारियों को उत्तरदायी व्यक्ति के रूप में प्रशिक्षित किया जा सकता है।

आगे इस विषय को अधिक स्पष्ट किया गया है—

**कृतरक्षः समुत्थाय पश्येदायव्ययौ स्वयम्।**
**व्यवहारांस्ततो दृष्ट्वा स्नात्वा भुञ्जीत कामतः॥**

*1/326/105*

राज्य एवं स्वयं की रक्षा-सुरक्षा की समुचित व्यवस्था करके शासक (सेवायोजक) को स्वयं प्राथमिकता पर रखकर आय एवं व्यय को देखना चाहिए। विभागों के प्रमुखों पर स्वयं भी दृष्टि रखनी ही पड़ेगी। अनेक राज्यों (संस्थानों) में ऐसा न करने और सारा दायित्व वित्तमंत्री (एकाउंटेंट) पर छोड़कर निश्चिंत हो जाने के दुष्परिणाम देखने पड़ सकते हैं। अतः प्रतिदिन अथवा सप्ताह में किए गए कृत्य की समीक्षा करते रहना आवश्यक होता है।

## संपत्ति विभाजन, स्त्री-धन

महर्षि याज्ञवल्क्य ने गृहस्वामी के स्वर्गवास के उपरांत उसकी संपत्ति के विभाजन पर चर्चा की, जो कि साधारणतया परिवारों की कलह का कारण बन जाता है—नारद कथन

**विभागोऽर्थस्य पित्र्यस्य तनैयर्यत्र कल्प्यते।**
**दायभाग इति प्रोक्तं व्यवहार पदं बुधैः॥**
**भर्त्रा प्रीतेन यद्दत्तं स्त्रियै तस्मिन्मृतेऽपि तत्।**
**या यथाकामं अश्नीयात् दद्यात् वा स्थावरादृते॥**

*2/ /152*

किसकी संपत्ति का कब, कहाँ और कैसे विभाजन करना चाहिए। पुत्र उत्पन्न होते ही क्या वह पिता की संपत्ति पर स्वतः अधिकारी हो जाता है अथवा पिता द्वारा अधिकार दिए जाने के उपरांत पुत्र पिता की धन-संपदा का अधिकारी बनता है? इसके अतिरिक्त स्त्री-धन के संबंध में भी विचार किया।

वे मानते हैं कि स्त्री का अधिकार उसकी नकदी व आभूषणों पर सुरक्षित है।

उसके इस अधिकार को कोई चुनौती नहीं दे सकता, न ही कोई स्त्री के इस अधिकार को छीन सकता है। वह इसका उपयोग स्वतंत्रता के साथ कर सकती है। पुरुष की, उसके पति की मृत्यु पर, स्त्री पति की चल संपत्ति की अधिकारी हो जाती है। किंतु उसकी अचल संपत्ति पर उसका अधिकार नहीं होता। पति अपनी अचल संपत्ति का अधिकार पत्नी को नहीं दे सकता। इसके अनुसार पति के जीवित रहते हुए अथवा उसकी मृत्यु हो जाने पर स्त्री पति की अचल संपत्ति की अधिकारी नहीं होती। किंतु वह पति की चल संपत्ति की पूर्ण-रूपेण अधिकारी होती है।

संपत्ति विभाजन के संबंध में पिता को स्वेच्छा से विभाजन करने पर महर्षि ने पिता को स्वतंत्र कहा है—

**विभागं चेत्पिता कुर्यादिच्छया विभजेत्सुतान्।**
**ज्येष्ठं वा श्रेष्ठभागेन सर्वे वा स्युः समांशिनः॥**

*2/114/153*

अर्थात् संपत्ति का विभाजन करनेवाला पिता अपने पुत्रों को अपनी इच्छानुसार, भाग देने के लिए, स्वतंत्र है। वह चाहे तो अपने ज्येष्ठ पुत्र को श्रेष्ठ भाग, मध्यम पुत्र को मध्यम भाग और कनिष्ठ पुत्र को छोटा भाग दे सकता है। भाव यह है कि वह अपने पुत्रों की गुणवत्ता, उनकी आय के स्रोतों, उनके परिवार का आकार और दायित्व, उनके शारीरिक स्वास्थ्य आदि को ध्यान में रखकर, अपनी संपत्ति का विभाजन कर सकता है। वह कम-अधिक अथवा समान भाग भी दे सकता है।

संपत्ति विभाजन विषय पर महर्षि याज्ञवल्क्य से भिन्न मत महर्षि नारद एवं मनु का है। वे कहते हैं—

**अतः ऊर्धवं पितुः पुत्राः विभजेयुर्धनं समम्।**

*2/ /154*

पिता द्वारा जीवनकाल में संपत्ति विभाजन किए बिना स्वर्गवासी हो जाने की स्थिति में ज्येष्ठ, मध्यम, कनिष्ठ पुत्र में पिता की संपत्ति का समान वितरण होना चाहिए। वरिष्ठ, मध्यम आदि को अधिक भाग लेने का कोई अधिकार नहीं।

पिता के जीवनकाल में, अनिच्छा होते हुए भी, कुछ स्थितियाँ ऐसी होती हैं, हो सकती हैं, जिनमें पिता को संपत्ति विभाजन के लिए विवश होना पड़ सकता है। यदि बहिनों का विवाह हो चुका हो, माता ऋतुमती होने से मुक्त हो चुकी हो, पिता संतान उत्पादन में असमर्थ हो चुका हो, पिता अत्यंत वृद्ध, रोगग्रस्त अथवा विक्षिप्त हो चुका हो, तो पिता के जीवित रहते हुए भी, उसकी संपत्ति का विभाजन किया जा

सकता है। याज्ञवल्क्य के इस मत का समर्थन महर्षि नारद ने भी किया है।

महर्षि याज्ञवल्क्य ने संपत्ति विभाजन के विषय पर और महत्त्वपूर्ण विचार व्यक्त किए—

**यदि कुर्यात्समानंशान् पत्न्यः कार्याः समांशिकाः।**
**न दत्तं स्त्रीधनं यासां भर्त्रा श्वशुरेण वा॥**

*2/115/154*

पिता यदि स्वेच्छा से, सभी पुत्रों को अपनी संपत्ति का समान वितरण करना चाहता है, तो उसे इस तथ्य को भी ध्यान में रखना चाहिए, कि ऐसी पुत्रवधुएँ, जिनको पति अथवा श्वसुर से स्त्रीधन प्राप्त नहीं होता, न ही होनेवाला है तो उनको भी पुत्र के समान अंश दिया जाना चाहिए। इस प्रकार महर्षि ने एक व्यावहारिक समस्या पर दूरदृष्टि से विचार करते हुए, समाधान प्रस्तुत किया है। इससे आगे श्लोक 148 में कहा कि प्रथम पत्नी के जीवित रहते हुए, यदि वह दूसरा विवाह कर लेता है, तो अपनी पहली पत्नी को प्रसन्न रखने के लिए, दूसरे विवाह पर हुए कुल व्यय की आधी राशि पहली पत्नी को स्त्रीधन के रूप में देना चाहिए।

इस संदेश में यदि वर्तमान नियमों में सुधार के लिए कोई संकेत मिलता हो तो उसे स्थान देने में संकोच नहीं करना चाहिए। वैधव्य जीवन को रामभरोसे न छोड़ा जाए। दूसरा विवाह करने की मनाही को हिंदू विवाह नियमावली में क्रियाशील किया गया है, किंतु जिन्हें इसकी मनाही नहीं है, उनके लिए सीखने को बहुत कुछ है। अपने जीवन में जो जीव आया है, उसे सदैव अपना बनाकर रखना आवश्यक है।

## क्रय-विक्रय

महर्षि याज्ञवल्क्य ने क्रय-विक्रय के संबंध में भी चर्चा की—

**विक्रीय पण्यं मूल्येन क्रेतुर्यन्न प्रदीयते।**
**विक्रीयासम्प्रदानं तद्विवादपदमुच्यते॥**
**ग्रहीतमूल्यं यः पण्यं क्रेतुर्नैव प्रयच्छति।**
**सोदयं तस्य दाप्योऽसौ दिग्लाभं वा दिगागते॥**

*2/254/196*

अर्थात् शासन द्वारा निर्धारित मूल्य प्राप्त करके, यदि विक्रेता संबद्ध वस्तु क्रेता को नहीं देता तो शासन द्वारा विक्रेता से ब्याजसहित मूल्य क्रेता को दिलाना चाहिए। यदि क्रेता विदेशी है तो क्रय की गई वस्तु, जिसकी पूर्ति उसे नहीं की गई,

तो देश अथवा विदेश में होनेवाले लाभ का भी भुगतान विक्रेता से करवाना चाहिए। यह कार्य शासन द्वारा पूर्ण किया जाए, क्योंकि शासन ही ऐसा करवाने में समर्थ हो सकता है। वैसे भी शासन का यह कर्तव्य बनता है कि वह क्रय-विक्रय को सरल बनाने को सुनिश्चित करे। क्रय-विक्रय के प्रति सर्वसाधारण का विश्वास, बाजार के लिए, आवश्यक होता है।

## उपभोक्ता संरक्षण (Consumer Protection)

महर्षि ने बताया कि लालच में आकर, यदि कोई विक्रेता, वस्तु का शासन द्वारा निर्धारित मूल्य पर सौदा करके वस्तु की आपूर्ति न करे, तो उसके प्रति क्या व्यवहार हो—

**ग्रहीत मूल्यं यः पण्यं क्रेतुर्नैव दद्यात् तस्यासौ।**
**सोदयं दाप्यः राज्ञा सः पणशतं दण्ड्यः॥**
**विक्रीतमपि विक्रेयं पूर्वक्रेतर्यगृह्वति।**
**हानिश्चेत्क्रेतृदोषेण क्रेतुरेव हि सा भवेत्॥**

*2/255/196*

यदि विक्रेता, निर्धारित मूल्य पर वस्तु बेचने से मुकर जाए, सौदा पक्का करके, मना करनेवाले विक्रेता को, जो उस वस्तु को दूसरे क्रेता के हाथ विक्रय कर दे, तो पूर्व क्रेता को होनेवाली हानि की क्षतिपूर्ति, उससे कराई जाए। इसी प्रकार क्रेता द्वारा सौदा पक्का करके सामान न उठाने पर विक्रेता को हुई हानि की भरगाई शासन द्वारा क्रेता से कराई जाए।

महर्षि नारद ने माना है कि क्रय हेतु सौदा पक्का करने के बाद माल न उठानेवाला तथा विक्रय का सौदा पक्का करके विक्रीत माल की आपूर्ति न करनेवाला विक्रेता दोनों अपराधी हैं, और इन दोनों को दंडित किया जाना चाहिए।

**अन्यहस्ते च विक्रीय दुष्टं वाऽदुष्टवद्यदि।**
**विक्रीणीते दमस्तत्र मूल्यात्तु द्विगुणो भवेत्॥**

*2/257/197*

अर्थात् एक क्रेता को बेची जा चुकी वस्तु किसी अन्य क्रेता को बेचनेवाले तथा दोषपूर्ण वस्तु को दोषरहित बताकर, ग्राहक को धोखा देनेवाले, अपनी वस्तु को इस प्रकार बेचनेवाले विक्रेता से, वस्तु के मूल्य से दोगुणा दाम, दंड के रूप में, वसूल करना चाहिए।

**क्षयं वृद्धिं च वणिजा पण्यानामविजानता।**
**क्रीत्वा नानुशयः कार्यः कुर्वन्षड्भागदण्डभाक॥**

*2/258/197*

अनुभवहीन व्यापारियों के व्यवहार पर शंका व्यक्त करते हुए ऋषि ने कहा कि लाभ-हानि के भय से आतंकित होकर, किसी वस्तु को खरीदकर उसे लेने से इनकार नहीं करना चाहिए। यदि कोई व्यापारी ऐसी गलती करता है, तो सौदे के मूल्य का छठा भाग दंडस्वरूप उससे वसूल करना चाहिए। संभवतः उनका मत था कि बाजार को उचित रीति से चलना चाहिए। इससे व्यापार में सतत वृद्धि होती रहती है। अतः क्रेता-विक्रेता दोनों को व्यापारिक नैतिकता का पालन करना चाहिए।

व्यापारिक नैतिकता साख बढ़ाती है और व्यापार जगत में साख अत्यंत महत्त्वपूर्ण और मूल्यवान मानी जाती है। इसकी प्राप्ति के लिए कभी-कभी हानि भी उठानी पड़ सकती है, जिसका विचार किए बिना लक्ष्य की ओर बढ़ना दीर्घकाल में लाभकारी सिद्ध होता है।

## व्यापारिक संघ (Business Associations, Corporations)

इस विषय पर भी महर्षि याज्ञवल्क्य ने चिंतन किया है—

**समवायेन वणिजां लाभार्थं कर्म कुर्वताम्।**
**लाभालाभौ यथाद्रव्यं यथा वा संविदा कृतौ॥**

*2/259/198*

अनेक व्यापारियों द्वारा संघ बनाकर, साझा व्यापार करने पर, उनके द्वारा निवेशित पूँजी के अनुसार, उनके मध्य हुए समझौते के अनुसार, उन्हें लाभ-हानि का अंश लेना चाहिए। ये समझौते पूँजी की मात्रा, निवेशित समय, विषय विशेषज्ञता आदि के आधार पर हो सकते हैं। स्पष्ट है कि महर्षि की दृष्टि में पूँजी निवेश के अतिरिक्त भी कुछ विषय रहे होंगे।

## कुशल सेवायोजक

व्यवस्था में कुशल, गुणवान, कुशाग्र कार्मिकों, व्यापारियों एवं सेवायोजकों को सम्मानित करने, उन्हें पुरस्कृत करने आदि विषयों पर भी महर्षि का ध्यान था।

निम्न श्लोक में इसे देखा जा सकता है—

**परीक्षकाः साक्षिणश्च त एवोक्ताः परस्परम्।**
**सन्दिग्धेऽर्थेऽवञ्चनीयाः न चेद्विद्वेष संयुताः॥**
**प्रतिषिद्धमनादिष्टं प्रमादाद्यच्च नाशितम्।**
**स तद्दद्याद्विप्लवाच्च रक्षिताद्दशमांशभाक्॥**

*2/260/198*

अर्थात् शासन द्वारा, जनहित में, अनेक वस्तुओं के विक्रय को निषिद्ध किया जाता है। साझा व्यापार करनेवाले अनेक व्यापारियों में से निषिद्ध वस्तुओं का विक्रय करनेवाला, निषिद्ध लेन-देन करनेवाला तथा प्रमादवश लाभ कमाने के उद्देश्य से, किसी वस्तु की पूर्ति को सीमित करनेवाला व्यक्ति, यदि उसकी इन क्रियाओं के फलस्वरूप हानि होती है, तो उसकी प्रतिपूर्ति के लिए उत्तरदायी होता है। इसके प्रतिकूल साझे पुण्य को शासन तथा चोरों से बचानेवाला, उनके उत्पात से सुरक्षित कर लेनेवाला, उस पुण्य के मूल्य के दसवें भाग का पुरस्कार प्राप्त करने का अधिकारी होता है।

## साझा व्यापार

साझा व्यापार करनेवालों के हित साधन पर कहा—

**देशांतरगते प्रेते द्रव्यं दायादबान्धवाः।**
**ज्ञातयो वा हरेयुस्तदागतास्तैर्विना नृपः॥**

*2/264/199*

अर्थात् एक साथ मिलकर साझा व्यापार करनेवालों में से किसी एक अथवा अनेक के विदेश चले जाने पर उनके अंश को, अन्य साझीदारों को सुरक्षित रख लेना चाहिए और स्वदेश वापस आने पर उनका भाग उनको सौंप देना चाहिए। साझीदारों में से यदि किसी का देहावसान हो जाता है, तो उसके भाग का धन उसके वैधानिक उत्तराधिकारी को दिया जाना चाहिए। यदि स्वर्गवासी साझीदार का वैध उत्तराधिकारी उपलब्ध न हो, तो उसके भाग पर शासन का अधिकार होता है।

साझेदारी को उचित रीति से सफलतापूर्वक चलाने के लिए यह आवश्यक होता है कि सभी साझीदार ईमानदार और निष्ठावान हों। ऐसे प्रामाणिक साझीदारों के संबंध में महर्षि ने कहा—

**जिह्मं त्यजेयुर्निर्लाभमशक्तोऽन्येन कारयेत्।**
**अनेन विधिराख्यात ऋत्विक्कर्षककर्मिणाम्॥**

*2/265/199*

अर्थात् अपेक्षा की जाती है कि सभी साझीदार, ईमानदारी से, संस्थान का अंग बने रहें। याज्ञवल्क्य ने स्पष्ट रूप से कहा कि यदि कोई साझीदार किसी प्रकार की बेईमानी अथवा अनुचित व्यवहार का दोषी पाया जाए, अनुचित व्यवहार में किसी प्रकार भी लिप्त पाया जाए, तो उसको, उसके भाग का लाभ दिए बिना, साझीदारी से निष्कासित कर देना चाहिए, साझीदारी से अलग कर देना चहिए। वास्तविकता यह है कि साझीदारी में यदि एक भी बेईमान भागीदार बना रहे, तो संस्थान का भारी हानि का शिकार बनना निश्चित प्राय होता है। यदि कोई साझीदार अपने भाग का दायित्व निर्वाह करने में असमर्थ है अथवा वह अपने भाग का दायित्व संपादित नहीं करता तो वही काम किसी दूसरे से करवाया जाए। यह कार्य करवाने पर जो पारिश्रमिक दिया गया हो, वह उस भागीदार से प्राप्त किया जाए। इस विधि को कृषि तथा अन्य उद्यमों पर भी क्रियाशील करना चाहिए।

**सारांश–**

1. केवल भाग्य के भरोसे निष्क्रिय नहीं बैठना चाहिए।
2. भाग्य पर मनुष्य का कोई नियंत्रण नहीं होता, परंतु कर्म, परिश्रम, पुरुषार्थ पर उसका पूरा अधिकार एवं नियंत्रण होता है।
3. कर्मचारियों का वेतन भुगतान समय पर होना आवश्यक है।
4. उच्च पदों पर आसीन अधिकारियों के आचरण पर पैनी दृष्टि रखनी चाहिए। उनके आचरण को देखकर उसका संचार सहयोगियों तक होता है।
5. कार्य-अनुशासन का विशेष आग्रह।
6. सुधार एवं बिगाड़ का आरंभ सदैव ऊपर से होता है, नीचे से नहीं।
7. योग्यता एवं कार्यकुशलता को पुरस्कृत किया जाए।
8. स्वामी (सेवायोजक) को अपने कर्मचारियों से मधुर एवं सम्मानजनक संबंध रखना चाहिए।
9. अपने कर्मियों में पक्षपात नहीं करना चाहिए, सबके प्रति समान व्यवहार रखना चाहिए। दोहरा मापदंड नहीं होना चाहिए।
10. औद्योगिक विवादों में दोनों पक्षों का दायित्व होता है।
11. ऋणदान के संबंध में विस्तृत विवेचन किया।
12. ब्याज पर भी विचार व्यक्त किया।
13. किन ऋणों पर ब्याज न लिया जाए?
14. राज्य (संस्थान) की आय-व्यय पर पैनी दृष्टि रखी जाए।

15. रक्षा एवं आंतरिक सुरक्षा पर विशेष ध्यान दिया जाए।
16. पारिवारिक संपत्ति का विभाजन एवं स्त्री की संपत्ति पर प्रकाश।
17. ग्राहक संरक्षण पर मार्गदर्शन।
18. श्रमिक-संघों, व्यापारिक संघों पर विचार।
19. साझेदारी की चर्चा की।

□

# शुक्राचार्य अर्थ-चिंतन*

उपरोक्त श्लोकों को निम्नलिखित परिपाटी से पढ़ा जाए–

**पहली संख्या**–अध्याय संख्या

**द्वितीय संख्या**–श्लोक संख्या

**तृतीय संख्या**–पृष्ठ संख्या

शुक्राचार्य महर्षि भृगु के पुत्र थे। पौराणिक साहित्य के अनुसार उनका जन्म पार्थिव वर्ष के शुक्रवार, श्रावण शुदी अष्टमी, स्वाति नक्षत्र, भार्गव गोत्र में हुआ था। वे वेद विद्या के अध्ययन के लिए ऋषि अंगीरस के पास गए। वहाँ गुरु अंगीरस के पुत्र बृहस्पति भी अध्ययनरत थे। वेदाध्ययन के दौरान शुक्र ने अनुभव किया कि गुरुदेव विद्या–दान में अपने पुत्र बृहस्पति का पक्षपात करते हैं। शुक्र को उनका ऐसा व्यवहार अच्छा नहीं लगा, उनको सहन नहीं हुआ। परिणामस्वरूप वे ऋषि अंगीरस का आश्रम त्यागकर चले गए। वे ऋषि गौतम के आश्रम में गए और उनका शिष्य बनकर वेदों का पाठ ग्रहण किया। कालांतर में उन्होंने भगवान शंकर को प्रसन्न करने के लिए कठिन तपस्या की और उन्हें प्रसन्न करने में सफल हुए। शंकरजी ने उन्हें मृत्युंजय होने का वरदान दिया, जिसे प्राप्त करके वे मृत व्यक्ति को पुनर्जीवित कर सकते थे। ऋषि अंगीरस के पुत्र बृहस्पति विद्याध्ययन के उपरांत देवों के गुरु बन गए। शुक्राचार्य ने असुरों के गुरु बनना स्वीकारा। इस प्रकार दो पुराने सहपाठी परस्पर प्रतियोगी बन गए।

शुक्राचार्य ने अत्यंत महत्त्वपूर्ण ग्रंथ 'शुक्रनीति' की रचना की। शुक्रनीति में

---

* शुक्रनीति, लेखक डॉ. महेंद्र मित्तल, मनोज पब्लिकेशन, दिल्ली, छठा संस्करण–2010, हिंदू वैचारिकी : एक अनुमोदन, लेखक डॉ. विजय सोनकर शास्त्री, प्रकाशक, विश्व हिंदू परिषद् द्वितीय संस्करण—2006।

2576 श्लोक हैं, जिन्हें पाँच अध्यायों में संयोजित किया गया है। असुरों के तथाकथित गुरु होने पर भी उन्होंने शुक्रनीति में मानव कल्याण का चिंतन किया है। इस ग्रंथ में मानव जीवन के विभिन्न पहलुओं—नीतिशास्त्र, अर्थशास्त्र, राजनीतिशास्त्र, कूटनीति, शासन-व्यवस्था, शासकीय आय-व्यय, व्यापार, आय की शुद्धता, श्रमिक-सेवायोजक, राज्यकोष, सेना और सुरक्षा आदि विषयों पर अद्वितीय, दूरगामी और मार्गदर्शक चिंतन प्रस्तुत किया है।

प्रस्तुत अध्ययन में उनके आर्थिक चिंतन पर ध्यान केंद्रित किया जाएगा, जिसमें अनेक कमियाँ मिल सकती हैं, जो मेरे द्वारा व्याख्या की गिनती में मानी जाएँ। परंतु अतिप्राचीनकाल में आचार्य द्वारा प्रस्तुत अर्थचिंतन विलक्षण है। इसके अनेक अंश वर्तमान समय में भी मान्य और क्रियाशील हैं।

भारतीय अर्थचिंतन, आर्थिक सिद्धांत, धर्म पर आधारित है। इस चिंतन का मुख्य लक्ष्य है—कल्याणकारी आर्थिक व्यवस्था। भारतीय अर्थचिंतन की पूर्णता धर्म, अर्थ, काम और मोक्ष के पुरुषार्थ में निहित है। ये चारों पुरुषार्थ एक-दूसरे से अंतर-संबंध रखते हैं। इसके अनुसार अर्थचिंतन का आधार काम और मोक्ष के साथ धर्म भी है।

शुक्राचार्य ने अर्थशास्त्र की जो परिभाषा दी है उसके अनुसार जिस शास्त्र में अनर्थ-निवारण और अर्थ-उपार्जन का चिंतन किया जाता है, वह अर्थशास्त्र है। इस प्रकार आचार्य ने कल्याणकारी अर्थचिंतन की दिशा में संकेत किया है। उनके अनुसार अर्थशास्त्र के अंतर्गत ऋण पर ब्याज का लेन-देन, कृषि, व्यापार और गोरक्षा यानी पशुपालन विषय आते हैं।

शुक्राचार्यजी ने अब से हजारों वर्ष पूर्व जिस कल्याणकारी अर्थचिंतन के संबंध में विचार व्यक्त किए, आधुनिक अर्थशास्त्री उस महत्त्वपूर्ण विषय के संबंध में पिछली शताब्दी में जागरूक हुए। इसके पूर्व केवल अर्थार्जन एवं व्यय पर ही ध्यान केंद्रित था, जिसमें उद्योगपति अपने साथी श्रमिकों की चिंता नहीं करते थे। श्रमिकों के मनोनुकूलन की चिंता भी उत्पादन बढ़ाने के उद्‍देश्य से ही की जाती थी। श्रमिक या जनता के कल्याण का विचार नहीं किया जाता था। पृष्ठ 272 पर श्लोक 37 में और अधिक विचार शुक्राचार्यजी ने व्यक्त किए हैं।

आचार्य द्वारा अर्थशास्त्र को परिभाषित करने पर विचार करते हैं। उन्होंने इसे 'वार्ता' का नाम दिया है, जिसमें कल्याणकारी अर्थचिंतन प्रस्तुत किया गया है, जो प्राचीन भारतीय चिंतन का विकसित एवं आध्यात्म आधारित रूप है। शुक्राचार्य ने शुक्रनीति में अर्थशास्त्र को वार्ता शब्द से प्रस्तुत करते हुए कल्याणकारी अर्थचिंतन की दिशा में तीन स्थानों पर उल्लेख किया है। शुक्राचार्य के इन तीनों संदर्भों को

एक साथ विवेचित करने से हिंदू अर्थचिंतन की पूर्ण विकसित एवं अध्यात्म आधारित परिभाषा स्पष्ट होती है।

**अर्थानर्थों तु वार्तायां**

अर्थात् अर्थ उपार्जन और अनर्थ निवारण के उपाय जिस शास्त्र में वर्णित हैं, वह अर्थशास्त्र है।

*हिंदू वैचारिकी, पृ. 82*

**कुसीदकृषिवाणिज्यं गोरक्षा वार्तयोच्यते।**
**संपन्नो वार्तया साधुर्न वृत्तेर्भयमृच्छति॥**

*1/117/61*

अर्थात् ऋण पर ब्याज का लेन-देन, कृषि, व्यापार और गोरक्षा, पशुपालन, मुख्य रूप से ये अर्थशास्त्र के विषय-वस्तु हैं। इन चारों विषयों से संबंधित व्यवहार ही 'वार्ता' यानी अर्थशास्त्र है। इन विषयों का ज्ञान रखनेवाला शासक (राजा) जीविका संबंधी भय से मुक्त होता है। जीविका के लिए कृषि, व्यापार, ऋण और गोपालन आदि विषय प्राचीनकाल से भारतीय जीवन का अंग रहे हैं। उस समय इसे 'वार्ता' कहा जाता था, जो लोक-व्यवहार का महत्त्वपूर्ण अंग था। इसका भाव यही है कि जो शासक लोक-व्यवहार का ज्ञान रखता है, वह अपनी प्रजा की आजीविका की समस्या को भलीभाँति हल कर सकता है, प्रजा के जीवनयापन की समस्या उसके सामने कभी नहीं उठती।

प्रश्न यह उठता है कि वर्तमान आर्थिक समस्याओं, निर्धनता, असमानता, विषमता, कृषि, ग्रामीण दुर्दशा, बेरोजगारी, महँगाई आदि के मूल में उक्त चार विषयों के विस्तृत अध्ययन और ज्ञान का अभाव तो नहीं है?

**श्रुतिस्मृत्याविरोधेन राजवृत्तादि शासनम्।**
**सुयुक्तयाऽर्थार्जनं यत्र ह्यार्थशास्त्रं तदुच्यते॥**

*4/37/272*

अर्थात् जिस शास्त्र में आर्थिक-राजनैतिक प्रशासन, श्रुति और स्मृति के अनुकूल यानी नैतिक मर्यादाओं में दिए सिद्धांतों के अनुकूल चलता है, उसे अर्थशास्त्र कहते हैं। वेद और स्मृतियों में शासकों (राजाओं) के लिए दिए गए आचरणों का उल्लेख है। इनके अनुसार शासकों को ऐसा आचरण नहीं करना चाहिए जो प्रजा पर प्रतिकूल प्रभाव डालते हों। शासकों को धार्मिक (नैतिक) विचारों से ओत-प्रोत, नीति-

कुशल, न्यायप्रिय, वीरता से परिपूर्ण, प्रजा-रक्षक और संवेदनशील होना चाहिए। आचार्य का कहना है कि धन का संग्रह और व्यय के संबंध में भी अर्थशास्त्र विचार करता है।

यह स्पष्ट दिखाई देता है कि शुक्राचार्य द्वारा दी गई अर्थशास्त्र की परिभाषा और आधुनिक अर्थशास्त्रियों—एडम स्मिथ (Adam Smith), जे.बी.से (J.B. Say) और एफ.ए. वाकर (F.A. Walker) द्वारा दी गई, परिभाषाओं में कोई विशेष अंतर नहीं है। आचार्य ने कहा कि जो विद्या शासकों द्वारा धन-संग्रह और व्यय को जनरंजन पर उपयोग की विधि बताती है, अर्थशास्त्र है। ऐडम स्मिय के अनुसार "अर्थशास्त्र का संबंध राष्ट्रों के धन की प्रकृति एवं उत्पत्ति से है।" प्रतीत होता है कि शुक्राचार्य और एडम स्मिथ के द्वारा दी गई परिभाषाओं में पर्याप्त निकटता है। यह तथ्य और उल्लेखनीय है कि शुक्राचार्य ने शासकीय व्यय में जनरंजन को भी जोड़ा है, जिसके संबंध में एडम स्मिथ मौन हैं। जे.बी.से द्वारा दी गई परिभाषा "अर्थशास्त्र वह विज्ञान है जिसके अंतर्गत धन संबंधी अध्ययन किया जाता है।" वाकर का कथन है "राजनैतिक अर्थशास्त्र या अर्थशास्त्र ज्ञान के उस भाग का नाम है जिसका संबंध धन से है।" स्पष्ट है कि इन चारों परिभाषाओं में कोई विशेष दूरी नहीं है। शासकों द्वारा धनार्जन एवं व्यय को सामान्य जन पर क्रियाशील करने में कोई अंतर नहीं मिलता, वरन् व्यय को जनरंजन के साथ जोड़कर आचार्य ने धन के सदुपयोग अर्थात् रंजन को अपव्यय और दुरुपयोग से सुरक्षित किया है।

विशेष उल्लेखनीय यह है कि आचार्य शुक्र ने प्राचीनकाल में धन-संबंधी चिंतन आरंभ किया, जो भविष्य के चिंतकों के लिए आधारमूलक है। अत: शुक्राचार्य द्वारा की गई व्याख्या पर गंभीरता से ध्यान देने की आवश्यकता है। उन्होंने शासकों के आचरण की पवित्रता, कार्य-कौशल और धनसंग्रह एवं उसके व्यय पर महत्त्वपूर्ण मार्गदर्शन किया है, जिसकी आधुनिक समय में आवश्यकता अनुभव की जा रही है। एडम स्मिथ, वाकर और जे.बी.से द्वारा व्यक्त विचारों में जनरंजन और कल्याण का विचार नहीं किया गया। उन्होंने धनार्जन और धन-संग्रह पर ही ध्यान दिया है, जबकि शुक्राचार्यजी ने धनार्जन के अतिरिक्त जनकल्याण पर भी ध्यान केंद्रित किया है, और कहा है कि अनर्थ के निवारण का अध्ययन करनेवाला शास्त्र ही अर्थशास्त्र है। धनार्जन के विषय पर शुक्राचार्य के विचारों और एडम स्मिथ, जे.बी.से तथा वाकर (Adam smith, J.B. Say and walker) के विचारों में काफी निकटता होते हुए भी जनकल्याण के विषय पर शुक्राचार्य

के चिंतन से मूलभूत अंतर है।

**कर्मैव कारणं चात्र सुगतिं दुर्गतिं प्रति।**
**कर्मैव प्राक्तनमपि क्षणं कि कोऽस्ति चाक्रियः॥**

*1/29/24*

## पुरुषार्थ (कर्म, परिश्रम) एवं भाग्य

शुक्रनीति के प्रथम अध्याय में आचार्य ने पुरुषार्थ पर विशेष बल दिया और कहा कि प्रत्येक व्यक्ति को कर्म अवश्य करना चाहिए। परिश्रम से व्यक्ति अपनी स्थिति, अपना भाग्य बदल सकता है। उनका कहना है कि यदि व्यक्ति यह सोच ले कि जो कुछ घटित हो रहा है वह उसके पूर्वजन्म के कार्यों का फल है, उसका भाग्य है, तो वह कर्म और अकर्म में भेद करने में असमर्थ है। उसके लिए वे सभी उपदेश व्यर्थ जाएँगे जो उसे कर्म करने का मार्ग दिखाते हैं और वर्तमान में करणीय कर्म की प्रेरणा और अकर्म करने का निषेद्ध करते हैं। भाव यह है कि पूर्वजन्म के कर्मों का विचार किए बिना परिश्रम करना चाहिए, करते रहना चाहिए।

**धीमन्तो वन्द्यचरिता मन्यन्ते पौरूषं महत्।**
**अशक्तः पौरुषं कर्तुं क्लीबा दैवमुपासते॥**

*1/40/29*

अर्थात् बुद्धिमान और चरित्रवान लोग पुरुषार्थ को बड़ा तथा महत्त्वपूर्ण मानते और तद्नुसार आचरण करते हैं, पुरुषार्थ करते हैं। पुरुषार्थ करने में असमर्थ भाग्यवादी होते हैं। वे मानते हैं कि जो कुछ होता है, वही हमारे भाग्य में है, भाग्य को बदला नहीं जा सकता। इसके विपरीत परिश्रम करनेवाले मानते हैं कि पुरुषार्थ द्वारा भाग्य को बदला जा सकता है। वे भाग्य के भरोसे निष्क्रिय नहीं बैठ जाते और भाग्य को बदलने में सफल होते हैं।

पुरुषार्थ की व्याख्या करते हुए आचार्य ने कहा कि पुरुषार्थ चार प्रकार का होता है—धर्म, अर्थ, काम और मोक्ष। उन्होंने प्रत्येक व्यक्ति को संदेश दिया और अपेक्षा की है कि वह मोक्ष प्राप्ति की कामना करे। मोक्ष प्राप्ति के दो मार्ग हैं—प्रवृत्ति मार्ग और निवृत्ति मार्ग। संसार का अधिकांश मानव प्रवृत्ति मार्ग का अनुसरण करता है, अर्थात् अर्थ और काम में लगा हुआ है। प्रवृत्ति मार्ग में धर्म, अर्थ और काम का त्रिवर्ग सर्वोत्तम कहा गया है। अर्थ और काम का धर्मानुसार उपयोग करके वह मोक्ष प्राप्त कर सकता है। यह मार्ग कोई सरल मार्ग नहीं है। वर्तमान

समय में सर्वसाधारण व्यक्ति अर्थ और काम को अपना रहा है और इनका उपयोग धर्मानुसार नहीं कर रहा। श्रेष्ठ त्रिवर्ग के अत्यंत महत्त्वपूर्ण पुरुषार्थ-धर्म से दूर भाग रहा है। यही उसकी पीड़ा का कारण है। सर्वोत्तम माने गए इस त्रिवर्ग के किसी अंग को छोड़ देना कष्ट का कारण बनता है। आज के दु:ख और असंतोष का मूल कारण इस त्रिवर्ग को आचरण में लाने से बचना है। प्रत्यक्ष देखा जा सकता है कि इस असंतुलन का परिणाम क्या हो रहा है। अधिकांश लोग अर्थ और काम में पागल की भाँति लगे हैं। जबकि धन के अंबार में भी वे दु:ख भोग रहे हैं। धन-संग्रह में वे इतने व्यस्त हैं कि पारिवारिक और सामाजिक दायित्वों की ओर आँख नहीं उठाते। धन 'अर्थ' जीवन के लिए आवश्यक है। परंतु यह मानव जीवन का सर्वस्व नहीं है। आवश्यक होते हुए भी अर्थार्जन जीवन का लक्ष्य नहीं बनाया जा सकता। इसी प्रकार काम का व्यसन भी दु:खदायी होता है। अत: अर्थ और काम का धर्मानुसार उपयोग सुखकारी होता है।

यह सर्वमान्य सत्य है कि अर्थ की प्राप्ति मानव जीवन का अपरिहार्य अंग है। उसे अर्थसंबंधी व्यवहार करना ही होता है। यह सावधानी रखना आवश्यक है कि अर्थ का धर्मानुसार व्यवहार व्यक्ति और समाज दोनों के लिए शुभ और सुखदायी होता है। किंतु यदि आर्थिक क्रियाकलाप अशुद्ध, गलत और समाज-विरोधी होता है तो यह किसी के लिए हितकर नहीं हो सकता। इसके कुफल दु:खदायी होते हैं, भले ही ऐसा व्यवहार करते समय परिणाम दिखाई न पड़े। यह तथ्य वर्तमान समय पर दृष्टिपात करने से प्रमाणित हो जाता है। शुक्राचार्य द्वारा प्राचीनकाल में दी गई यह चेतावनी प्रत्यक्ष अनुभव की जा सकती है, जब धन-संपदा के लिए अकल्पनीय अपराध सामने आते हैं। यही सत्य काम पर भी क्रियाशील होता है। अत: अर्थ और काम का धर्मानुसार और मर्यादित व्यवहार करना सब प्रकार सुखदायी होता है, जिसके लिए संयम करना होता है, थोड़ा तात्कालिक कष्ट उठाना पड़ता है।

भाग्य और पुरुषार्थ पर अधिक प्रकाश डालते हुए वे कहते हैं कि जो व्यक्ति भाग्य और पुरुषार्थ के अंतर को समझ लेता है उसे जीवन में कभी निराश नहीं होना पड़ता। अपने भाग्य को कोसते, निष्क्रिय बैठे रहने की अपेक्षा अधिक परिश्रम का दामन थाम ले तो उसे कभी निराश नहीं होना पड़ेगा। इस विचार को आधुनिक आर्थिक चिंतन में, आर्थिक मंदी की स्थिति से उबरने के लिए, प्रभावी माँग (इफेक्टिव डिमांड, Effective Demand) को बढ़ाने के लिए पहले किए हुए कार्यों, जैसे—खुदी हुई नहरों को पाटने और पुन: खोदने तथा सिले हुए कपड़ों को उधेड़कर पुन: सिलने जैसे क्रांतिकारी विचार व्यक्त किए। अत: भाग्य के भरोसे रहने की अपेक्षा अधिक पुरुषार्थ करने जैसी क्रांतिकारी लीक दिखाई। आचार्य का कहना है कि जो व्यक्ति

कायर है, वह पुरुषार्थ न करके निष्क्रिय, भाग्य के भरोसे बैठा रहता है और कोई कार्य नहीं करता, नहीं कर पाता, ऐसा व्यक्ति जीवन में कमी सफल नहीं होता।

अगले श्लोक में आचार्य कहते हैं कि केवल भाग्य के भरोसे बैठ जानेवाला भाग्य का निर्माण नहीं कर सकता—

**बलवत्प्रतिकारि स्याद् दुर्बलस्य सदैव हि।**
**सबलाबलयोर्ज्ञानं फल प्राप्त्याऽन्यथा नहि॥**

*1/42/30*

कर्म पर अधिक प्रकाश डालते हुए कहा गया है कि कर्म दो प्रकार के होते हैं—शुभ कर्म और अशुभ कर्म। शुभ कर्म शुद्ध कहे जा सकते हैं, जिन्हें परिश्रमपूर्वक संपन्न किया जाता है, जो दोषरहित कहे जाते हैं। ऐसे कर्म कठिन होते हैं, अधिक साहस और संयम करके संपन्न किए जाते हैं। ऐसे कर्मों से शुभ परिणाम प्राप्त होते हैं, जिनसे भाग्य निर्माण होता है। अशुभ कर्म दुर्भाग्य का कारण बनते हैं। कर्म करने से पूर्व व्यक्ति को समझ लेना चाहिए कि शुभ और अशुभ कर्मों का भेद क्या है? उसे अच्छे परिणामों के लिए केवल शुभ कर्म करना चाहिए। शुभ कर्म करने में व्यक्ति का मन लगता है, कर्म करने से उसे संतोष मिलता है। बुरे कर्मों से व्यक्ति का संतोष नहीं होता, ऐसे कर्म करने में उसका मन नहीं लगता।

## धन-विद्या, धन-संग्रह, ऋण तथा ब्याज धन

शुक्राचार्यजी ने धन का विस्तृत विवेचन किया और कहा कि विद्या भी मूल्यवान धन है—

**क्षणशः कणशश्चैव विद्यामर्थं च साधयेत्।**
**न त्याज्यौ तु क्षणकणौ नित्यं विद्याधनार्थिना॥**

*3/111/196*

अर्थात् विद्या और धन को प्राप्त करने के लिए एक महत्त्वपूर्ण तथ्य की ओर संकेत किया है। उनकी दृष्टि में 'क्षण' और 'कण' विशेष ध्यान योग्य तथ्य हैं। क्षण का अभिप्राय प्रत्येक पल से, अवसर से है, जो लौटकर नहीं आता। आए अवसर का उपयोग निश्चित ही करना चाहिए, व्यर्थ नहीं जाने देना चाहिए। अर्थात् अवसर को सामने से पकड़ा जाए अन्यथा सामने से एक बार निकल गया तो उसे पीछे से नहीं पकड़ा जा सकता। विद्या और धन की प्राप्ति के अवसर को चूकना नहीं चाहिए। 'कण' से अभिप्राय है पदार्थ की सूक्ष्मतम इकाई, यहाँ उनका आशय धन की इकाई से है। आचार्य कहते हैं कि जैसे जल की बूँद-बूँद से तालाब भर

जाता है, उसी प्रकार थोड़े-थोड़े धन के संग्रह से व्यक्ति धनवान बन सकता है। इसी प्रकार अवसर आने पर, थोड़ा प्रयास करने और संग्रह करने से व्यक्ति ज्ञानवान बन सकता है।

आगे आचार्य कहते हैं कि धन के उत्तम प्रयोजन के बिना धन-संग्रह निरर्थक होता है—

**सुभार्यापुत्रमित्रार्थं हितं नित्यं धनार्जनम्।**
**दानार्थं च बिना त्वेतैः कि धनैश्च जनैश्च किम्॥**

*3/112/196*

अर्थात् धनादि का संग्रह तब करना चाहिए जब यह सुपत्नी, शुभा पत्नी, सुपुत्र, संतान, हितैषी, मित्र तथा दान में उपयोग किया जाए। किंतु यदि ऐसा उपयोग नहीं किया जाता तो धन-संग्रह करना व्यर्थ है। ऐसी स्थिति में धन-संग्रह नहीं करना चाहिए। भाव यह है कि धन-संग्रह करना उचित है, जब उसे जनहित के लिए, सामाजिक कार्यों के लिए, यथा—शिक्षा, स्वास्थ्य, असहायों की सहायता, सामाजिक-धार्मिक आवास तथा अन्य हितकारी कार्यों में लगाया जाए। अपने आस-पास ऐसे दानी धनवानों को देखा जा सकता है। ऐसे कार्य करने में संतोष होता है, आंतरिक सुख की अनुभूति होती है। इस प्रकार धनार्जन और संग्रह का मार्ग खुला हुआ है। अपने कर्तव्य के उपयोग का निषेध नहीं किया गया है, विकास और उत्पादन का मार्ग प्रशस्त किया गया है।

धन-संग्रह की भावना को प्रेरित और उत्साहवर्द्धक, आवश्यक बताते हुए कहते हैं—

**भाविसंरक्षणक्षमं धनं यत्नेन रक्षयेत्।**
**जीवामि शतवर्षं तु नन्दाभि च धनेन च॥**

*3/113/197*

**इति बुद्धया सञ्चिनुयाद्धनं विद्यादिकं सदा।**
**पञ्चविंशत्यब्दपूरं तदर्धं वा तदर्धकम्॥**

*3/114/197*

कि विद्या रूपी धन अत्यंत श्रेष्ठ है। विद्या से ही धन तथा अन्य गुण भी प्राप्त होते हैं। दान से विद्या-धन नित्य बढ़ता है। विद्या-धन से भार नहीं बढ़ता है, जबकि अन्य धन से बढ़ता है, विद्या-धन जितना अधिक बाँटा जाता है, उतनी ही तेजी से बढ़ता है। इसे न कोई चुरा सकता है, न ही उठा सकता है। यह धन अत्यंत हल्का होता है,

परंतु गौरव बढ़ाता है। यह धन नष्ट नहीं होता और आजीवन अपने साथ रहता है।

*3/115/197*

ऊपर उद्धृत श्लोक 113, 114 में आचार्य जी ने मानव को चेताया है कि धन-संग्रह करते समय दूरगामी दृष्टि रखनी चाहिए। यह कोई नहीं जानता कि उसका जीवन कब तक चलेगा। परंतु वह यह कल्पना करके चले कि 100 वर्ष जीवित रहेगा, और इतने जीवन की योजना के साथ धनार्जन के कार्य में लगा रहे। इसके लिए वह 25 वर्ष अथवा इसका आधा साढ़े बारह वर्ष, कम-से-कम, सवा छह वर्ष परिश्रम करके धन-संग्रह करे। वृद्धावस्था में धन की आवश्यकता बढ़ जाती है। सामाजिक-पारिवारिक दायित्व बढ़ जाते हैं, जबकि परिश्रम करने की क्षमता क्षीण हो जाती है। व्यक्ति रोगग्रस्त हो सकता है, उस समय धन की अधिक आवश्यकता होती है। उस समय धनाभाव के कारण पछताना न पड़े, इसलिए धन-संग्रह करना आवश्यक है। यद्यपि उस काल में व्यक्ति अपनी संतान पर भरोसा कर सकता था, तो भी आचार्य ने निर्भरता से मुक्त रहने के लिए मार्गदर्शन किया।

वर्तमान युग में जो स्थितियाँ सामने आ रही हैं, जो उदाहरण साधारणतया दृष्टि में आते हैं, अर्थात् सामान्यतया संतान के जैसे निष्ठुर व्यवहार हो रहे हैं, आचार्यजी की चेतावनी और मार्गदर्शन अधिक महत्त्वपूर्ण हो जाता है। अत: वृद्धावस्था की कल्पना करके व्यक्ति को धन-संग्रह करना चाहिए। धन-संग्रह को इस दृष्टि से भी देखा जाए कि आय में से कुछ भाग बचत करते रहने से यह बचत थोड़ी-थोड़ी और छोटी-छोटी मात्रा में होते हुए भी आर्थिक विकास के लिए बहुत महत्त्वपूर्ण होती है। अब तो विकास के उद्‌देश्य से बचत को प्रेरित करने की अनेक प्रकार की योजनाएँ सामने आती हैं। इस प्रकार वृद्धावस्था की आवश्यकता को ध्यान में रखकर परिश्रम और बचत करना केवल व्यक्ति विशेष के लिए ही नहीं वरन् सामाजिक हित के लिए अत्यधिक महत्त्व रखता है।

धन-संग्रह के महत्त्व को अधिक उजागर करते हुए शुक्राचार्य कहते हैं—

**अस्ति यावत्तु सधनस्तावत्सर्वैस्तु सेव्यते।**
**निर्धनास्त्यज्यते भार्यापुत्राद्यैः सगुणोप्यतः॥**

*3/116/198*

**संसृतौ व्यवहाराय सारभूतं धनं स्मृतम्।**
**अतो यतेत तत्प्राप्त्यै नरः सूपायसाहसैः॥**

*3/117/198*

यद्यपि विद्या-धन बहुत महत्त्वपूर्ण है, तथापि धन होना नितांत आवश्यक है। व्यावहारिक जीवन में व्यक्ति के पास धन का होना आवश्यक होता है। विद्या-धन के होते हुए भी यदि वह निर्धन है, तो विद्वान होते हुए भी, सब उसका साथ छोड़ देते हैं। उसके मित्र, स्नेही, संबंधी यहाँ तक कि उसकी पत्नी, पुत्रादि भी दूर हो जाते हैं। इसलिए यह आवश्यक है कि व्यक्ति के पास धन हो। अतः धनार्जन के लिए व्यक्ति को भरपूर परिश्रम करके अपनी आर्थिक स्थिति सुदृढ़ करनी चाहिए। इसके लिए उसे प्राणों की बाजी लगाने साहस से भी संकोच नहीं करना चाहिए।

आधुनिक युग में शुक्राचार्यजी के विचार उनके युग से भी अधिक समीचीन हैं। निर्धन व्यक्ति कितना भी गुणी हो, उसे तिरस्कार की दृष्टि से देखा जाता है। स्थान-स्थान पर उसे सम्मान से नहीं देखा जाता। समाज की बात तो दूर, उसके पारिवारिक, बिल्कुल अपने भी उससे दूर हो जाते हैं। सामान्यतया आज व्यक्ति का मूल्यांकन उसकी विद्या, कला-कौशल, उसकी शुचिता, सत्यता से नहीं होता। धनवान व्यक्ति के दोषों, उसकी दूषित वृत्ति, उसके धनार्जन के भ्रष्ट और अशुद्ध स्रोतों को भुलाकर धन-संपदा ही मूल्यांकन का आधार बन गया है। अर्थात् शुक्राचार्य जी द्वारा प्राचीनकाल में व्यक्त विचार, उस काल से अधिक आज के युग पर क्रियाशील होते हैं।

धन-संग्रह पर अधिक बल एवं आग्रह करते हुए आचार्य कहते हैं—

**सुविद्यया सुसेवाभिः शौर्येण कृषिभिस्तथा।**
**कौसीदवृद्धया पण्येन कलाभिश्च प्रतिग्रहैः॥**

*3/118/199*

**यया कया चापि वृत्त्या धनवानस्यात्तथा चरेत्।**
**तिष्ठन्ति सधनन्द्वारे गुणिनः किङ्करा इव॥**

*3/119/199*

अर्थात् व्यक्ति चाहे जिस उद्यम का उपयोग करे, उसे धनार्जन करना चाहिए। चाहे उच्च विद्या प्राप्त करके, चाहे किसी धनवान की सेवा करके धन प्राप्त करे, चाहे अपनी वीरता का प्रदर्शन करके, उत्तम और विकसित खेती करके, ब्याज पर धन उधार देकर धन बढ़ाए, व्यापार या छोटी दुकान चलाकर, संगीत-नृत्य आदि से लोगों का मनोरंजन करके, धन-संग्रह करे। अभिप्राय यह कि किसी प्रकार के उद्यम से जिसमें वह कुशल हो, धन अर्जित करना ही चाहिए। देखा यह जाता है कि

श्रेष्ठ विद्या प्राप्त और अनेक प्रकार से गुणवान व्यक्ति भी धनवानों के द्वार पर सेवक की भाँति पड़े रहते हैं। आचार्य ने यह कटु सत्य सामने रखा है कि धन की शक्ति से गुणवान व्यक्ति भी खरीदा जा सकता है। आचार्य का प्रतिपादन है कि धन-संग्रह सभी प्रकार से आवश्यक है। धनवान के दोष भी गुण बन जाते हैं और निर्धन के गुण भी दोष हो जाते हैं। धनवानों की बुराई करने में संकोच किया जाता है, जबकि निर्धन की निंदा बढ़-चढ़ कर की जाती है।

धन-संग्रह के महत्त्व को रेखांकित करने के पश्चात् आचार्य यह चेतावनी भी देते हैं कि धन-संग्रह के प्रति अति मोह नहीं करना चाहिए—

**उन्मादमेके पुष्यन्ति यान्त्यन्ये द्विषतां वशम्।**
**दास्यमेके च गच्छन्ति परेषामर्थहेतुना॥**

*3/121/200*

धन के अतिमोह के घातक परिणामों की ओर संकेत किया और कहा कि धन-संग्रह में पागल नहीं हो जाना चाहिए, अन्यथा यह व्यक्ति को विकट परिस्थितियों में धकेल सकता है। धन की चाहत की एक सीमा होती है, उसकी, उसके परिवार की आवश्यकताएँ सरलता से संतुष्ट हो सकें। इसमें परिवार की शिक्षा, स्वास्थ्य और विकास हेतु आवश्यकताओं की पूर्ति तथा विपत्ति काल में, रोगग्रस्त होने पर आवश्यकताओं की परिकल्पना, किसी से ऋण लेने की विवशता से सुरक्षा, सामाजिक दायित्वों के निर्वाह हेतु व्यवस्था आदि शामिल हैं। यह व्यक्ति की चाहत की सीमा होती है, इसमें थोड़ी अभिवृद्धि हो सकती है। धन की आवश्यकता का सीमोल्लंघन दुःखदायी होता है।

धन-संग्रह को सर्वस्व मानकर, उसके लिए पागलपन सब प्रकार से अहितकर होता है। वर्तमान समय में संसार भर में धन-संग्रह के लिए पागलपन छाया हुआ है। इसके लिए सभी कुछ न्योछावर किया जा रहा है। निजी जीवन की शुचिता, पवित्रता दाँव पर लगाई जा रही है। ऊँचे-से-ऊँचे पद पर आसीन लोग भ्रष्ट आचरण का शिकार हो रहे हैं। निजी, पारिवारिक, सामाजिक मान-सम्मान यहाँ तक कि लोग राष्ट्रीय हित की चिंता किए बिना धन प्राप्ति के लिए विक्रय की वस्तु बन रहे हैं। शुक्राचार्यजी ने इसका कड़ा वर्जन किया है। धन-संपदा के संग्रह की प्रतियोगिता हो रही है। उन्होंने जिस प्रकार की चिंता करके चेताया है, वह सब सत्य होता दिख रहा है। इस पागलपन के भयंकर दुष्परिणाम दिखाई दे रहे हैं, परंतु सुधार की

प्रावैगिकी जैसे स्थगित हो गई हो। नामी खिलाड़ी, वैज्ञानिक, विद्वान बुद्धिजीवी, सर्वोच्च राजनीतिक अग्रज, मान-मर्यादा सब कुछ बेचने को तैयार हैं। उनका मनचाहा मूल्य लगानेवाला उन्हें खरीद सकता है। मनुष्यता का यह क्रय-विक्रय संसार भर में प्रचलित फैशन बन गया है।

## ऋण एवं ब्याज

ऋण और ब्याज के संबंध में भी शुक्राचार्य ने थोड़ा विचार व्यक्त किया है। ऋण देने और ब्याज लेने पर व्यक्त विचारों में उन्होंने ऋण के औचित्य और संरक्षण पर जो विचार व्यक्त किए, आधुनिक अर्थशास्त्रियों द्वारा व्यक्त विचारों से काफी मिलते-जुलते हैं। परंतु जहाँ आधुनिक अर्थशास्त्रियों ने ब्याज उत्पन्न होने के कारणों और ब्याज की दर पर ध्यान अधिक केंद्रित किया है, आचार्यजी ने इन्हें स्पर्श नहीं किया।

आगे इस पर विचार करने से पूर्व धन-संग्रह पर इस प्रकार कहा—

**कृत्वा स्वान्ते तथौदार्यं कार्पण्यं बहिरेव च।**
**उचितं तु व्ययं काले नरः कुर्यान्न चान्यथा॥**

*3/127/202*

अर्थात् धन-संग्रह कोई सरल कार्य नहीं है। इसके लिए पर्याप्त कष्ट उठाने पड़ते हैं। मन में उदारता परंतु व्यय करने में कृपणता, इसके लिए आवश्यक है। उनके अनुसार नियम यह है कि आवश्यक होने पर उदारतापूर्वक व्यय करना चाहिए। किंतु कष्ट झेलकर बचत करके संग्रहीत धन को व्यय करते समय कंजूसी करना उचित एवं अपेक्षित है। ऐसा नहीं करना चाहिए कि खुले मन से दोनों हाथ से, बिना सोचे-समझे धन को उड़ा दिया जाए, ऐसा पूर्णतया अनुचित एवं अनपेक्षित है। ऐसे व्यय को अपव्यय कहना उचित होगा। वर्तमान समय में देखने को मिलता है कि मनुष्य आंतरिक बल पर ध्यान देने के स्थान पर बाह्य आडंबर और वृथा प्रदर्शन को अधिक पसंद करता है और आत्म-प्रवंचना का शिकार हो रहा है, जो उसे आर्थिक दृष्टि से खोखला करता है।

धन-संग्रह से संबंधित अगले श्लोक में आचार्य ने बताया कि संग्रह और धन-संरक्षण एक कंजूस की तरह करना चाहिए, क्योंकि धनार्जन में कष्ट और परिश्रम करना पड़ता है। अतः इसे लापरवाही से बरबाद नहीं करना चाहिए, व्यय करते समय सावधानी रखना चाहिए। परंतु जब देने का उचित संयोग हो तो एक

विरक्त की भाँति दे देना चाहिए। अपनों की आवश्यकता के समय देने में कदापि संकोच नहीं करना चाहिए—

**संरक्षयत् कृपणवत् काले दद्याद्विरक्तवत्।**
**मूर्खत्वमन्यथा याति स्वधनव्ययतोऽपि च॥**

*4/18/252*

ऋण के संबंध में आचार्य ने कहा—

**मैत्रयर्थे याचितं दद्यादकुसीदं धनं सदा।**
**तस्मिन् स्थितं चेन्न बहु हानिकृच्च तथाविधम्॥**

*3/124/201*

यदि कोई मित्र, हितैषी, आत्मीय किसी अवसर पर धन की सहायता माँगे तो उसे ऋण न समझकर, ब्याज रहित ऋण दे और उदार मन से उसकी सहायता करे। यदि वह ब्याज रहित इस ऋण को वापस न कर सके और आवश्यकता के लिए पुन: सहायता माँगे तो उसे पुन: धन देना चाहिए। परिणामस्वरूप वह व्यक्ति आजीवन आपका हो जाएगा। आज भी आचार्यजी का यह कथन क्रियाशील है जिसका मैंने स्वयं अनुभव किया है। एक ऐसे ही आत्मीय महानुभाव से सहायता प्राप्त करके उनकी अनुपस्थिति में मैं उनके परिवार को उस समय क्रियाशील ब्याज-दर सहित भुगतान कर आया। ग्यारह किलोमीटर दूर स्थित जब वे अपने आवास, कृषि फार्म पर वापस पहुँचे तो उनके पुत्र ने मेरे भुगतान के संबंध उन्हें जानकारी दी। उनके फार्म से वापस आने के लगभग डेढ़ घंटे बाद उन महानुभाव को क्रोध से लाल देखा, उनकी नाराजगी सुनी, तो मैंने उनके चरण पकड़कर अपने व्यवहार के लिए क्षमायाचना की। आचार्य द्वारा कल्पित ऐसे आत्मीयों की आज भी कमी नहीं है।

अगले श्लोकों में आचार्य ने ब्याज पर दिए गए ऋण के संबंध में कुछ सावधानियों की ओर इंगित किया है—

**दृष्ट्वाऽधमर्णं वृद्ध्यापि व्यवहारक्षमं सदा।**
**सबन्धं सप्रतिभुवं धनं दद्याच्च साक्षिमत्॥**

*3/125/201*

**गृहीतलिखितं योग्यमानं प्रत्यागमे सुखम्।**
**न दद्याद् वृद्धिलोभेन नष्टं मूलधनं भवेत्॥**

*3/26/201*

उन्होंने कहा कि ब्याज पर ऋण देने से पूर्व इस बात का भलीभाँति आकलन कर लेना चाहिए कि ऋण लेनेवाले की ब्याज देने और मूल धन लौटाने की क्षमता है? यदि वह ऋण लौटाने में सक्षम है तो विधिवत् लिखा-पढ़ी करके, कुछ आभूषण या संपत्ति गिरवी रखकर और किसी की गवाही लेकर उतनी मात्रा में ऋण देना चाहिए, जितनी उसकी लौटाने की क्षमता हो। अन्यथा मूल धन भी डूब जाने की आशंका रहती है। ऐसे व्यक्ति को ऋण नहीं देना चाहिए, जिसमें लौटाने की क्षमता न हो। आधुनिक अर्थशास्त्री भी इस तथ्य पर ध्यान देते और आग्रह करते हैं। यदि ऋण देना ऋणदाता का व्यवसाय हो तो लाभ की संभावना न होने की स्थिति में ऋण नहीं देना चाहिए। व्यवसाय तो व्यवसाय है, इसमें भाईचारा नहीं चलता।

मित्रता में व्यवधान न पड़ने के संबंध में सावधान करते हुए आचार्य कहते हैं—

**सकुसीदमकुसीदं धनं यच्चौत्तमर्णिकम्।**
**दद्यादगृहीतमिव नोभयोः क्लेशकृद्यथा।**
**नासाक्षिमच्चालिखितमृणपत्रस्य पृष्ठतः॥**

*3/131/204*

ऋण ब्याजरहित हो अथवा ब्याजसहित, दो मित्रों में ऋण के आदान-प्रदान के संबंध में, यह ध्यान रखा जाए कि ऋण बिना साक्षी, प्रमाण-पत्र के, नहीं करना चाहिए, अन्यथा मित्रता में व्यवधानकारी सिद्ध हो सकता है। यद्यपि आचार्य शुक्र ने ऋण और ब्याज का उल्लेख तो किया है किंतु ब्याज का कारण क्या है?, कितना है?, और ब्याज की दर कैसे निर्धारित होती है?, पर प्रकाश नहीं डाला। ब्याजरहित, ब्याजसहित और ऋण तथा ऋण की सुरक्षा के संबंध में भी उन्होंने कहा है। ऐसा अनुमान लगाया जा सकता है कि उस समय ब्याज की कोई एक प्रचलित दर रही होगी, जिस पर ऋण का आदान-प्रदान बिना मोल-भाव के होता होगा। आधुनिक अर्थशास्त्रियों ने इस विषय पर विस्तृत विचार किया है। साथ ही बैंकिंग उद्योग ने इस समस्या के हल में महत्त्वपूर्ण योग प्रदान किया है। ऋण के संरक्षण के संबंध में बैंकों द्वारा शुक्राचार्य जी के विचार का कड़ाई से पालन के नियम बनाए हुए हैं और उनका पालन किया जाता है।

## मूल्य निर्धारण

मूल्य को परिभाषित करते हुए शुक्राचार्य जी ने कहा—

**कारणादिसमायोगात्पदार्थस्तु भवेद् भुवि।**
**येन व्ययेन संसिद्धस्तद्व्ययस्तस्य मूल्यकम्॥**

*2/145/138*

धन की वह मात्रा जिस पर विक्रेता वस्तु को बेचने और क्रेता क्रय करने को सहमत होते हैं, वही मूल्य कहलाता है। इसमें विक्रेता अपने लाभ का ध्यान रखता है और क्रेता अपनी आवश्यकता की तीव्रता का विचार करता है। विक्रेता द्वारा माँगा गया मूल्य यदि क्रेता की आवश्यकता की तीव्रता से अधिक हो तो क्रय-विक्रय नहीं होता। यह भी देखा जा रहा है कि विक्रेता द्वारा माँगे गए मूल्य पर क्रेता यदि क्रय नहीं करता तो विक्रेता माँगे मूल्य को घटा देता है। इस प्रकार सौदा होने पर मूल्य बदल जाता है। अतः मूल्य वह राशि होता है जिस पर क्रय-विक्रय रूप लेता है।

पदार्थ की सुलभता-दुर्लभता के संबंध में अचार्यजी ने इस प्रकार कहा है—

**सुलभासुलभ त्वाश्चगुणात्वगुणसंश्रयैः।**
**यथाकामात्पदार्थानामर्घ हीनाधिकं भवेत्॥**

*2/146/138*

अर्थात् पदार्थ की बाजार में सुलभता-दुर्लभता का मूल्य पर प्रभाव होता है। सुलभ पदार्थ की तुलना में उसके दुर्लभ हो जाने पर मूल्य अधिक हो जाता है। आधुनिक चिंतन के अनुसार मूल्य का निर्धारिण माँग और पूर्ति द्वारा होता है। वस्तु की माँग और पूर्ति का मूल्य से प्रत्यक्ष संबंध होता है। मूल्य अधिक होने पर माँग कम, जबकि पूर्ति बढ़ती है और मूल्य कम होने पर माँग तो बढ़ती है, परंतु पूर्ति कम होने लगती है। अर्थात् माँग-पूर्ति मूल्य को प्रभावित करते हैं, तो मूल्य माँग और पूर्ति को प्रभावित करता है। माँग और पूर्ति की लोच का विचार महत्त्वपूर्ण तथा इसी से संबंधित है।

मूल्य के संबंध में एक महत्त्वपूर्ण तत्त्व यह भी है कि वस्तु किस श्रेणी की है। उत्तम श्रेणी की वस्तु का मूल्य अधिक और हीन श्रेणी की उसी वस्तु का मूल्य कम होता है। इस प्रकार शुक्राचार्य ने वस्तु की माँग (आवश्यकता) और पूर्ति (सुलभता) तथा उसकी श्रेणी को भी मूल्य निर्धारण में शामिल किया। ये कारक आधुनिक सिद्धांत (नियम) में भी शामिल किए जाते हैं।

**गृहक्षेत्रादिकं क्रीत्वा तुल्यमूल्यप्रमाणयुक्।**
**पत्रं कारयते यत्तु क्रेयलेख्यं तदुच्यते॥**

*2/139/135*

अर्थात् निज आवास निर्माण हेतु क्रय किए गए भू-भाग, कृषि हेतु भूमि उचित मूल्य पर क्रय करके, उनके आकारसहित जमीन-जायदाद अथवा मकान आदि पंजीकृत कराए जाते हैं, उसे प्रमाण-पत्र कहते हैं। वर्तमान समय में इसे पंजीयन-पत्र और प्रचलित व्यवहार में रजिस्ट्री कहते हैं। प्रतीत होता है कि आचार्यजी के युग में भी इसका प्रचलन रहा होगा।

## वार्षिक बजट

बजट (वार्षिक आय-व्यय) जैसे विषय पर भी शुक्राचार्य ने प्राचीनकाल में विचार व्यक्त किए हैं—

**नृपं संबोधयेत्तैश्च परत्रेह सुखप्रदैः।**
**इयच्च संचितं द्रव्यं वत्सरेऽस्मिस्तृणादिकम्॥**

*2/69/109*

**व्ययीभूतमियच्चैव शेषं स्थावरजंगमम्।**
**इयदस्तीति वै राज्ञे सुमन्त्रो विनिवेदयेत्॥**

*2/70/109*

अर्थात् सुमंत्र (कोषाधिकारी) का यह कर्तव्य है कि वह राज्य या संस्थान, जिसके कोष की देख-भाल का दायित्व उनका है, कोष की वार्षिक स्थिति अपने स्वामी के समक्ष प्रस्तुत करे। वार्षिक आय और व्यय का ब्योरा सामने आने पर संस्थान/राज्य के स्वामी उपयुक्त निर्णय लेते हैं। असंतुलन की स्थिति में आवश्यक सुधार कर सकते हैं। जिन मदों में सुधार की संभावना लगती हो, कर सकते हैं और संस्थान/राज्य को आगे बढ़ाने का निर्णय कर सकते हैं।

विषय का विस्तार करते हुए आगे कहा है—

**पुराणि च कति ग्रामा अरण्यानि च सन्ति हि।**
**कर्षिता कति भूः केन प्राप्तो भागस्ततः कति॥**

*2/71/109*

**भागशेषं स्थितं कस्मिन्कत्यकृष्टा च भूमिका।**
**भागद्रव्यं वत्सरेऽस्मिञ्छुल्कदण्डादिजं कति॥**

*2/72/109*

**अकृष्टपच्यं कति च कति चारण्यसंभवम्।**
**कति चाकरसंजातं निधिप्राप्तं कतीति च॥**

*2/73/109*

**अस्वामिकं कति प्राप्तं नाष्टिक तस्कराहृतम्।**
**संचितं विनिश्चत्यामात्यो राज्ञे निवेदयेत्॥**

*2/74/110*

कोषाधिकारी को यह जानकारी स्वामी को देनी चाहिए कि राज्य में कितने नगर और ग्राम, कितने क्षेत्र में बने हैं? कुल कितनी भूमि पर कृषि होती है, उसमें से वास्तव में कितनी जोती गई है? और उसमें कितनी उपज हुई है? कितना भाग जोता नहीं गया, खाली पड़ा रहा? कृषक ने जुती हुई भूमि से कितना अर्जित किया? शासन को कितनी मालगुजारी मिली? कृषि से कुल कितनी आय हुई? यह आय अनुमानित से कितनी कम/अधिक है? अपराधियों से दंड के रूप में राजकोष में कितनी राशि प्राप्त हुई? खाली पड़ी भूमि की वर्तमान स्थिति क्या है? उस पर घास प्राप्त हुई है? ऐसी भूमि तथा अन्य संपत्तियाँ कितनी हैं, जिनका कोई वैधानिक स्वामी नहीं आदि, सब आय का योग क्या है? राजकोष से विभिन्न कार्यों पर कुल व्यय कितना हुआ है? आय-व्यय की तुलनात्मक स्थिति क्या है? ऐसी संपूर्ण जानकारी सुमंत्र ने राजा को करानी चाहिए।

इस प्रकार शुक्राचार्य ने वार्षिक बजट की धारणा को प्राचीनकाल में ही स्वरूप प्रदान कर दिया था।

वर्तमान युग में बजट के उस सूत्र में समयानुकूल अधिक गहन और विस्तृत स्वरूप प्रदान किया है। आय के स्रोतों को विविधता प्रदान की और अधिक प्रावैगिक बनाकर वर्तमान आवश्यकताओं की माँग के अनुरूप ढाला तथा वर्षानुवर्ष और सुधार किया जा रहा है।

## श्रमिक-सेवायोजक

शुक्रनीति के द्वितीय अध्याय में श्रमिक और सेवायोजक के पारस्परिक संबंधों पर विशेष ध्यान दिया गया है। वर्तमान युग की अत्यंत महत्त्वपूर्ण श्रम समस्या पर दूरगामी, मार्गदर्शक विचार गंभीरता से लेने और उनका अनुसरण करने योग्य हैं, जिन पर अर्थशास्त्रियों ने समीचीन परिवर्तन और परिवर्द्धन करके लागू करने का प्रयत्न किया है। इस समस्या पर प्राचीन चिंतकों और वर्तमान अर्थशास्त्रियों की सोच में एक महत्त्वपूर्ण अंतर है। यदि इस अंतर को पाट दिया जाता तो औद्योगिक

शांति एक स्थायी तथ्य बन जाता। परंतु चिंतन का यह अंतर पाटने के लिए भारतीय चिंतन को पाश्चात्य चिंतन द्वारा अपनाना सरल नहीं है। जहाँ भारतीय चिंतन अध्यात्मवादी है, मनुष्य और उसका सुख, कल्याण, विचार का केंद्रबिंदु है। संपूर्ण चिंतन में मानव को प्राथमिकता दी गई है, सारा भौतिक कार्यकलाप मनुष्य के लिए है न कि मनुष्य कोई भौतिक पदार्थ है। मनुष्य सर्वोपरि है। दूसरी ओर पाश्चात्य यानी भौतिकवादी चिंतन में पदार्थ को प्राथमिकता दी गई है।

पाश्चात्य; भौतिकवादी चिंतन में विचार का केंद्रबिंदु भौतिक प्रगति और उत्पादन, विकास आदि हैं। मनुष्य को दूसरे स्थान पर रखा गया है। सेवायोजक का लक्ष्य अधिकाधिक लाभ प्राप्त करना है। इसके लिए उसके सहयोगी, लाभ कमानेवाले मुख्य उपकरण अर्थात् श्रमिक को कितना भी कष्ट हो, इसकी चिंता सेवायोजक नहीं करता। आज की औद्योगिक अशांति का यही मुख्य कारण है। कुछ विचारकों ने श्रमिक की मानसिकता के अध्ययन पर आधारित, श्रमिक की मानसिक स्थिति के सुधार के उपाय किए हैं। परंतु उनकी सोच का केंद्र भी मानव कल्याण नहीं वरन् शांतिपूर्वक कार्य होने से अधिक लाभ कमाना है।

शुक्राचार्य ने श्रमिक कल्याण को केंद्रबिंदु मानकर श्रमिक सेवायोजक विषय पर व्यापक विचार किया है।

श्रमिकों से संबंधित अधिकांश विषयों का विस्तृत विवेचन आचार्य ने किया है, यथा—अच्छे श्रमिक-बुरे श्रमिक, निम्न, मध्यम व उच्च श्रेणी के श्रमिक। श्रमिकों का भृत्य—न्यूनतम, उचित, न्यायायिक, अच्छा भृत्य। चलताऊ और समर्पित श्रमिक, श्रमिकों का अवकाश, अवैतनिक अवकाश, रोगावकाश, सवैतनिक अवकाश, कार्यरत श्रमिक की मृत्यु की स्थिति में निर्णय और सेवा पूर्ण करके निवृत्ति पर पेंशन, अन्य सुविधाएँ, इन सब विषयों पर विचार किया गया है। इसी प्रकार सेवायोजक के संबंध में भी उन्होंने मार्गदर्शक बातें कही हैं। अच्छा-बुरा सेवायोजक की बात ध्यान में रखते हुए उन्होंने कहा है कि वे श्रमिकों के साथ आत्मीय सद्व्यवहार करें—

**परीक्षकैर्द्रावयित्वा यथा स्वर्ण परीक्ष्यते।**
**कर्मणा सहवासेन गुणैः शीलकुलादिभिः॥**

*2/29/96*

**भृत्यं परीक्षयन्नित्यं विश्वास्यं विश्वसेत्तदा।**
**नैव जातिर्न च कुलं केवलं लक्षयेदपि॥**

*2/30/96*

यहाँ आचार्य ने सेवायोजक को सुझाया है कि जिस प्रकार एक स्वर्णकार सोने को गलाकर उसका परीक्षण करता है, उसी प्रकार सेवायोजक को भी श्रमिकों का परीक्षण करते रहना चाहिए। वेतनभोगी श्रमिकों का परीक्षण करके यदि उन्हें कार्य पर नियुक्त किया जाए तो उसे बाद में पछताना न पड़ेगा। विशेष रूप से अधिक दायित्ववाले पदों पर नियुक्ति से पूर्व परीक्षण विधि का अनुपालन नितांत आवश्यक होता है। परीक्षण के समय कार्यसंबंधी जानकारी, उसकी बुद्धि, चरित्र, व्यवहार, पारिवारिक पृष्ठभूमि, वंश आदि अन्य गुण/दोषों का उचित आकलन करके, सोच-समझकर, पूरी तरह परखकर कार्य पर लगाना चाहिए। यदि ऐसा नहीं किया जाता तो बाद में पछताना पड़ सकता है। अतः गंभीर परीक्षण के बाद सेवायोजक या शासक कोई भी जो कार्य हेतु नियुक्ति करना चाहते हैं, निर्णय कर सकते हैं कि किसको नियुक्ति दी जाए या न दी जाए।

## अच्छे/बुरे सेवक के लक्षण

**शठाश्च कातरा लुब्धाः समक्षप्रियवादिनः।**
**मत्ता व्यसनिनश्चार्ता उत्कोचेष्टाश्च देविनः॥**

*2/42/99*

**नास्तिका दाम्भिकाश्चैवासत्यवाचोऽप्यसूयकाः।**
**ये चापमानिता येऽसद्वाक्यैर्मर्मणि भेदिताः॥**

*2/43/99*

**रिपोर्मित्राः सेवकाश्च पूर्ववैरानुवन्धिनः।**
**चण्डाः साहसिका धर्महीना नैते सुसेवकाः॥**

*2/44/99*

**संक्षेपतस्तु कथितं सदसद्भृत्यलक्षणम्।**

श्रेष्ठ सेवकों के चयन के उपरांत यहाँ बुरे सेवकों के लक्षण बताए गए हैं। बुरे सेवकों का वर्णन करते हुए, सेवायोजक को चेताते हुए आचार्य ने कहा कि जो सेवक अपने अपराध कर्मों के कारण प्रायः दंडित होते रहते हैं, धूर्त हैं, मूर्ख हैं, कायर हैं, लोभी हैं, सदैव असत्य बोलते हैं, सामने कुछ और पीछे कुछ और कहनेवाले हैं, शराबी हैं, शिकारी हैं, नशेड़ी हैं, व्यसनी हैं, रोगी हैं, रिश्वत लेनेवाले हैं, जुआरी हैं, लंपट हैं, चरित्रहीन हैं, अधार्मिक हैं, अहंकारी हैं, दूसरों में दोष ही देखनेवाले हैं, चोरी करनेवाले, अपमान करनेवाले, दुर्व्यवहार करनेवाले, प्रतियोगियों

से शत्रुता करनेवालों के मित्र, घर का भेद देनेवाले, पूर्व शत्रुता एवं स्वामी की फटकार को मन में रखनेवाले, क्रोधी, कटु वचन बोलनेवाले, बिना विचारे कार्य करनेवाले हों तो ऐसे सेवक कभी श्रेष्ठ नहीं होते। वे सदैव निंदा के भागी होते हैं, ऐसे सेवकों से सेवायोजक को सावधान रहना चाहिए।

इसके बाद शुक्राचार्य की मान्यता है कि कोई व्यक्ति गुणहीन नहीं होता—

**तत्तत्कार्येषु कुशलाञ्ज्ञात्वा तांस्तु नियोजयेत्।**

*2/85/113*

**अमंत्रमक्षरं नास्ति नास्ति मूलमनौषधम्।**
**अयोग्यः पुरुषो नास्ति योजकस्तत्र दुर्लभः॥**

*2/86/114*

अर्थात् जैसे कोई अक्षर मंत्र से शून्य नहीं होता, कोई वनस्पति औषधिरहित नहीं होती, उसी प्रकार कोई श्रमिक गुणहीन, गुणरहित नहीं होता। प्रत्येक व्यक्ति में कोई-न-कोई गुण तो अवश्य होता ही है। सेवायोजक को यह नहीं मान लेना चाहिए कि श्रमिक गुणरहित होता है, जो किसी कार्य के योग्य नहीं। आवश्यकता इस बात की होती है कि प्रत्येक श्रमिक को उसके योग्य कार्य में लगाया जाए। इससे यह निष्कर्ष भी निकाला जा सकता है कि योग्य व्यक्ति को खोज निकालना कोई असंभव कार्य है। परंतु ऐसा नहीं है।

## उचित वेतन (Fair Wage)

उचित वेतन ('फेयर वेज', Fair Wage) की आचार्य की अवधारणा है—

**ये भृत्या हीनभृतिकाः शत्रवस्ते स्वयंकृताः।**
**परस्य साधकास्ते तु छिद्रकोशप्रजाहराः॥**

*2/147/138*

आधुनिक अवधारणा कही जानेवाली 'फेयर वेज' पर प्राचीनकाल में शुक्राचार्य जी ने स्पष्ट विचार रखे हैं। उन्होंने कहा कि श्रमिक को उचित वेतन मिलना ही चाहिए। यदि कोई सेवायोजक सेवक को उचित वेतन नहीं देता तो वह स्वयं ही उसे अपना शत्रु बना लेता है। उनके अनुसार कार्मिक को उतना भृत्य देना उचित वेतन होगा, जिससे वह अपने परिवार का उचित रीति से भरण-पोषण कर सके। यदि श्रमिक को अपने परिवार के भरण-पोषण हेतु आवश्यक वेतन से कम राशि मिलती है, तो उसे दूसरे स्थान पर भी कार्य करना पड़ता है, इसलिए उसके मन में असंतोष होता है,

जो उसकी कार्यक्षमता को कुप्रभावित करता है। वह अपने कार्य पर ध्यान केंद्रित नहीं कर पाता। कार्य करते हुए उसे परिवार की आवश्यकता-पूर्ति की चिंता सताती रहती है। असंतुष्ट श्रमिक सेवायोजक के लिए अहितकर होता है, क्योंकि वह शक्ति भर कार्य नहीं कर पाता। अनेक बार तो यह भी देखा जा सकता है कि वह सेवायोजक में दोष ढूँढ़ने लगता है, उसे हानि पहुँचाने में संकोच नहीं करता। भ्रष्ट आचरण करने लगता है। अत: यह सदैव श्रमिक और सेवायोजक दोनों के हित में होता है कि श्रमिक को उचित वेतन दिया जाए।

## श्रमिकों की श्रेणियाँ

आचार्य ने श्रमिकों की तीन श्रेणियाँ बताई हैं—

**मन्दो मध्यस्तथा शीघ्रस्त्रिविधं भृत्य उच्यते।**
**समा मध्या च श्रेष्ठा च भृतिस्तेषां क्रमात्स्मृता॥**

*2/148/139*

श्रमिकों को उनके कार्य की गति के आधार पर तीन श्रेणियों में बाँटा गया है— हीन, मध्य और श्रेष्ठ श्रमिक, अर्थात् धीमी गति, मध्यम गति और तीव्र गति से कार्य करनेवाले श्रमिक। फलत: इनके द्वारा सुस्ती से कार्य करने से कम कार्य, मध्यम गति से कार्य से अधिक और तीव्र गति से कार्य करने से बहुत अधिक कार्य संपन्न होता है। शुक्राचार्य ने कहा है कि कार्य-गति के आधार पर अधिक कार्य संपन्न करनेवाले श्रमिक को अधिक भृत्य दिया जाए। आधुनिक चिंतन में इसे कार्यक्षमता मजदूरी 'ऐफिशैंसी वेज' (Efficiency wage) की संज्ञा दी गई, है जिसकी नींव प्राचीनकाल में डाली गई थी।

## श्रमिक अवकाश

श्रमिकों को अवकाश के विषय पर कहा—

**भृत्यानां गृहकृत्यार्थं दिवा यामं समुत्सृजेत्।**
**निशि यामत्रयं नित्यं दिनभृत्येऽर्धयामकम्॥**

*2/149/139*

कि दिन भर अर्थात् चौबीस घंटे कार्य पर नियुक्त कर्मी को दिन में एक प्रहर अर्थात् तीन घंटे और रात्रि में तीन प्रहर अर्थात् नौ घंटे का अवकाश देना चाहिए, जिससे वह विश्राम तथा घर का काम-काज कर सके। उनका कहना है कि एक दैनिक मजदूर को दिन में तीन घंटे का अवकाश विश्राम एवं गृहकार्य के लिए दिया जाए।

आगे तीन श्लोकों में आचार्य ने रोगग्रस्त श्रमिक के संबंध में भृति पर विचार व्यक्त किए हैं—

**पादहीनां भृतिं त्वार्ते दद्यात्त्रैमासिकीं ततः।**
**पञ्चवत्सरभृत्ये तु न्यूनाधिक्यं यथा तथा॥**

*2/150/140*

**षाण्मासिकीं तु दीर्घार्त्ते तदूर्ध्वं न च कल्पयेत्।**
**नैव पक्षार्धमार्तस्य हातव्याऽल्पापि वै भृतिः॥**

*2/151/140*

**संवत्सरोषितस्यापि ग्राह्यः प्रतिनिधिस्ततः।**
**सुमहद्गुणिनं त्वार्त भृत्यर्धं कल्पयेत्सदा॥**

*2/152/141*

उनका कहना है कि श्रमिक के रोगग्रस्त हो जाने पर भी उसको वेतन देना चाहिए। अस्वस्थता के समय का विचार करके कहा कि आठ–दस दिन तक अस्वस्थ होनेवाले श्रमिक को पूरा वेतन दिया जाए, लंबी अवधि के लिए रोगग्रस्त सेवक को तीन मास का भृत्य काटकर भुगतान किया जाए, जबकि उसने पाँच वर्ष की सेवा पूर्ण कर ली हो। एक वर्ष तक अस्वस्थ रहने पर उसे तीन मास का वेतन दिया जाए, परंतु एक वर्ष से अधिक रोगी रहे तो छह मास का वेतन देते रहें, जिससे वह अपना उपचार तथा परिवार का पोषण कर सके। उसकी रुग्णता में परिवार भूखा न रह जाए, इसका आग्रह आचार्य द्वारा किया गया है।

उसके स्थान पर विकल्प के रूप मे उस व्यक्ति को रखा जाए, जिसे कर्मी द्वारा भेजा गया हो अन्यथा वास्तव में अधिक कुशल श्रमिक उपलब्ध होने पर ही काम पर लगाने की बात भी कही है।

आधुनिक समय में कर्मी के रोगग्रस्त होने की स्थिति में काफी सुधार किए गए हैं, और सुधारों की यह प्रावैगिकी निरंतर क्रियाशील है, प्रशंसनीय है। कुछ समय पूर्व मातृत्व अवकाश में स्वागत–योग्य सुधार किए गए हैं। श्रमिकों के रोगग्रस्त होने पर प्रदान की गई सुविधा का उचित उपयोग अपेक्षित है। परंतु यह दुःख की बात है कि सुविधा के नियम का दुरुपयोग किया जा रहा है। यद्यपि इससे बचने के लिए नियम बनाए गए हैं, तथापि असत्य प्रमाण–पत्र प्रस्तुत करके यह अशोभनीय व्यवहार

हो रहा है। शासन द्वारा अपने कर्मियों की सेवानिवृत्ति के उपरांत भी उनको औषधीय सुविधाएँ उपलब्ध की जा रही हैं। आवश्यकता इसकी है कि जो सुविधाएँ शासकीय कर्मियों को दी जाती हैं, उनका विस्तार करके अशासकीय एवं अर्धशासकीय कर्मियों को भी मिल सकें।

## वेतन, प्रतिदान और पारितोषिक

शुक्राचार्य ने आगे तीन श्लोकों द्वारा इन तीन शब्दों—वेतन, प्रतिदान और पारितोषिक के भेद को स्पष्ट किया है—

**मूल्यत्वेन च यद्दत्तं प्रतिदानं स्मृतं हि तत्।**
**सेवाशौर्यादिसंतुष्टैर्दत्तं तत्पारितोषिकम्॥**

*2/142/137*

**भृतिरूपेण संदत्तं वेतनं तत् प्रकीर्तितम्।**
**धान्यवस्त्रगृहाराम गोगजादिरथार्थकम्॥**

*2/143/137*

**विद्याराज्याद्यर्जनार्थं धनाप्त्यर्थं तथैव च।**
**व्ययीकृतं रक्षणार्थमुपभोग्यं तदुच्यते।**
**यत्र यादृग् व्यवहारस्तत्र तादृक्प्रकल्पयेत्॥**

*2/144/137*

मूल्य के रूप में दिए गए धन को उन्होंने प्रतिदान कहा है। कोई पदार्थ लेने पर कुछ तो उसके बदले में देना ही होता है। इस प्रकार दिए गए धन को आचार्य ने प्रतिदान कहा है। आजकल हम लोग इसे मूल्य की संज्ञा देते हैं। पारितोषिक उसे कहा जाता है जो किसी को विशिष्ट कार्य, शौर्य आदि के लिए, उसकी प्रशंसा एवं उसके द्वारा की गई सेवा के लिए दिया जाता है। उसके भरण-पोषण के लिए जो प्रदान किया जाता है, उसे वेतन कहते हैं।

शुक्राचार्य के अनुसार उपयोग्य धन वह है जो कृषि के लिए, वस्त्रों के लिए, आवास निर्माण के लिए, बाग-बगीचे के संरक्षण-संवर्द्धन और देखभाल के लिए गोरक्षा के लिए, रथों और हाथियों के रख-रखाव के लिए, शिक्षा और राज्य के संवर्द्धन के लिए व्यय किया जाता है। राज्य की रक्षा पर तथा उत्पादक कार्यों में लगने वाला धन उपयोग्य व्यय कहलाता है।

## समय पर वेतन भुगतान

समय पर वेतन भुगतान पर जोर देते हुए शुक्राचार्य कहते हैं—

**भृतिदानेन संतुष्टा मानेन परिवर्धिताः।**
**सान्त्विता मृदुवाचा ये न त्यजन्त्यधिपं हि ते॥**

*2/156/143*

स्वामी को इस विषय में विशेष सावधानी रखनी चाहिए कि उसके कर्मियों का वेतन भुगतान समय पर हो। कर्मचारी समय पर वेतन पाकर संतुष्ट हो जाते हैं। कारण यह होता है कि वह अपने बजट के अनुसार विभिन्न आवश्यकताओं की संतुष्टि और उधार आदि के भुगतान की योजना बना रखते हैं। अनेक मामलों में तो वह वचनबद्ध भी होता है। समय पर वेतन पाकर वे प्रसन्न हो जाते हैं, संतुष्ट होते हैं। किसी भी संस्थान के लिए प्रसन्न और संतुष्ट सेवक अत्यंत मूल्यवान होते हैं। इसके अतिरिक्त सेवायोजक इस तथ्य को भी सदैव ध्यान में रखें कि अपने कर्मियों, सहयोगियों के साथ मधुर संबंध रखे, कभी भी उनसे असंतुलित व कटु वचन न बोले। इस स्थिति में उसके कर्मचारी उसे छोड़कर नहीं जाते।

## पेंशन

शुक्राचार्य ने यह भी कहा है कि श्रमिकों के साथ सेवायोजक का सहानुभूतिपूर्ण और मधुर व्यवहार उनकी सेवानिवृत्ति के उपरांत भी बना रहना चाहिए। इस हेतु उनका आदेश है—

**चत्वारिंशत्समा नीताः सेवया येन वै नृपः।**
**त्तः सेवां विना तस्मै भृत्यर्ध कल्पयेत्सदा॥**

*2/153/141*

**यावज्जीवं तु तत्पुत्रेऽक्षमे बाले तदर्धकम्।**
**भार्यायां वा सुशीलायां कन्यायां वा स्वश्रेयसे॥**

*2/154/141*

सेवानिवृत्ति के उपरांत, जब श्रमिक आयु बढ़ जाने के कारण अशक्त हो जाता है, सेवायोजक (शासक) का कर्तव्य है कि वह उसके भरण-पोषण का प्रबंध करे, इसकी व्यवस्था करे। आचार्य के कथनानुसार जिस सेवक ने लगातार चालीस वर्ष सेवा की हो, उसे अपने नियमित भृति का आधा सेवावृत्ति (पैंशन) के रूप मे जीवन भर देते रहना चाहिए। उसकी मृत्यु के बाद भी उसकी पत्नी को उसकी पैंशन का आधा देते रहना, उसके बाद भी, जब तक उसके बच्चे वयस्क हों तथा उसकी कन्या

अविवाहित हो तो सेवक की पेंशन का आधा भाग देता रहे। आचार्य के इस मत को अनेक आधुनिक अर्थशास्त्रियों ने स्वीकार किया है तथा इसमें सुधार भी किया है। अब सामान्यत: तैंतीस वर्ष की नियमित सेवा के बाद उसे पूरे पेंशन की सुविधा प्रदान की जा रही है। इसमें भी सुधार करके सेवानिवृत्ति तक यदि उसने तैंतीस वर्ष की सीमा पूरी नहीं की तो जितना समय सेवा कर ली हो, उसके अनुपात में पेंशन दी जाने लगी है। एक और महत्त्वपूर्ण सुधार यह किया गया है कि अब सेवानिवृत्ति की सीमा निर्धारित की जाती है और उस आयु तक जितने वर्ष सेवा कर ली हो, उसके अनुपात में पेंशन भुगतान किया जाता है। यह सुधार भी किया जा रहा है कि सेवानिवृत्ति की आयु छप्पन वर्ष से बढ़ाकर साठ वर्ष, किसी-किसी विभाग में बासठ वर्ष तथा पैंसठ वर्ष तक कर दी गई है।

इस व्यवस्था को शासकीय सेवा तक सीमित रखने का जो प्रचलन है, उसमें सुधार करके समस्त सेवाओं पर क्रियाशील करना चाहिए। सेवा तो सेवा है, चाहे शासकीय, अर्धशासकीय अथवा निजी सेवा हो। अत: न्यायसंगत और देशव्यापी दृष्टिकोण से यह अपेक्षा की गई है कि ये नियम समस्त सेवाओं पर क्रियाशील हों।

देश के नागरिक किसी भी देश के लिए अमूल्य निधि होते हैं। उन्होंने कहीं सेवा की हो अथवा न की हो, निजी रोजगार किया हो, उनके नागरिक होने के अधिकार का सम्मान करते हुए, प्रत्येक नागरिक को वृद्धावस्था में उसके भरण-पोषण की व्यवस्था तो होनी ही चाहिए, किसी नागरिक को भूखा न रखना शासन का दायित्व है। यहाँ तक कि जो व्यक्ति कार्य करना चाहता है, परंतु उसे कार्य नहीं मिलता, वह बेरोजगार है, उसके पोषण का दायित्व भी शासन का होता है। सामाजिक सुरक्षा 'सोशल सिक्योरिटी' (Social Security) का विचार सभ्य समाजों में निरंतर बढ़ता जा रहा है, जो आवश्यक एवं अभिनंदनीय है।

सेवारत श्रमिकों की मृत्यु हो जाने पर क्या किया जाए? इस विषय पर शुक्राचार्य ने कहा—

**स्वामिकार्ये विनष्टो यस्तपुत्रे तद् भृतिं वहेत।**
**यावद्बालोन्यथा पुत्रगणान्दृष्ट्वा भृतिं वहेत्॥**

*2/155/142*

कि यदि सेवा के दौरान किसी कर्मी की मृत्यु हो जाती है तो सेवायोजक को उसके परिवार को उस समय तक पूरा वेतन देते रहना चाहिए, जब तक परिवार का कोई सदस्य आय प्राप्ति के लिए योग्य नहीं हो जाता। उनके इस निर्देश का अभिप्राय यह था कि उसके परिवार के पालन-पोषण में बाधा नहीं पड़नी चाहिए। उन्होंने मृत्यु

के कारणों का पता लगाना आवश्यक नहीं समझा। भाव अत्यंत गंभीर है—उनके लिए कारण मीमांसा आवश्यक नहीं था, उनके लिए महत्त्वपूर्ण तत्त्व था मनुष्य।

वर्तमान समय में यदि किसी दुर्घटना के कारण कोई श्रमिक घायल हो जाता हैं अथवा उसकी मृत्यु हो जाती है तो उसका कारण जाना जाता है, दुर्घटना में उसको पहुँचे जख्म की गहराई, उसकी मृत्यु का कारण और प्रमाण एकत्रित करके तदनुसार उसको प्रतिदान 'मुआवजा' दिया जाता है, जिसकी राशि सत्ता द्वारा निर्धारित राशि का विधिवत भुगतान करके मुक्ति मिल जाती है, सेवायोजक के दायित्व की इति हो जाती है। प्राचीन भारतीय दृष्टिकोण मानवीय दृष्टिकोण को सामने रखता है, जबकि आधुनिक दृष्टिकोण पूर्णतया आर्थिक आधार पर ही टिका है। निर्धारित दायित्व की पूर्ति करके पीछे मुड़कर देखना आवश्यक नहीं समझा जाता। भारतीय चिंतन में परिवार के पोषण पर ध्यान दिया गया है, परिवार के पोषण की चिंता की गई है। इसलिए आचार्य ने परिवार को श्रमिक के पूरे वेतन का भुगतान करने का निर्देश किया है, जब तक कोई दूसरा सदस्य परिवार पोषण के लिए सक्षम नहीं हो जाता। अर्थात् उस समय तक परिवार को पोषण के लिए बिल्कुल निराश्रित नहीं होना पड़ता जब तक दूसरा सदस्य आय प्राप्ति न करने लगे। यह पूर्णतया स्पष्ट है कि संपूर्ण प्राचीन भारतीय चिंतन मानवीय दृष्टिकोण पर आधारित है और मानव तत्त्व को प्राथमिक माना गया है।

## हीन-वृत्ति सेवायोजक

आगे एक बुरे सेवायोजक (शासक) के संबंध में कहा—

**नोपकृतं मन्यते स्म न तुष्यति सुसेवनैः।**
**कथान्तरे न स्मरति शङ्कते प्रलपत्यपि॥**

*2/158/143*

**क्षुब्धस्तनोति मर्माणि तं नृपं भृतकस्त्यजेत्।**
**लक्षणं युवराजादेः कृत्यमुक्तं समासतः॥**

*2/159/144*

ऐसा सेवायोजक जो अपने कर्मियों के प्रति अविश्वास करता है, उन पर शंका ही करता रहता है, उनके प्रामाणिकतापूर्वक किए गए अच्छे कार्य की सराहना नहीं करता, उन्हें मधुर शब्दों द्वारा उत्साहित नहीं करता, उनके उत्तम कार्य से भी संतुष्ट नहीं होता, उनके द्वारा किए प्रामाणिक कार्य का स्मरण नहीं रखता, सदैव उनसे कटु व्यवहार करता है, उन्हें तीखी बातें कहकर उलाहने देता और उनके मन को दुःख

देता है, ऐसे सेवायोजक को उसके कर्मी शीघ्र ही छोड़ जाते हैं। वह थोड़े समय में ही अलोकप्रिय हो जाता है और निंदा का भाजन बन जाता है। परिणामस्वरूप उसके सहयोगी कार्मिक उसके विनाश का कारण बन जाते हैं।

वास्तविकता यह है कि प्रत्येक व्यक्ति, विशेष रूप से वह श्रमिक जो प्रामाणिकता से कार्य करता है, सेवायोजक से मधुर व्यवहार की अपेक्षा करता है। ऐसे श्रमिक तो दुर्लभ और संस्थान के लिए मूल्यवान निधि होते हैं। प्रत्येक व्यक्ति, यहाँ तक कि अन्य प्राणी भी सद्व्यवहार की अपेक्षा करते हैं। फिर मनुष्य की तो बात ही क्या? सेवायोजक में मानवीयता का तत्त्व होना अति आवश्यक है। आखिर मनुष्य के नाते एक श्रमिक और सेवायोजक में अंतर क्या है? एक श्रमिक के रूप में धनार्जन करता है तो दूसरा उद्यम चलानेवाला संस्थान का स्वामी भी तो इसी उद्देश्य की पूर्ति करता है। अत: सेवायोजक को मानवीय तत्त्व का सम्मान करना चाहिए। दोनों में कर्म का अंतर है। एक स्वामी के रूप में, तो दूसरा सेवक के रूप मे कर्म करता है। यह भावना आवश्यक है कि कोई भी कार्य छोटा नहीं होता, कर्म तो कर्म है—सेवायोजक का हो अथवा श्रमिक का।

शुक्रनीति में अनेक विषयों पर प्रकाश डाला गया है। आर्थिक विषयों में, प्राचीन काल में, जिन-जिन बिंदुओं पर प्रकाश डाला गया है, उनमें से अधिकांश पर आधुनिक अर्थशास्त्रियों द्वारा व्यक्त विचार, बहुत निकट लगते हैं। यहाँ तक कि कुछ बातों में उनके विचार आधुनिक से भी कुछ आगे हैं। श्रमिकों के संबंध में तो उन्होंने बहुत कुछ कहा है, परंतु यह देखकर दु:ख और आश्चर्य होता है कि विद्यार्थियों को उनके नाम तक की जानकारी नहीं दी जाती।

## सारांश–

1. अर्थशास्त्र को 'वार्ता' के नाम से भी जाना जाता था।
2. अर्थशास्त्र की परिभाषा दी। जन कल्याण-अर्थशास्त्र की अवधारणा दी।
3. अर्थशास्त्र की विषय-वस्तु बताई।
4. शासन प्रजापरक होना चाहिए।
5. शुक्राचार्य द्वारा दी गई तथा आधुनिक अर्थशास्त्रियों द्वारा दी गई परिभाषा में बहुत समानता।
6. अर्थशास्त्र संबंधी शुक्राचार्य के विचार आधारमूलक।
7. पुरुषार्थ पर बहुत जोर दिया। पुरुषार्थ के प्रकार बताए।
8. पुरुषार्थ का मार्ग अपनानेवाले को कभी निराश नहीं होना पड़ता।
9. विद्वान पुरुषार्थ के मार्ग को श्रेष्ठ मानते हैं।

10. पुरुषार्थ को न माननेवाला कायर होता है।
11. कर्म दो प्रकार के होते हैं, सदोष कर्म एवं दोषरहित, अदोष कर्म।
12. 'क्षण' और 'कण' महत्त्वपूर्ण।
13. धन-संग्रह के समय दूरदृष्टि आवश्यक। वृद्धावस्था में अधिक महत्त्व।
14. विद्या-धन भी धन होता है।
15. धनवान के सभी साथी। निर्धन का साथ छोड़ दिया जाता है।
16. धन का अतिमोह घातक।
17. ऋण एवं ब्याज सावधानीपूर्वक किया जाए।
18. धन का व्यय सावधानीपूर्वक किया जाए।
19. मित्र, हितैषी एवं आत्मीय को आवश्यकता के समय उसकी सहायता करना चाहिए।
20. मूल्य को प्रभावित करनेवाले तत्त्व।
21. कोषाधिकारी का कर्तव्य।
22. वार्षिक बजट की अवधारणा दी।
23. श्रमिक सेवायोजक (शासक व कर्मचारी) का संबंध मधुर एवं सम्मान-जनक होना चाहिए।
24. श्रम कल्याण पर ध्यान दिया जाए।
25. अच्छे-बुरे श्रमिक तथा अच्छे-बुरे सेवायोजक।
26. उचित मजदूरी (Fair Wage), समय पर वेतन भुगतान आवश्यक।
27. हीन, मध्यम तथा उत्तम श्रमिक।
28. श्रमिक अवकाश।
29. सेवानिवृत्ति के उपरांत सुविधाओं पर विचार।
30. सेवाकाल में मृत्यु।
31. श्रमिक-सेवायोजक, दोनों में मानवीय तत्त्व।
32. कार्यक्षमता मजदूरी (Efficiency wage) की अवधारणा दी।

□

# श्रीमद्भगवतगीता अर्थ-चिंतन*

उपरोक्त अध्याय ने प्रयुक्त हुए श्लोकों का संदर्भ कृपया निम्नलिखित परिपाटी से समझें—

**पहली संख्या**—अध्याय संख्या

**द्वितीय संख्या**—श्लोक संख्या

**तृतीय संख्या**—पृष्ठ संख्या

'श्रीमद्भगवद्गीता' साक्षात् प्रभु श्रीकृष्ण की दिव्य वाणी है। यह एक परम रहस्यमय ग्रंथ है, जिसमें समस्त वेदों का सार-संग्रह किया गया है। यह एक अनूठा एवं अनुपमेय ग्रंथ है, जिसका कोई शब्द सदुपदेशरहित नहीं है। इसे सारे शास्त्रों का कोष कहें तो कोई अतिशयोक्ति नहीं होगी। गीता गंगा से भी बढ़कर है। इसके संकलनकर्त्ता, विद्वानों के मतानुसार, श्री व्यास जी हैं। गीता अनंत भावों का अथाह समुद्र है, जिसकी व्याख्या में व्याख्याकारों ने अपने मनोभावों का समावेश किया है। प्रस्तुत आलेख में, अर्थ से संबंधित कुछ श्लोकों की व्याख्या, अपनी अल्पबुद्धि के अनुसार, करने का प्रयत्न किया गया है।

कुरुक्षेत्र की रणभूमि पर, संसार के अनेक देशों से आई सेनाएँ, अपने-अपने पक्ष में शामिल होकर, एक-दूसरे के समक्ष खड़ी थीं। कौरवों-पांडवों की ये सेनाएँ, महान् योद्धाओं के नेतृत्व में, रणभेरी की आवाज की प्रतीक्षा में, युद्ध के लिए तैयार खड़ी थीं। युद्ध आरंभ होने से पूर्व, विश्वविख्यात धनुर्धारी अर्जुन ने, अपने सखा सारथी कृष्ण से अपने रथ को, दोनों सेनाओं के मध्य ले जाने का

---

* सूत्र : गीतापनिषद्, श्रीमद्भगवद्गीता, यथारुप प्रकाशक भक्ति वेदांत बुक ट्रस्ट, द्वितीय परिशोधित एवं परिवर्धित अंग्रेजी संस्करण 1983 का हिंदी संस्करण का आठवाँ मुद्रण अक्तूबर, 1993—श्री कृष्ण कृपा श्रीमूर्ति श्रीमद् ए.सी. भक्तिवेदांत स्वामी प्रभुपाद।

निवेदन किया। सारथी प्रभु श्रीकृष्ण ने अपने रथ को दोनों सेनाओं के मध्य पहुँचाया। अर्जुन ने दोनों सेनाओं को देखा। अपने सामने खड़ी कौरवों की सेनाओं के आगे अपने गुरुदेव द्रोणाचार्य तथा पितामह भीष्म को देखकर अर्जुन भाव-विह्वल हो गए। मोहग्रस्त अर्जुन ने युद्ध करने से मना कर दिया। अर्जुन को भ्रम एवं मोहजाल से मुक्त करके, युद्ध करने के लिए तैयार करने हेतु, जो संवाद अर्जुन और प्रभु श्रीकृष्ण के मध्य हुआ और परिणामस्वरूप मोहभंग होने पर अर्जुन युद्ध करने के लिए तैयार हुए, उस संवाद को 'श्रीमद्‌भगवद्‌गीता' कहा जाता है।

श्रीकृष्ण ने कहा कि मनुष्य के कार्यकलाप 23 प्राकृतिक गुणों से संचालित होते हैं। इनमें 3 गुण सत्, रज और तम हैं, 5 सूक्ष्म महाभूत, 10 इंद्रियाँ और 5 शब्दादि, इस प्रकार ये 23 प्राकृतिक गुण हैं। साधारणतया तीन प्रमुख—सत, रज और तम का उल्लेख चलन में आता है। ये तीनों सभी लोगों में विद्यमान होते हैं। यह देखा जाता है कि मनुष्य में 'कर्त्ता' भाव प्रबल रूप से प्रकट होता है। वह समझता है, 'मैं कर्त्ता हूँ'। इस भ्रम से, अहंभाव से बचना चाहिए। यद्यपि सत, रज और तम—तीनों गुण सभी मनुष्यों में पाए जाते हैं, तथापि सभी में समान नहीं होते, किसी में कोई गुण कम तो किसी में अधिक मात्रा में पाया जाता है। भूमि शब्द की आर्थिक साहित्य में सर्वमान्य परिभाषा 'प्रकृति की देन' मानी गई है। अर्थात् विभिन्न व्यक्तियों में प्रतिभा के कम-अधिक होने का अभिप्राय यह है कि प्रभु ने ये प्राकृतिक गुण किसी में कम तो किसी में अधिक दिए हैं। किसी में सत गुण अधिक है तो किसी में रज और किसी तीसरे में तम गुण कम-अधिक होता है। अतः श्रमिक तथा सेवायोजक में भी 'मैं कर्त्ता हूँ' का भ्रम पलता रहता है, जो नहीं होना चाहिए। श्रमिक हो अथवा उद्यमी, सभी समान रूप से प्रतिभाशाली नहीं होते हैं। सभी में समान कुशलता, कार्यक्षमता, नहीं पाई जाती। अतः श्रमिक-सेवायोजक में परस्पर संघर्ष निरर्थक है। वास्तव में ये दोनों परस्पर पूरक होते हैं, प्रतियोगी नहीं होते। यह सत्य है कि इनके पक्ष पृथक्-पृथक् होते हैं। इन दोनों की आकांक्षा समान होती है—अधिक आय। श्रमिक अधिक मजदूरी चाहता है, तो उद्योगपति अधिक लाभ चाहता है। दोनों अधिकाधिक आय के आकांक्षी होते हैं। आवश्यकता इस बात की है कि ये दोनों पक्ष एक-दूसरे के भावों को समझें तथा इन्हें सहजता और आत्मीयता से स्वीकार करें, परस्पर विरोधी भाव की अपेक्षा समादर का भाव रखें।

**प्रकृतेः क्रियमाणानि गुणैः कर्माणि सर्वशः।**
**अहंकारविमूढात्मा कर्ताहमिति मन्यते॥**

3/27/161

इन प्राकृतिक गुणों की भिन्नता का दर्शन प्रत्यक्ष किया जा सकता है। अनेक उद्यमी इन गुणों के कारण दूसरों को पछाड़ते हुए देखे जा सकते हैं, जबकि सभी पूरी शक्ति लगाकर दौड़ में आगे निकलना चाहते हैं। इसी प्रकार अनेक विद्यार्थी विश्वविद्यालयों तथा प्रशिक्षण संस्थानों से अति उच्च वेतन पर उठा लिए जाते हैं और उच्च पदों के दायित्व का निर्वहन करते हैं, जबकि उनके दूसरे साथी-सहपाठी रोजगार की खोज में भटकते रहते हैं। अंतर प्रतिभा का, प्राकृतिक गुण का होता है।

गीता में आगे कर्म करने पर बल देते हुए कहा गया है—

**संन्यासः कर्मयोगश्च निःश्रेयसकरावुभौ।**
**तयोस्तु कर्मसन्यासात्कर्मयोगो विशिष्यते॥**

*5/2/224*

**ज्ञेयः स नित्यसंन्यासी यो न द्वेष्टि न काङ्क्षति।**
**निर्द्वन्द्वो हि महाबाहो सुखं बन्धात्प्रमुच्यते॥**

*5/3/226*

गीता में कर्म और निष्कर्म के संबंध में स्पष्ट रूप से कहा गया है कि कर्म करना, सब प्रकार से, कर्म न करने, निष्कर्म रहने से, उत्तम होता है। एक कर्मयोगी को संन्यासी से उत्तम कहा गया है।

कर्म ईश्वरीय क्रिया होता है, कर्म आराधना है। कर्म की शुद्धता को सदैव ध्यान में रखा जाए तो कोई भी कर्म छोटा-बड़ा नहीं होता। कर्म तो बस कर्म होता है। किसी कर्म को केवल समय बिताने, समय काटने के भाव से करने को अनुचित कहा गया है, जिसे करते समय बोझ सा प्रतीत होता है। इस प्रकार किए गए कर्म से न तो स्वयं को आनंद होता है, न करवानेवाले को अच्छा लगता है। गीता का संदेश है कि हमें अपने कर्म को मन से, निष्ठापूर्वक, भक्ति एवं समर्पण भाव से करना चाहिए। इस प्रकार कर्म करने से सुख मिलता है, संतोष होता, आनंदानुभूति होती है, काम सरल लगता है और अच्छा भी होता है। उस कार्य को करवानेवाला संतुष्ट होता है, प्रसन्न होता है। उस कर्म को संपन्न करनेवाला व्यक्ति सबका प्रिय बन जाता है। ऐसे किए गए कर्म को सुकर्म कहते हैं। ऐसे संपन्न किए गए कर्म से केवल शरीर को ही नहीं मन की भी तृप्ति होती है। इस भाव से कर्म करते समय थकान का आभास भी नहीं होता।

उपरोक्त प्रकार से, मन से, भक्तिभाव एवं समर्पण से किए गए कर्म मे संन्यास सम्मिलित होता है—

**संन्यासस्तु महाबाहो दुःखमाप्तुमयोगतः।**
**योगयुक्तो मुनिर्ब्रह्म न चिरेणाधिगच्छति॥**

*5/6/228*

**योगयुक्तो विशुद्धात्मा विजितात्मा जितेन्द्रियः।**
**सर्वभूतात्मभूतात्मा कुर्वन्नपि न लिप्यते॥**

*5/7/229*

अतः प्रभु श्रीकृष्ण ने कर्म करने का विशेष आग्रह किया है। सुखी जीवन जीने के लिए कर्म करना नितांत आवश्यक होता है। जो व्यक्ति भक्तिभाव से कर्म करता है, वह विशुद्धात्मा है, क्योंकि सभी लोग उसके कर्म से संतुष्ट होते हैं, उसे प्यार करते हैं, उसकी चेतना शुद्ध रहती है, उसका मन नियंत्रण में रहता है तथा उसकी कार्यक्षमता में निखार आता है।

निम्न श्लोक में कर्मयोग की श्रेष्ठता की पुष्टि की गई है—

**अनाश्रितः कर्मफलं कार्यं कर्म करोति यः।**
**स संन्यासी च योगी च न निरग्निर्न चाक्रियः॥**

*6/1/251*

अर्थात् बहुसंख्य लोग अंधाधुंध धन संग्रह में व्यस्त रहते हैं। गीता में ऐसे लोगों को 'आसुरी व्यक्ति' कहा गया है। ऐसे लोगों का विश्वास होता है कि इंद्रियों का सुख ही, इंद्रियों की तृप्ति ही मानव सभ्यता की मूल आवश्यकता है। इनकी तुष्टि के लिए वे आजीवन धन-संग्रह में लगे रहते हैं। धन-संग्रह के उद्देश्य को सामने रखकर, वैध-अवैध, सभी साधनों का उपयोग करते हैं और ऐसा करने में संकोच नहीं करते। वे मानते हैं कि अधिक धन-संग्रह से वे अधिक इंद्रिय-सुख प्राप्त कर सकते हैं। वे सोचते हैं कि आज उनके पास जितना धन है, उससे अधिक होने पर और अधिक धन-संग्रह की अपनी योजनाओं (भावी योजनाओं) के लिए पर्याप्त नहीं। अतः अधिक धन अर्जित करना आवश्यक है। इसलिए अधिक धन अर्जित करूँगा तथा करता रहूँगा। अधिक संग्रह से अधिक शक्तिशाली बनूँगा। मैं अधिक शक्तिशाली हूँ, सबसे अधिक धनवान हूँ—

**काममाश्रित्य दुष्पूरं दम्भमानमदान्विताः।**
**मोहाद्गृहीत्वासद्ग्राहान्प्रवर्तन्तेऽशुचिव्रताः॥**

*16/10/613*

**चिंतामपरिमेयां च प्रलयान्तामुपाश्रिताः।**
**कामोपभोगपरमा एतावदिति निश्चिताः॥**

*16/11/614*

**आशापाशशतैर्बद्धाः कामक्रोधपरायणाः।**
**ईहन्ते कामभोगार्थमन्यायेनार्थसमञ्चयान्॥**

*16/12/614*

**इदमद्य मया लब्धमिमं प्राप्स्ये मनोरथम्।**
**इदमस्तीदमपि मे भविष्यति पुनर्धनम्॥**

*16/13/615*

**असौ मया हतः शत्रुर्हनिष्ये चापरानपि।**
**ईश्वरोऽहमहं भोगी सिद्धोऽहं बलवान्सुखी॥**

*16/14/615*

**आढ्योऽभिजनवानस्मि कोऽन्योऽस्ति सदृशो मया।**
**यक्ष्ये दास्यामि मोदिष्य इत्यज्ञानविमोहिताः॥**

*16/15/615*

अर्थात् मेरे आस-पास मेरा कोई कुलीन संबंधी मेरे समान शक्तिशाली एवं सुखी नहीं है। अमुक मेरा शत्रु था, जिसे मैंने मार डाला है, अन्य शत्रुओं को भी मार डालूँगा। ऐसे लोगों के संबंध में गीता में कहा गया है कि वे लोग अज्ञानी हैं, जो क्षणभंगुर वस्तुओं के जाल में फँसकर जी रहे हैं। वे सदैव धन की चिंता में लगे रहते हैं। अज्ञानी एवं मोहग्रस्त होने के कारण समझ नहीं पाते कि वे गलत मार्ग पर चल रहे हैं। वे अपना एक ईश्वर निर्माण कर लेते हैं। धन-संग्रह की उनकी योजनाओं का कभी अंत नहीं होता। वे मृत्यु के बाद जीवन में विश्वास नहीं रखते और अपने मन के चक्षु बंद करके चलते जाते हैं।

गीता का निर्देश है कि हम यह समझें कि मानव मात्र समान हैं। इनमें भेद करने का कोई औचित्य नहीं—

**आत्मौपम्येन सर्वत्र समं पश्यति योऽर्जुन।**
**सुखं वा यदि वा दुःखं स योगी परमो मतः॥**

*6/32/278*

अर्थात् सभी में एक ही मानवीय भाव होता है, सभी की मूल प्रवृत्ति समान होती है, सुख-दु:ख के भाव एक जैसे होते हैं, समान रूप से स्पंदन-शीलता होती है। यह समझकर अन्य सभी के प्रति व्यवहार करना चाहिए। यही मानवीय एकात्मवाद है, यही मानवीय एकता का दिग्दर्शन है। प्रभु श्रीकृष्ण ने अर्जुन से कहा कि वही योगी है जो दूसरों को अपने जैसा मानता है।

यही विचार सेवायोजक में श्रमिकों से करने और श्रमिकों द्वारा भी ऐसी सोच सेवायोजक के प्रति रखकर, तद्नुसार व्यवहार करने से औद्योगिक शांति बनी रहती है, बनी रह सकती है। अन्यों के प्रति ऐसा विचार एवं व्यवहार होने पर औद्योगिक अशांति की वर्तमान समस्या का नामोनिशान भी नहीं बचेगा तथा इस समस्या से पूर्णतया मुक्ति मिल सकती है। परस्पर पूरकता के भाव से श्रमिक-सेवायोजक दोनों लाभान्वित होंगे। यदि कोई सेवायोजक श्रमिकों के परिश्रम से अधिक लाभ प्राप्ति का लक्ष्य प्राप्त कर सकता है, तो श्रमिक भी सेवायोजक द्वारा चलाए जा रहे उद्योग के कारण ही रोजगार पाते और लाभान्वित होते हैं। दोनों पक्ष एक-दूसरे के लाभ को बढ़ाने का प्रयास करें, क्योंकि ये दोनों समान हैं, मनुष्य हैं तथा ऐसे प्रयास से दोनों लाभान्वित हो सकते हैं।

एक अन्य महत्त्वपूर्ण तथ्य की ओर ध्यान आकृष्ट करते हुए प्रभु श्रीकृष्ण ने कहा कि प्रत्येक व्यक्ति को अपनी रुचि के अनुसार अपने कार्य का, उद्यम का चयन करना चाहिए। परंतु यह कर्म सद्कर्म हो। अपनी रुचि के कर्म से पीछे नहीं हटना चाहिए—

**श्रेयान्स्वधर्मो विगुणः परधर्मात्स्वनुष्ठितात्।**
**स्वभावनियतं कर्म कुर्वन्नाप्नोति किल्बिषम्॥**

*18/47/671*

अर्थात् अपनी रुचि-प्रकृति के अनुसार चयनित कर्म में व्यक्ति जितनी निपुणता, क्षमता का उपयोग कर सकता है, दूसरे कर्म में नहीं कर सकता। कर्म पर पैत्रिकता का प्रभाव अवश्य होता है। अत: एक ब्राह्मण को, क्षत्रिय को, वैश्य को तथा शूद्र को अपने कर्म का उत्तम फल प्राप्त होता है। प्रारंभ में भले ही वह कार्य उसे कठिन लगे, परंतु कालांतर में उसकी वास्तविक कुशलता, निपुणता, कार्यक्षमता अवश्य उजागर होती है। प्रकृति एवं अपनी रुचि के प्रतिकूल चयन में ऐसा नहीं हो सकता। अपने स्वभाव से निर्दिष्ट कर्म कभी पाप से प्रभावित नहीं होता। जो व्यक्ति शूद्र के कर्म अर्थात् सेवा कार्य में रुचि रखता है, उसे वही करना चाहिए, चाहे उसका जन्म

दूसरे वर्ण में हुआ हो। प्रभु का आदेश है कि अपना कर्म परमेश्वर को प्रसन्न करने के भाव से करना चाहिए।

'श्रीमद्भगवद्गीता' का यह मार्गदर्शन वर्तमान में पूर्णतया क्रियाशील होता देखा जा सकता है। विभिन्न वर्णों में जनमे लोग, अपने स्वभाव, रुचि एवं प्रकृति के अनुसार उद्यम का चयन करके, भारी सफलता पा रहे हैं। शिक्षा, रक्षा, व्यापार एवं सेवा कार्यों में उनकी क्षमता की चमक देखने योग्य लगती है, देखने योग्य होती है, जिसकी प्रशंसा किए बिना नहीं रहा जा सकता। ऐसे उदाहरण तो भरपूर मिलते हैं, जबकि पैत्रिक उद्यम करते लोग भी अत्यंत सफल हो रहे हैं।

## सारांश

1. मनुष्य के कार्यकलाप उसके प्राकृतिक गुणों—सत, रज, तम—के कारण होते हैं।
2. इन प्राकृतिक गुणों को 'भूमि प्रभाव' (Land Effect) भी कहा जाता है, क्योंकि ये प्रकृति की देन हैं।
3. कर्म करने पर बहुत जोर दिया गया है।
4. कर्म शुद्धता, निष्ठा एवं प्रामाणिकता से करना चाहिए, कर्म धर्मानुकूल हों।
5. कर्म-फल की चिंता नहीं करनी चाहिए। कर्म का फल तो मिलता ही है।
6. कर्म करना प्रत्येक व्यक्ति का कर्तव्य है। इसे समर्पण भाव से करना चाहिए। कर्म सदैव अकर्म से उत्तम होता है।
7. सभी मनुष्य समान होते हैं, उनमें भेद करना अनुचित है।
8. धन की लालसा असीमित होती है।
9. कर्म, उद्यम का चयन रुचि, प्रकृति-स्वभाव के अनुसार करना सभी प्रकार से फलदायी होता है।
10. श्रमिक और सेवायोजक परस्पर प्रतियोगी नहीं परिपूरक होते हैं।

□

# विदुर अर्थ-चिंतन*

इस अध्याय में श्लोकों को निम्नलिखित परिपाटी से पढ़ा जाए—

**पहली संख्या**—भाग संख्या

**द्वितीय संख्या**—अध्याय संख्या

**तृतीय संख्या**—श्लोक संख्या

**चतुर्थ संख्या**—पृष्ठ संख्या

पुराणों में ऐसा वर्णन मिलता है, जिसके अनुसार स्वयं धर्मराज ने, अपने धर्म कर्म संचालन में त्रुटि की तो दंडस्वरूप माण्डव्य ऋषि द्वारा दिए गए श्राप (शाप) के कारण द्वापर युग में विदुर के रूप में उन्हें अवतार लेना पड़ा। वे महाराज धृतराष्ट्र के परामर्शदाता एवं मंत्री बने थे। जब तक दुर्योधन, दु:शासन और कर्ण प्रभुत्व स्थापित नहीं कर पाए, तब तक विदुरजी राजदरबार में मंत्री पद को सुशोभित करते रहे। उनकी रुचि भगवद्-भजन और ध्यान में थी। वे कौरवों एवं पांडवों को परामर्श देते थे। पांडव उनके परामर्श का आदर करते थे, जबकि कौरव अनसुनी कर देते थे। महाराज धृतराष्ट्र सदैव उनसे परामर्श लेते थे। विदुर-धृतराष्ट्र संवाद में शासन-व्यवस्था संबंधी विभिन्न विषय होते थे। इनके संवाद में अनेक आर्थिक विषयों का भी समावेश होता था, यथा—पुरुषार्थ (कर्म, परिश्रम), शुभकर्म-अशुभकर्म, श्रम का महत्त्व, बिना परिश्रम प्राप्ति की इच्छा, भोग-उपभोग, धन-संबंधी चर्चा, सेवकों के गुण-दोष, दंड एवं पुरस्कार, श्रमिकों की भृति (वेतन), श्रमिक-सेवायोजक संबंध आदि। अगले पृष्ठों में इन पर विस्तृत चर्चा की गई है। वे कहते हैं-

* सूत्र : विदुर नीति, लेखक डॉ. वाई.एन. झा 'तूफान' प्रकाशक, अमित पॉकेट बुक्स, जालंधर।

**अभियुक्तं बलवतां दुर्बल हीनसाधनम्।**
**ह्रतस्वं कामिन चोरभाविशांति प्रजागराः॥**

*2/1/13/24*

**कच्चियदेतै र्महादोषैर्न स्पृष्टोऽसि नराधिप।**
**कच्चियच्च पर वित्तेषु गृध्यन्न परितप्यसे॥**

*2/1/14/24*

अर्थात् जो व्यक्ति कामी है, चोर है, आर्थिक साधनविहीन है, कमजोर है, उसे बलवानों से शत्रुता नहीं करनी चाहिए, अन्यथा उसे चिंतित रहने के कारण रात में नींद नहीं आती, घबराया रहता है। अर्थात् निर्धन होना अभिशाप होता है। इसलिए निर्धनता से मुक्ति के उपाय करने चाहिए। विदुर जी का मत है कि इस जगत् में साधन-संपन्न होना आवश्यक है।

विदुर ने बुद्धिमान व्यक्ति की व्याख्या करते हुए कहा—

**निषेवते प्रशस्तानि निन्दितानि न सेवते।**
**अनास्तिकः श्रद्दधान सतत् पण्डितलक्षणम्॥**

*2/1/21/25*

अर्थात् जो व्यक्ति समाज द्वारा प्रशंसित एवं सम्मानित है, ईश्वर की सत्ता में निष्ठा रखता है, नास्तिक नहीं है, श्रद्धालु है, उसे बुद्धिमान कहा जाता है। अत: समाज में रहते हुए व्यक्ति को केवल ऐसे कार्य करने चाहिए जिन्हें समाज प्रशंसनीय मानता है।

**यस्य संसारिणो प्रज्ञा धर्मार्थावनुबर्तते।**
**कामदर्थे वृणिते चः स वै पण्डित उच्चयेत॥**

*2/1/25/26*

अर्थात् जो व्यक्ति अपने आचरण में समाज के प्रति कर्तव्य पालन का ध्यान रखता है, जिसकी बुद्धि सांसारिक व्यवहार की जानने-समझनेवाली होती है, जो धर्म-अर्थ को जाननेवाला होता है तथा धर्मानुसार कार्य-कलाप का निष्पादन करता है, भोग-विलास की अपेक्षा श्रम को अधिक महत्त्व देता है और परिश्रमपूर्वक कार्य करता है, वही व्यक्ति बुद्धिमान कहलाता है। विदुरजी ने आग्रहपूर्वक कहा कि जो व्यक्ति बिना परिश्रम किए धन प्राप्ति की आकांक्षा करता है, उसे बुद्धिमान नहीं कहा जा सकता। इस प्रकार व्यक्ति से परिश्रम की आय का आग्रह किया गया है।

वर्तमान समय में, अधिकांशतया, विदुरजी की बात नहीं मानी जा रही। वातावरण

कुछ ऐसा बन गया है कि कम-से-कम परिश्रम करके अधिक-से-अधिक पाने की होड़ लगी हुई है। आय प्राप्ति के सरल रास्ते अपनाए जा रहे हैं। यही कारण है कि मन की शांति नहीं मिलती। परिश्रम से दूर भागने की वृत्ति का चलन सा हो गया है। शासकीय कर्मचारियों में तो यह सामान्य रूप से देखा जा रहा है। अनुशासनप्रिय अधिकारियों के प्रति दुर्भावना बढ़ रही है। निजी संस्थानों में उचित रीति से कार्य के उदाहरण अवश्य मिलते हैं। पूर्णतया निजी कार्य, व्यवसायों में खूब परिश्रम किया जाता है, क्योंकि उसके लाभ-हानि उन्हीं को प्राप्त होते हैं। परिश्रम न करने का परिणाम राष्ट्रीय हानि, राष्ट्रीय उत्पाद को प्रभावित कर रहा है। शासकीय संस्थानों में यहाँ तक पाया गया है कि जिस कार्य को करने के लिए दो कर्मियों की आवश्यकता है, वहाँ तीन-तीन लोग काम पर नियुक्त हो रहे हैं, जो अन्यथा भी हानि पहुँचा रहा है। बुद्धिमान इस तथ्य को समझते हैं और परिश्रम करने में कोताही नहीं करते।

**न बुद्धिर्धनलाभाय न जाड्यमसमृद्ध ये।**
**लोकपर्याय वृत्तान्त प्राज्ञो जानाति नेतरः॥**

*2/6/29/101*

अर्थात् अनेक बार यह भ्रामक विचार सुना गया है कि केवल बुद्धिमान व्यक्ति ही धनार्जन में विशेषज्ञ होता है। ऐसा नहीं है कि कम बुद्धिमान निर्धन ही बना रहता है। एक बुद्धिमान भी निर्धन हो सकता है और कम बुद्धिवाला भी धनवान हो सकता है, यदि वह परिश्रम करनेवाला हो। एक बुद्धिमान भी निर्धन बन जाता है, जब वह परिश्रम नहीं करता और आलसी हो जाता है। यदि किसी कार्य में सफलता न मिले तो निराश नहीं हो जाना चाहिए। उसके द्वारा किए गए कार्य की भली-भाँति जाँच करके, दोष को समझकर, उसका निवारण करके निरंतर परिश्रम करे तो उसे सफलता मिल सकती है। असफलता केवल यह सिद्ध करती है कि सफलता के लिए परिश्रम में कमी रह गई है। आवश्यक परिश्रम करने पर सफलता मिल सकती है। बुद्धिमान लोग इस तथ्य से परिचित होते हैं और कभी हार नहीं मानते। कम बुद्धिवाले को यह समझकर अनुसरण करने से सफलता मिल सकती है और वह भी धनवान बन सकता है। स्पष्ट है कि सफलता तभी मिलती है जब उसके लिए आवश्यक परिश्रम किया जाए। परिश्रम कर्म ही सफलता का मर्म होता है।

धन के प्रति विदुर जी ने अपना दृष्टिकोण स्पष्ट करते हुए कहा—

**अर्चये देव मित्राणि सति वासति वा धने।**
**नानर्थयन् प्रजानाति चित्राणां सारफल्गुताम्॥**

*2/4/43/78*

धन का महत्त्व धन तक ही सीमित रखा जाए। धन जीवनयापन का साधन मात्र होता है, साध्य नहीं। धन, संपदा चंचल होता है, आता-जाता रहता है। एक सच्चे मित्र का मिलना बहुत कठिन होता है। उसका स्थान धन से बहुत ऊँचा होता है, उसका आदर किया जाए और मित्रता में धन को बाधक न होने दिया जाए। मित्रता में धन के लालच का कोई स्थान नहीं होता। एक सच्चा मित्र धनवान हो या निर्धन, उसका स्थान बहुत ऊँचा होता है।

धनोपार्जन के साधनों में स्वच्छता एवं शुद्धता के संबंध में कहा—

**न चातिगुणवत्स्वेषा नात्यन्तं निर्गुणेषु च।**
**नेषा गुणान् कामयते नैर्गुण्यान्नानुरज्यते॥**
**उन्मत्ता गौरिबान्धा श्रीः क्वचिदेवापतिवठते॥**

*2/7/63/113*

**अग्निहोत्र फला वेदाः शीलवृत्तफलं श्रुत्म॥**
**रतिपुत्र फला नारी दत्तभुक्तफलं धनम्॥**

*2/7/64/113*

**अधर्मोपार्जितैरर्थैर्यः करोत्यौर्ध्वदेहिकम्।**
**न स तस्य फलं प्रेत्य मुङ्क्तेऽर्थस्य दुरागमात्॥**

*2/7/65/113*

धनार्जन धर्मानुकूल होना चाहिए, क्योंकि इस प्रकार प्राप्त धन ही सुखदायी हो सकता है। शुद्धता से प्राप्त आय इस जीवन और परलोक में भी सुख देती है। इसके विपरीत जो धन अशुद्ध साधनों से प्राप्त किया गया हो, सुख नहीं देता। महात्मा विदुर के अनुसार वेदाध्ययन का फल यज्ञ-हवन होता है, शास्त्राध्ययन का फल सरलता और सदाचार तथा स्त्री का फल रतिसुख तथा संतानोत्पादन होता है। धन का फल दान करना तथा उपभोग करना होता है। अधर्म से प्राप्त आय का फल, उपभोग भी, विकार उत्पन्न करता है।

इस संदर्भ में महाभारत का यह प्रसंग मार्गदर्शक है, जिसमें युद्ध समाप्ति पर जब पितामह भीष्म शरशैया पर पड़े मृत्यु की प्रतीक्षा कर रहे थे, उस समय पांडव उनसे शिक्षा प्राप्त करने के लिए उनसे मिले। उस समय द्रौपदी ने प्रश्न किया कि जब भरी सभा में उसके साथ अशिष्ट, अधार्मिक, असभ्य और अन्यायपूर्ण व्यवहार

किया जा रहा था, तब इतने ज्ञानवान होते हुए भी, उन्होंने इसके विरुद्ध कोई प्रतिक्रिया क्यों नहीं की? भीष्म पितामह का उत्तर था कि उस समय उन पर दुर्योधन के अधार्मिक अन्न का प्रभाव था।

इसी प्रकार जो धन क्लेश करके, अन्यों को दु:ख देकर प्राप्त किया गया हो, धर्म का अतिक्रमण करके प्राप्त किया गया हो अथवा शत्रु के समक्ष घुटने टेककर प्राप्त किया गया हो, ऐसा धन कितनी ही बड़ी राशि में क्यों न हो, उस पर मन नहीं लगाना चाहिए, प्राप्ति की इच्छा नहीं करनी चाहिए, क्योंकि वह हमारे अनिष्ट और विनाश का कारण बनता है।

**न तद् बल चन्मृदुना विरूध्यते**
**सूक्ष्मो धर्मस्तरसा सेवितब्यः।**
**प्रध्वसिनी क्रूरसमाहिता श्री**
**मृंदुपीढ़ा गच्छति पुत्रपौत्राण॥**

*2/4/71/82*

अर्थात् धन का अर्जन सत्याचरण से किया जाए। सात्विकता से प्राप्त लक्ष्मी पीढ़ी-दर-पीढ़ी चलती रहती है, सुखदायी होती है, शुभ होती है। परिश्रम से, सत्याचरण से प्राप्त धन हमारे आचरण को शुद्ध बनाए रखता है। अन्यायपूर्वक प्राप्त धन, अल्पकाल तक लाभकारी लग सकता है, परंतु अंतत: इसके परिणाम विनाशकारी होते हैं। ऐसा धन अनेक पीढ़ियों को नष्ट कर देता है। धन-संपदा बहुत लुभावनी एवं आकर्षक होती है। किंतु विदुरजी द्वारा अर्जन की शुद्धि पर जो टिप्पणी की गई है, पूर्णतया सत्य सिद्ध हो रही है। अशुद्ध साधनों से प्राप्त धन हमारी संतति को बिगाड़ रहा है, उसे कुमार्ग पर लिए जा रहा है, बुद्धि भ्रष्ट कर रहा है। अत: धनार्जन में शुद्धता, सात्विकता पर आग्रह नितांत आवश्यक है। धनार्जन संबंधी यह लोकोक्ति सत्य सिद्ध हो रही है—'जैसा खाए अन्न, वैसा बने मन'।

सदाचार को सर्वोच्च महत्त्व देते हुए विदुरजी कहते हैं—

**वृत्ततस्तविहीनानि कुलान्याल्पधनान्यपि।**
**कुलसंख्या च गच्छन्ति कर्षन्ति च महद् यशः॥**

*2/4/29/76*

**वृत्त यत्नेन संरक्षेद् वृत्तमेति च याति च।**
**अक्षीणो वित्ततः क्षीणो वृत्तस्तु हतो हतः॥**

*2/4/30/76*

**गोभिः पशुभिरश्वेश्य कृष्या च सुसमृद्धया।**
**कुलानि न पुरोहन्ति यानि हीनानि वृत्ततः॥**

*2/4/31/76*

**मा नः कुले वैरकृत, कश्चिदस्तु।**
**राजामात्यो मा परस्वापहारी॥**
**मित्र द्रोही नैकृतिकोऽनृति वा।**
**पूर्वाशी वा पितृदेवातिथिभ्यः॥**

*2/4/32/76*

सदाचारी व्यक्ति, निर्धन होते हुए भी, धनवानों की भाँति उच्च स्थान प्राप्त कर सकता है, क्योंकि सदाचारी व्यक्ति ही महान् होता है। धनवान भी महान् हो सकता है, यदि वह भी सदाचारी हो। अर्थात् महान् बनने का आधार सदाचार होता है। विदुरजी के कथन में यह आशंका दिख रही है कि सदाचारी व्यक्ति के जीवन को खतरा बना रहता है, इसीलिए उन्होंने सदाचारी की रक्षा का आग्रह किया है। सदाचारी व्यक्ति की सुरक्षा के लिए पूरी शक्ति लगानी चाहिए। धन-वैभव तो आता-जाता रहता है, परंतु सदाचार एक बार नष्ट हो जाने के बाद पुनः प्राप्त करना संभव नहीं होता। अतः हमें यह प्रयास करना चाहिए कि हमारे कुल में सभी सदाचारी हों, कोई भी दूसरों के प्रति वैर-भाव न रखता हो, दूसरों के धन-वैभव पर कुदृष्टि न रखता हो। हमारे कुल में कोई अपने मित्र से ईर्ष्या न करे, धूर्तता एवं असद व्यवहार न करे। माता-पिता एवं गुरुजन को बिना भोजन कराए स्वयं भोजन न करे।

वर्तमान में सदाचार की बात करनेवाले को पिछड़ा हुआ (out dated) माना जाता है, सदाचारी को मूर्ख कहा जाता है, उसे किसी प्रकार की मान्यता प्राप्त नहीं होती। धनार्जन के सही-गलत सभी रास्ते अपनाए जा रहे हैं, धनवान में सभी गुण पाए जाने लगे हैं, सर्व सामान्य उससे जुड़ने को लालायित होते हैं, भले ही उसने धन-प्राप्ति के कितने ही अनैतिक साधनों का उपयोग किया हो। असदाचारी को सुरक्षा की सुविधाएँ सरलता से सुलभ हैं, सत्यवादी को ऐसी सुविधा नहीं मिल पाती। सदाचारी कर्मियों एवं अधिकारियों की हत्या कर दी जाती है, साधनविहीन होने के कारण उसे न्याय भी नहीं मिल पाता। असदाचारी का सर्वत्र बोल-बाला है। महात्मा विदुर की शिक्षा में किसी की रुचि नहीं है। सामान्य जन इससे दुःखी है, पीड़ित है। इस स्थिति के विरुद्ध जनांदोलन हो रहे हैं, परंतु भ्रष्टाचारियों के सामने

उनकी कोई सुनवाई नहीं होती।

महात्मा विदुर ने श्रमिक-सेवायोजक के परस्पर संबंधों पर कहा—

**न भृत्मानां वृत्तिसरे धनेन**
**राज्य धनं सजिवृक्षेदपूर्वम्।**
**त्यजन्ति ह्रेन वञ्चिता वै विरुद्धाः**
**स्निग्धा ह्यमात्याः परिहीनभोगाः॥**

*2/5/23/88*

सेवायोजक को संस्थान में कार्यरत सेवकों, श्रमिकों एवं सहयोगियों की सभी प्रकार से चिंता करनी चाहिए। वह उत्पादक कार्यों एवं उसके सुख का कारण होते हैं। सेवायोजक को उनकी आजीविका, परिवार की स्थिति आदि के संबंध में चिंता करनी चाहिए। यही उनके संबंधों में आत्मीयता उत्पन्न करता है।

**कृत्यानि पूर्व परिसंख्याय सर्वा**
**ण्यायव्यये चानुरूपां च वृत्तिम्।**
**संगृहण यादुरूपान् सहायान्**
**सहायस ध्यान हि दुष्कराणि॥**

*2/5/24/89*

**अभिप्रायं यो विदित्वा तु भर्तुः**
**सर्वाणि कार्यणि करीत्यतन्द्री।**
**वक्ता हितानामनुक्त आर्यः**
**शक्तिज्ञ आत्मेव हि सोऽनुकंपयः॥**

*2/5/25/89*

**वाक्यं तु यो नाद्रियतेऽनुशिष्टः**
**प्रत्याह यश्यापि नियुज्यमानः।**
**प्रज्ञाभिमानी प्रतिकूल वादी**
**त्याज्यः स ताद्दक् त्वरयैव भृत्यः॥**

*2/5/26/89*

विदुरजी ने श्रमिक-सेवायोजक संबंधों को सहज और मधुर बनाए रखने के लिए कुछ निर्देश किए हैं। अपनी आय के अनुसार, विभिन्न कार्यों का सुंदर संपादन

करने के लिए, कार्यों के महत्त्व के अनुसार, प्राथमिकता का निर्धारण करना चाहिए। ऐसा करने के लिए उन्हें अपने सहयोगियों से विचार-विमर्श करके उनका मत जान लेना उपयोगी होता है। यह आवश्यक भी है। इससे कर्मियों में स्वामी के प्रति उनका विश्वास बढ़ता है, वे स्वयं को निर्णयों में भागीदार मानकर अधिक जिम्मेदारी के साथ काम करते हैं। इसके अतिरिक्त भी कभी-कभी एकत्रित आकर विचारों का आदान-प्रदान करना चाहिए। इससे संस्थान सुदृढ़ रखा जा सकता है। अत: उनकी बात सुनी जाए, संतुष्ट रखा जाए। सच यह है कि इस प्रकार वे संस्थान के हित में कठिन-से-कठिन कार्य करने को भी तैयार रहते हैं और कार्य संभव हो जाता है। सेवायोजक को अपने साथ काम करनेवालों का मन अपने सद्व्यवहार से जीत लेना चाहिए। इनमें भी जो कर्मी अपने आलस्य को त्यागकर चुस्ती से स्वामी के कार्य को करते हों, हित-चिंतक हों, स्वामी से प्यार करते हों, सज्जन हों, स्वामी की शक्ति को मानते हों, सेवायोजक को अधिक निकट रखना चाहिए, अपने समान मानकर, सब प्रकार से सहायता और सहयोग करना चाहिए। दूसरी ओर ऐसे सेवक, जो स्वामी के आदेश के बाद भी, पालन करने में आलस्य करते हों, आदेश का पालन न करते हों, अपनी बुद्धि और सूझ-समझ का अहंकार पालते हों तथा समय-असमय, सेवायोजक की आलोचन्रा करते हों, ऐसे सेवकों को यथाशीघ्र संस्थान से अलग कर देना ही संस्थान के लिए हितकर होता है।

महात्मा विदुर ने यह भी कहा कि श्रमिक-सेवायोजक के हित परस्पर अन्योन्याश्रित होते हैं—

**सहाय बन्धनां ह्यर्थाः सहायश्यार्थबन्धनाः।**
**अन्योन्यबन्धनावेतौ विनान्योन्यं न सिध्यतः॥**

*2/5/37/91*

अर्थात् श्रमिक और सेवायोजक की आकांक्षाएँ समान होती हैं, श्रमिक वेतन चाहते हैं तो सेवायोजक अधिक आय का आकांक्षी होता है। लक्ष्य तो तभी प्राप्त किया जा सकता है, जब ये दोनों पक्ष एक-दूसरे की चिंता करें। वास्तव में ये परस्पर प्रतियोगी न होकर परिपूरक हैं। ये दोनों एक-दूसरे पर निर्भर होते हैं— श्रमिक सेवायोजक पर, तो सेवायोजक श्रमिक पर। आवश्यक यह है कि दोनों पक्ष इस तथ्य को समझें।

धर्मपालन का आग्रह करते हुए विदुरजी ने कहा—

**अर्थसिद्धि परामिच्छन् धर्ममेवादितश्रेत्।**
**न हि धर्मादपैत्यर्थः स्वर्गलोका दिवामृत्म्॥**

*2/5/47/93*

**यो धर्ममर्थ कांम च यथाकालं निषेवते।**
**धर्मार्थकामसंयोगं सोऽमुत्रोह च विन्दति॥**

*2/5/49/93*

मनुष्य की आशा-आकांक्षा की सिद्धि तभी हो सकती है, जब धर्म का पालन किया जाए। धर्मपालन सर्वोपरि होता है। धर्म, अर्थ, काम और मोक्ष की सिद्धि व्यक्ति द्वारा सदैव धर्मानुकूल आचरण से होती है। जिस प्रकार अमृत-तत्त्व को स्वर्ग से पृथक नहीं किया जा सकता, उसी प्रकार धर्म को अर्थ और काम से पृथक नहीं किया जा सकता। अर्थ और काम संबंधी कृत्य धर्मानुकूल ही किया जाना आवश्यक है। धर्मपूर्वक प्राप्त आय ही मनुष्य को सुख प्रदान करती है। जो व्यक्ति उचित समय पर धर्म, अर्थ और काम का सेवन करता है, वही ऋषियों द्वारा दिखाए गए मार्ग की सीढ़ियों पर चढ़ते हुए मोक्ष की प्राप्ति करता है।

सेवायोजक को सीख देते हुए विदुर कहते हैं—

**नामाभात्रेण तुष्येत् छत्रेण य महीपतिः।**
**मृत्येभ्यो विसृजेदर्थान्नेकः सर्वहरो भवेत्॥**

*2/6/23/100*

वह श्रमिकों से संतुष्ट रहे और उन्हें भी संतुष्ट रखे। उन्हें प्रचुर मात्रा में सुविधाएँ प्रदान करे। वह स्वयं ही संपूर्ण सुख-साधनों का उपयोग न करके, उनमें, लाभ का भागीदार होने का उदाहरण प्रस्तुत करे केवल पर्याप्त वेतन ही नहीं, वरन् मान-सम्मान भी दे। अहंकार में पड़कर किसी श्रमिक को कटु वचन न कहे, उसको अपमानित न करे।

## सारांश–

1. निर्धनता एक अभिशाप जैसी होती है। निर्धन एवं कमजोर व्यक्ति को धनवानों एवं बलवानों से शत्रुता नहीं करनी चाहिए।
2. श्रम, परिश्रम सफलता का मर्म होता है। बुद्धिमत्ता और धनार्जन में सीधा

संबंध नहीं होता।

3. धन का महत्त्व धन तक ही सीमित। धन जीवनयापन का साधन होता है—साध्य नहीं।
4. धनार्जन सदैव धर्मानुकूल होना चाहिए। दूसरों को कष्ट एवं दुःख देकर धनार्जन नहीं करना चाहिए।
5. अशुद्ध, अधार्मिक ढंग से धन प्राप्त करना कुछ समय सुखदायी लगता है। अंततः यह विनाशकारी होता है।
6. सदाचारी व्यक्ति निर्धन होते हुए भी धनवानों जैसा उच्च स्थान तथा समाज में सम्मान प्राप्त कर सकता है, महान् बन सकता है।
7. स्वामी, राजा (सेवायोजक) को अपने कर्मियों, वेतन भोगियों की सब प्रकार से चिंता एवं सहायता करनी चाहिए।
8. सेवायोजक अपने निर्णयों के संबंध में श्रमिकों की बात सुनें, उनके सुझावों का आदर करें और निर्णय करें।
9. श्रमिक और सेवायोजक की मानवीय भावनाएँ एवं आकांक्षाएँ समान होती हैं।
10. श्रमिक और सेवायोजक परस्पर सहयोगी एवं परिपूरक होते हैं, विरोधी नहीं।

□

# शांतिपर्व अर्थ-चिंतन*

उपरोक्त श्लोकों को निम्नलिखित परिपाटी से पढ़ा जाए–
**पहली संख्या**–अध्याय संख्या
**द्वितीय संख्या**–श्लोक संख्या
**तृतीय संख्या**–पृष्ठ संख्या

महाभारत सृष्टि का प्रथम विश्वयुद्ध था। महाभारत का वर्णन अनेक पर्वों में किया गया, जिनमें से शांति पर्व बारहवाँ पर्व है जो सबसे बड़ा है। इसके तीन उप-पर्व हैं—राजधर्मानुशासन पर्व, आपद्‌र्ध पर्व तथा मोक्षधर्म पर्व। शांति पर्व में 365 अध्याय हैं एवं 13,716 श्लोक हैं। महायुद्ध की समाप्ति पर युधिष्ठिर का शोकाकुल होकर पश्चाताप करना, अनेक भाइयों, प्रभु श्रीकृष्ण द्वारा उन्हें सांत्वना देकर, उनका नगर में प्रवेश एवं राज्याभिषेक तथा श्रीकृष्ण सहित पितामह भीष्म के पास जाना, भीष्म द्वारा प्रभु श्रीकृष्ण की स्तुति, भीष्म द्वारा युधिष्ठिर के प्रश्नों का उत्तर, उन्हें राजधर्म, आपद्धर्म और मोक्षधर्म का उपदेश करना आदि का वर्णन शांतिपर्व में है। शांति पर्व में धर्म, दर्शन, राजनीति, अर्थनीति एवं अध्यात्म ज्ञान का विषद् निरूपण किया गया है।

प्रस्तुत अध्ययन में हमारा ध्यान केवल आर्थिक वर्णन पर केंद्रित है। इच्छाएँ ही आर्थिक क्रियाओं की जन्मदात्री होती हैं। इनकी अनुपस्थिति में कोई व्यक्ति आर्थिक क्रिया नहीं करेगा। इच्छाएँ, लालसाएँ, कामनाएँ, आकांक्षाएँ उत्पन्न होते ही मनुष्य अशांत हो जाता है। ये जितनी कम होती हैं, अशांति उतनी कम और जितनी अधिक होती हैं, अशांति भी उतनी अधिक। इच्छाओं की संख्या और अशांति की

* श्रीमम्महर्षि वेद व्यास प्रणीत महाभारत (पंचम खंड) शांति पर्व, अनुवादक पंडित राम नारायण दत्त शास्त्री पांडेय 'राम', प्रकाशक गीता प्रेस, गोरखपुर, संस्करण सवंत 2067 13वाँ पुनर्मुद्रण।

मात्रा में सीधा, प्रत्यक्ष संबंध होता है। आधुनिक अर्थशास्त्रियों में प्रो.जे.के. मेहता ने इच्छा-विहीनता के सिद्धांत (Theory of wantlessness) का प्रतिपादन किया, जिसे अर्थशास्त्रियों ने अस्वीकार कर दिया। महाभारत युद्ध की समाप्ति पर युद्ध के संबंध में विश्लेषण करते हुए महाराज युधिष्ठिर ने अपने भाई भीमसेन को समझाते हुए कहा—बल, मद, मोह, प्रमाद, उद्वेग तथा अभिमान मनुष्य में अशांति उत्पन्न करते हैं। इनके वशीभूत होकर, मनुष्य, खीझकर क्रोध करता है। इनको शांत करने और इच्छाओं, आकांक्षाओं को एक दिन अथवा एक मास में भी वश में नहीं किया जा सकता। तुम्हारी जो इच्छाएँ-आकांक्षाएँ हैं, पूरा जीवन लग जाने पर भी ये संतुष्ट नहीं हो सकतीं। इनकी संतुष्टि असंभव है, क्योंकि ये अनंत होती हैं। जैसे अग्नि में जितना घी डालें, वह उतना ही प्रज्वलित होती है। उसी प्रकार इनकी पूर्ति से और अधिक बढ़ती हैं। अतः सुख-शांति के लिए इन इच्छाओं, कामनाओं, लालसाओं की जठराग्नि को शांत करो।

*7/20/30 से 17/1-2/56*

अर्जुन ने युधिष्ठिर से कहा, मानव जीवन के लिए धन आवश्यक होता है। धन से धर्म का पालन, कामनाओं की पूर्ति, हर्ष में वृद्धि, क्रोध पर नियंत्रण, स्वर्ग की प्राप्ति, शास्त्रों का निश्चिंत भाव से अध्ययन तथा शत्रुओं का दमन, ये सभी कार्य धन की सुलभता से प्राप्त किए जा सकते हैं। धन से समाज में प्रतिष्ठा बढ़ती है। धन के अभाव में न इहलोक, न परलोक सुखपूर्वक प्राप्त होते हैं। निर्धन व्यक्ति तो धर्म-पालन में भी समर्थ नहीं हो पाता। जैसे पर्वत से नदी झरती रहती है, उसी प्रकार धन का स्रोत भी बहता रहता है।

*8/21 से 23/33 एवं 34*

जटा और मृगचर्म धारण किए, जितेंद्रिय, संयतचित्त, शरीर में पंक धारण किए, मुंडित मस्तक, नैष्टिक ब्रह्मचारी भी अर्थ की अभिलाषा से पृथक-पृथक निवास करते हैं। सभी प्रकार के संग्रह से रहित, संकोचशील, शांत, गेरुआ वस्त्रधारी, दाढ़ी-मूँछ बढ़ाए, ज्ञानी पुरुष भी धन की अभिलाषा करते देखे जाते हैं। कुछ दूसरे प्रकार के लोग भी हैं, जो स्वर्ग प्राप्ति की कामना करते हैं तथा कुल-परंपरा अनुसार नियमों का पालन करते हुए अपने-अपने वर्णाश्रम धर्म का पालन करते हुए, अनुष्ठान करते हैं, वे भी धन की इच्छा रखते हैं। बहुत लोग ऐसे भी हैं जो आस्तिक-नास्तिक, नियम-संयम का अभ्यास करते हैं, वे भी अर्थ के इच्छुक होते हैं। अतः अर्थ के महत्त्व और प्रधानता को न जानना, न मानना, तमोमय अज्ञान में

डूबे होने का प्रमाण है। इसे स्वीकार कर लेना प्रकाश का परिचायक है।

*167/16 से 19/515*

अर्जुन ने आगे कहा कि श्रुति का कथन है कि धर्म और काम अर्थ के ही दो अंग हैं। अर्थ की सिद्धि से ही इन दोनों की सिद्धि होती है। जैसे सभी प्राणी ब्रह्माजी की उपासना करते हैं, उसी प्रकार सभी मानव भी धनवानों की उपासना करते रहते हैं। धनवान लोग धन के द्वारा धर्म का पालन और अजितेंद्रिय पुरुषों के लिए दुर्लभ कामनाओं की प्राप्ति कर सकते हैं। अर्थशास्त्र-विषारद अर्जुन ने युधिष्ठिर की आज्ञा पाकर कहा, ''राजन्! यह कर्म-भूमि है। यहाँ जीविका के आधारभूत कर्मों की ही प्रशंसा होती है। कृषि, व्यापार, गोपालन तथा भाँति-भाँति के शिल्प, ये सभी अर्थ प्राप्ति के साधन हैं। अर्थ सभी कर्मों की मर्यादा के पालन में सहायक है। अर्थ के बिना धर्म और काम का पालन भी उचित रीति से नहीं हो पाता, ऐसा श्रुति का कथन है। इस सत्य को झुठलाया नहीं जा सकता।''

*167/11 से 13/514*

धन अत्यंत दुर्लभ और प्रिय वस्तु है, इसमें कोई शंका नहीं। इसकी प्राप्ति हो जाने पर व्यक्ति संसार में, अपनी समस्त इच्छाएँ-आकांक्षाएँ प्राप्त कर सकता है, जबकि इसे धर्मानुसार साधनों से प्राप्त किया जाए। जो धन धर्मानुसार प्राप्त किया जाए, जो धन उचित कर्म करने से प्राप्त किया जाए, निश्चित ही वह अमृत के समान होता है। यह सच है कि निर्धन व्यक्ति अपनी कामनाएँ संतुष्ट नहीं कर पाता। जो लोग धर्मयुक्त धन से वंचित हैं, उनसे कोई प्रसन्न नहीं हो पाता। सभी उनसे उद्विग्न रहते हैं। इसलिए धर्म और धन का संबंध सभी प्रकार से आवश्यक होता है।

अधर्म से, अनुचित साधनों से प्राप्त धन कभी सुख नहीं देता, दु:ख का कारण बनता है। ऐसे धन का उपयोग अनुचित, अनावश्यक तथा विलास के कार्यों में होता है। संतान के बिगड़ने के उदाहरण सामने आते हैं, दु:खद परिणाम देखे जाते हैं। परंतु युग की बलिहारी कि इस सत्य को अधिकांशत: लोग, सब कुछ देखते हुए भी, स्वीकार करने को तैयार नहीं होते। धनार्जन में धर्म-अधर्म, उचित-अनुचित में भेद नहीं करते, अंधाधुंध अर्जित करने में लगे हैं। सत्य उपदेश सुनने को तैयार नहीं होते और जो लोग सुनते हैं, सत्य उपदेश का पल्ला वहीं झाड़कर वापस आ जाते हैं। फलत: दु:खी होते हैं, तनावग्रस्त रहते हैं, अनेक बीमारियों से पीड़ित होते हैं, रात में नींद आने के लिए गोली खाते हैं। धर्मानुकूल धन अर्जित करनेवाले सुखपूर्वक जीवन व्यतीत करते हैं और सुख, शांति एवं संतोष का पुरस्कार पाते हैं।

**अस्मिंस्तु वै विनिर्वृत्ते दुर्लभे परमप्रिये।**
**इह कामानवाप्नोति प्रत्यक्षं नात्र संशयः॥**

*167/23/514*

**योऽर्थो धर्मेण संयुक्तो धर्मो यश्चार्थसंयुतः।**
**तद्धि त्वामृतसंवादं तस्मादेतौ मताविह॥**

*167/24/514*

**अनर्थस्य न कोमोऽस्ति तथार्थोऽधर्मिणः कुतः।**
**तस्मादुद्विजते लोको धर्मार्थाद् यो बहिष्कृतः॥**

*167/25/515*

भीमसेन ने कहा, ''कामना से ही मनुष्य को धन अर्जित करने की इच्छा होती है। इसके अभाव में न तो धन अर्जित करने की इच्छा होती है, न धर्म करने की। कामना-विहीन व्यक्ति तो काम करना ही नहीं चाहता, अर्थात् धर्म, अर्थ, काम में धर्म ही सबसे बढ़कर होता है। किसी-न-किसी कामना के कारण ही ऋषि भी तपस्या में मन लगाते हैं और फल , फूल, पत्ते चबाते हैं और इसी में संतोष करते हैं। वायु और जल का सेवन करके मन एवं इंद्रियों को संयत रखते हैं। कामना से ही लोग वेद-उपवेदों का अध्ययन करते और पारंगत विद्वान बन जाते हैं। ग्वाले, किसान, व्यापारी, कारीगर, शिल्पकार, देव संबंधी कार्य करनेवाले भी कामनाओं की संतुष्टि हेतु अपने कामों में संलग्न रहते हैं। कामनाओं के कारण ही लोग समुद्र में घुसकर भी व्यस्त रहते हैं। कठिन-से-कठिन कार्य को करने के लिए भी तैयार रहते हैं, भले ही कार्य कितना जोखिम भरा हो। अत: कामना ही कर्म की जननी है।''

अर्जुन ने युधिष्ठिर से कहा, ''जिसके पास धन की कमी होती है—गऊएँ और सेवक भी कम होते हैं, निर्धनता के कारण अतिथियों का आना-जाना भी कम होता है, वास्तव में वही व्यक्ति दुर्बल कहलाने योग्य होता है। जो व्यक्ति केवल शरीर से कमजोर हो, उसे दुर्बल नहीं कहा जा सकता।'' हजारों वर्ष पूर्व अर्जुन ने जो कुछ महाराज युधिष्ठिर से कहा था, आज पूर्णतया सत्य सिद्ध हो रहा है। इतना ही नहीं, वरन् निर्धन व्यक्ति को सम्मान की दृष्टि से भी नहीं देखा जाता।

*8/24/34*

यह और कि सभी कार्य जिनका वर्णन श्लोक संख्या 21, 22, 23/8/34 में

किया गया है, धन के द्वारा ही संभव हो पाते हैं। इसमें संदेह नहीं कि सभी कार्य धन के अधीन हैं, परंतु धन दंड के अधीन होता है, दंड से नियंत्रित होता है। यदि धन पर दंड का नियंत्रण न हो तो धन का अनुचित उपयोग होता है। यह स्थिति हानिकर एवं कष्टदायक होती है, इससे दुःख पहुँचता है। अर्थात् धन पर नियंत्रण आवश्यक होता है।

वर्तमान में धन का खूब दुरुपयोग हो रहा है। इस पर किसी का नियंत्रण नहीं है। अब वस्तुओं पर धन के नियंत्रण की बात बहुत पीछे छूट गई है। धन से धर्म, मनुष्य तथा न्याय पर भी नियंत्रण के उदाहरण सामने आ रहे हैं।

*15/48/53*

महातपस्वी देवस्थान ने कहा, ''युधिष्ठिर! अर्जुन ने धन के संबंध में जो कहा कि 'धन से बढ़कर कोई दूसरी वस्तु नहीं होती', इसी विषय में मेरा कहना है कि जो व्यक्ति धन के लिए विशेष चेष्टा करता है, वह वैसा कभी न करे, क्योंकि धन दोष भी रखता है। जो व्यक्ति धन की लालसा में पागल होकर धन की उपासना करने लगता है, धन को साधन के बजाय साध्य मानकर चलता है, धन को सर्वस्व मानने लगता है, वह धन के दोषों में वृद्धि करता है। अतः समझदार लोगों को ऐसी स्थिति से बचना चाहिए। जो लोग धन-संग्रह के लिए सब प्रकार के कष्ट सहन करते हैं, वे पाप के दोषी हो जाते हैं। परंतु वर्तमान समय में यह तथ्य किसी के गले नहीं उतरता। धन-संग्रह के लिए किसी भी पाप का जोखिम उठाने में संकोच नहीं करते। धन के लिए वे पाप-पुण्य का विचार ही नहीं करते।''

*20/7/64*

देवेंद्र इंद्रदेव ने महाराज युधिष्ठिर से कहा, ''राजन्! जो लोग अज्ञानवश, धन को ही सर्वस्व मानकर, अर्थार्जन में लिप्त हो जाते हैं, मर्यादा त्याग देते हैं, उनको पशु कहना चाहिए। ज्ञानी ऋषियों ने उन्हें पशु कहा है। अतः अर्थ साधने के साथ उसके दोषों को भी ध्यान में रखना चाहिए। मानवीय नैतिकता को ध्यान में रखकर तदनुसार आचरण करना अति आवश्यक तथा अनिवार्य है।''

भीष्म ने कहा, ''धन से व्यक्ति इहलोक और परलोक दोनों से पार पा जाता है। मनुष्य की भाँति जीने के लिए धन की आवश्यकता होती है। परलोक की सिद्धि के लिए आवश्यक धार्मिक कार्यकलापों हेतु भी धन की सुलभता आवश्यक होती है। धनाभाव में मनुष्य को दुर्बल समझा जाता है। धनवान को सब कुछ सुलभ होता है। धनवान अनेक संकटों को भी पार करने में समर्थ होता है।''

**धनेन जयते लोकावुभौ परमिमं तथा।**
**सत्यं च धर्मवचनं यथा नास्त्यधनस्तथा॥**

*130/43/402*

**अधनं दुबलं प्राहुर्धनेन बलवान् भवेत।**
**सर्वं धनवता प्राप्यं सर्वं तरति कोशवान्॥**

*30/49/402*

**कोशेन धर्मः कामश्च परलोकस्तथा ह्ययम्।**
**तं च धर्मेण लिप्सेत नाधर्मेण कदाचन॥**

*130/50/402*

धनाधिक्य के दोषों की ओर इंगित करते हुए पितामह भीष्म कहते हैं कि ''यह निर्विवाद सत्य है, जिसे कभी भूलना नहीं चाहिए, कि धनाधिक्य में बहुत नशा होता है। धनवान व्यक्ति बहुत शीघ्र आवेश में आ जाता है, जल्दी क्रोध करने लगता है और विचार शक्ति खो देता है, सामान्य व्यक्ति की भाँति नहीं देखता, उसकी आँखें चढ़ी रहती हैं, उसका चेहरा शुष्क होता है, भौंहें तनी रहती हैं और पाप में डूबा रहता है। क्रोधवश होंठ चबाता रहता है, अत्यंत कड़ुवा और कठोर बोलता है। ऐसे व्यक्ति को कोई पसंद नहीं करता। धन-संपदा का सहवास उसे मोह में जकड़े रहता है। उस पर रूप का अहंकार और धन का मद सवार हो जाता है तथा वह मानने लगता है कि वह अन्यों से भिन्न व्यक्ति है, कोई साधारण मनुष्य नहीं है। रूप, धन एवं कुल के अभिमान के कारण उसमें प्रमाद भर जाता है, वह लूट-खसोट में प्रवृत्त होने लगता है। इस तरह उसे नाना प्रकार के दु:ख होने लगते हैं।''

**धनवान् क्रोधलोभाभ्यामाविष्टो नष्टचेतनः।**
**तिर्यगीक्षः शुष्कमुखः पापको भ्रुकुटीमुखः॥**

*176/14/541*

**निर्दशन्नधरोष्ठं च क्रुद्धो दारूणभाषिता।**
**कस्तमिच्छेत् परिद्रष्दुं दातुमिच्छति चेन्महीम्॥**

*176/15/541*

**अथैनं रूपमानश्च धनमानश्च विन्दति।**
**अभिजातोऽस्मि सिद्धोऽस्मि नास्मि केवलमानुषः॥**

*176/17/541*

धन की लालसा के संबंध में युधिष्ठिर ने पितामह से जिज्ञासा की कि "पितामह! 'हम लोग बहुत पापी तथा क्रूर हैं। धन के लिए ही हम लोगों ने अपने भाई, पिता, पौत्र, कुटुंबी-जन, सुहृद और पुत्रों का संहार किया है। यह जो धनजनित तृष्णा है, इसने हमसे बड़े पाप करवाए हैं, हम इस तृष्णा को किस प्रकार दूर करें?"

भीष्म बोले, "एक बार मांडव्य ऋषि ने विदेहराज जनक से ऐसा ही प्रश्न किया था। उसके उत्तर में राजा जनक ने जो उद्‌गार प्रगट किए थे, उसे प्राचीन इतिहास को विज्ञ पुरुष ऐसे अवसरों पर उदाहरण के रूप में दोहराया करते हैं।'

*276/1 से 4/843*

राजा जनक ने कहा था कि "मैं बहुत सुख से हूँ और ऐसे ही जीवन व्यतीत करता हूँ, क्योंकि इस जगत की कोई भी वस्तु मेरी नहीं है। यदि सारे मिथिला में आग लग जाए तो भी मेरा कुछ नहीं जलता।"

जिस प्रकार बड़ा होते हुए बछड़े के सींग भी उसके शरीर के साथ बढ़ते हैं, उसी प्रकार बढ़ते हुए धन के साथ उसकी तृष्णा भी बढ़ती जाती है। यह दृश्य हम स्वयं अपने सामने देख रहे हैं। लोगों में दूसरों से आगे निकलने की होड़ लगी हुई है। धनपति बनने में प्रतियोगिता हो रही है। अकूत संपदा का संग्रह करके भी शांति नहीं है। इस प्रतियोगिता ने समूचे संसार को अपने कलेवर में समेट लिया है। संपदा क्षेत्र में अमुक व्यक्ति प्रथम, द्वितीय आदि स्थान पर गिने गए हैं। ऐसी प्रतियोगिता केवल उच्च स्तर पर ही नहीं, अपितु आय-संपदा के निचले स्तर तक पहुँची हुई है। मनुष्य की धनसंपदा भूख कभी शांत नहीं होती। यह तथ्य भी विचारणीय है कि सत क्रियाशीलता आर्थिक विकास का मूल होती है। संसार भर में देश की विकास दर आर्थिक प्रगति का मापक होती है जो आर्थिक गतिविधि पर आधारित होती है। यह व्यावहारिक नहीं लगता कि संपदा के किसी बिंदु तक पहुँचकर व्यक्ति शांत, निष्क्रिय होकर बैठ जाए। इस समस्या का समाधान यह लगता है और भीष्म पितामह का संदेश भी यही है कि मनुष्य आर्थिक क्रिया अवश्य करे, परंतु लालसा पर नियंत्रण रखे।

यह तथ्य समझना आवश्यक है कि आर्थिक प्रगति का वर्तमान मापक, मेरूदंड, हमें केवल समष्टि चित्र दिखाता है। इस मापक से व्यष्टि चित्र नहीं मिलता। इसमें सकल घरेलू उत्पाद (Gross Domestic Product) का पता चलता है। इसी आधार पर प्रति व्यक्ति आय (Per Capita Income) की गणना भी होती है, जो वास्तव में व्यष्टिगत प्रगति नहीं बताता। यह मापक एक प्रकार से भ्रामक आँकड़ा प्रस्तुत

करता है, जिसमें सर्वोच्च आय एवं न्यूनतम आय का योग करके निष्कर्ष निकाला जाता है। इस मापक से निम्न आय वर्ग, मध्यम आय वर्ग और उच्च आय वर्ग की स्थिति का वास्तविक चित्र सामने नहीं आ पाता। परिणामस्वरूप न्यून आय वर्ग की स्थिति ओझल हो जाती है। आवश्यकता यह है कि निम्न आय वर्ग पर ध्यान केंद्रित किया जाए और उसे मनुष्य जैसा जीवन जीने की स्थिति प्राप्त कराई जाए तथा उन्हें वर्तमान आय वर्ग से आगे बढ़ने के अवसर उप्लब्ध कराए जाएँ।

*276/7/843*

भूटान में सकल घरेलू आय के स्थान पर सकल प्रसन्नता (Gross National Pleasure) के विचार को मापक बनाने पर आग्रह किया गया है।

भीष्म पितामह आगे कहते हैं कि ''कामनाओं और भोगों को एक सीमा तक ही बढ़ाना उचित होता है। अतः इन्हें बढ़ाने का आग्रह नहीं करना चाहिए। भोगों में आसक्ति दुःखदायी होती है। धन पाकर उसे धर्म (कर्तव्य) कार्यों पर लगाने से सुख मिलता है।''

*276/9/843*

भीष्म कहते हैं कि ''नारद मुनि ने शुकदेव जी से कहा—मनुष्य धन का अधिकाधिक संग्रह करना चाहता है। वह पहले की तुलना में ऊँची आर्थिक स्थिति पाना चाहता है। ऐसा होने पर भी वह संतुष्ट नहीं होता, और अधिक का पीछा करते हुए ही मृत्यु को प्राप्त हो जाता है। किंतु ज्ञानी व्यक्ति अपनी स्थिति से संतुष्ट रहता है, वह धन की तृष्णा से मुक्त रहता है। वह जानता है कि तृष्णा का कभी अंत नहीं होता। संतोष ही परम सुख होता है। इसलिए ज्ञानी व्यक्ति संतोष को ही सुख मानते हैं। वे संतोष को ही उत्तम धन मानते हैं, क्योंकि वे जानते हैं कि लालसा का कभी अंत नहीं होता।''

*300/19 एवं 21/1050*

शांतिपर्व में निर्धनता पर भी विचार व्यक्त किए गए हैं। इस विषय पर युधिष्ठिर के प्रश्न का उत्तर देते हुए भीष्म पितामह ने कहा कि ''ज्ञानी लोग प्राचीन इतिहास का एक उदाहरण देते हुए, इंद्र और ऋषि कश्यप, के मध्य हुए संवाद को बताते हैं—धनाधिक्य के अभिमान से मतवाले एक वैश्य ने, उनके रथ में सवार, एक तपस्वी ऋषि कुमार को अपमानित करते हुए, अपने रथ से नीचे गिरा दिया। पीड़ा से कराहते हुए कुपित होकर वह बोला, 'अब मैं प्राण दे दूँगा, क्योंकि इस

संसार में निर्धन मनुष्य का जीवन व्यर्थ है।''

*180/5, 6 एवं 7/551*

राजा नहुष ने निर्धनता में लोगों की क्रूरता को सहन करने पर दु:खी होकर कहा, 'इस जगत् में निर्धनता को धिक्कार है! सर्वस्व त्यागकर निर्धन या अकिंचन हो जाना, यह साधारण मानव ही कर सकता है, राजाओं के लिए यह असंभव है।''

निर्धनता का वास्तविक अनुभव प्राप्त करके राजा नहुष ने कहा कि ''जैसे गरमी के मौसम में छोटी-छोटी नदियाँ सूख जाती हैं, उसी प्रकार निर्धन व्यक्ति की क्रियाएँ छिन्न-भिन्न हो जाती हैं, जो स्थिति शोचनीय होती है।'' उन्होंने कहा, निर्धन और विपत्ति से पीड़ित मनुष्य में मुझे कोई अंतर दिखाई नहीं देता।

*8/15 एवं 18/33*

दरिद्र व्यक्ति पास खड़ा हो तो लोग उसकी ओर इस प्रकार देखते हैं जैसे वह कोई पापी अथवा कलंकित व्यक्ति हो। अत: दारिद्रय इस संसार में एक पातक है। '**नहीं दारिद्रय सम दु:ख जग मांहीं** (रामचरिम मानस—तुलसी दास)'।

चाहते हुए भी एक निर्धन व्यक्ति धार्मिक अनुष्ठानों का विधिवत् निर्वाह नहीं कर पाता। निर्धनता के कारण जिसके पास गायों का अभाव होता है, सेवक नहीं होते अथवा कम होते हैं, जिसके घर अतिथियों का आवागमन कम होता है, वह कृश अर्थात् दुर्बल कहलाने योग्य होता है। जो व्यक्ति केवल शरीर से कृश हो उसे दुर्बल नहीं कहा जा सकता।

**नाधनो धर्मकृत्यानि यथावदनुतिष्ठति।**
**धनाद्धि धर्मः स्त्रवति शैलादभि नदी यथा॥**

*8/23/34*

**यः कृशार्थः कृशगवः कृशभृत्यः कृशातिथिः।**
**स वै राजन् कृशो नाम न शरीरकृशः कृशः॥**

*8/24/34*

शासन द्वारा धन-संग्रह के संबंध में पितामह ने युधिष्ठिर से कहा, ''शासक को अपने कोषागार को भरा हुआ रखना चाहिए। यदि शासक द्वारा दूसरों से धन लेना उचित न कहा जाए तो वह अपने कर्तव्यों का पालन कैसे करेगा? वेद कहते हैं कि शासन को अपने कोष के लिए धन-संग्रह करना चाहिए। इस धन का उपयोग अपने कर्तव्यों के पालन में किया जाए। युद्ध में विजयी होने के लिए प्राप्त किया

गया तथा अन्य कार्यों हेतु लिया गया धनसंग्रह अंत में जनसाधारण तक ही पहुँचता है। अत: शासन को धनसंग्रह में संकोच नहीं करना चाहिए।''

**अध्येतव्या त्रयी नित्यं भवितव्यं विपश्चिता।**
**सर्वथा धनमाहार्यं यष्टव्यं यापि यत्नतः॥**
**कृत्स्नं तदेव तच्छ्रेयो यदप्याददतेऽन्यतः।**
**न पश्यामोऽनपकृतं धनं किंचित् क्वचिद् वयम्॥**

*8/27 एवं 30/34*

भीष्म पितामह का यह कहना है, ''समाज में जिन नागरिकों के भरण-पोषण के उपाय न हों, उनके जीवन-निर्वाह की उचित व्यवस्था करना और उस व्यवस्था की भलीभाँति देखभाल करना, वांछित समय पर उन्हें सहायता पहुँचाना, दुर्व्यसन से उनकी रक्षा करना, ये समस्त कार्य करने के लिए धन-संग्रह आवश्यक होता है।''

दुर्भाग्यवश यह देखा जा रहा है कि जिन कर्तव्यों के पालन हेतु संग्रह किए गए धन का उचित रीति से व्यय नहीं किया जाता, उससे सामान्य जन दु:खी हो जाते हैं। शासन द्वारा प्राथमिक कर्तव्यों पर व्यय के बजाय यदि उसे कम आवश्यक कार्यों पर व्यय कर दिया जाता है तो यह स्थिति निराशाजनक होती है। अत: यह धन उन लोगों के हित-साधन हेतु उपयोग किया जाए, जो इस लाभ के उचित अधिकारी होते हैं। ऐसा न हो कि उन तक इसके लाभ न पहुँचते हों। इस ओर शासन को विशेष सावधानी बरतना अपेक्षित है। जो लोग सार्वजनिक व्यय के वास्तविक अधिकारी हैं, वे इससे वंचित नहीं रहने चाहिए।

**अभृतानां च भरणं भृतानां चान्ववेक्षणम।**
**अर्थस्य काले दानं च व्यसने चाप्रसङ्गिवौता॥**

*59/54/187*

पितामह ने शासन पर समाज की निरंतर प्रगति और सुख-साधनों में वृद्धि की जिम्मेदारी डाली है। उनका कहना है, ''शासक अपने देश के लोगों की संपदा में वृद्धि के उपाय करे। इस उद्‌देश्य की प्राप्ति के लिए वह हर प्रकार से प्रजा की सहायता करे। शासन सदैव यह सोच रखे कि यह धन आपातकाल में उपयोग करने के लिए उसके खजाने मे सुरक्षित रखा हुआ है, यह उनकी संपदा है। शासन जनता को यह विश्वास दिलाए कि उनका धन कोष में रखी उनकी ही संपत्ति है। यह विश्वास भी दिलाए कि उनकी समृद्धि में वृद्धि से शासन को प्रसन्नता होती है, आनंद होता है। यह भी अनुभव कराए कि देश पर आई विपदा के समय उन्हें भी

कुछ करना चाहिए और अपनी संपदा को छिपाना नहीं चाहिए। धनसंग्रह उनकी क्षमतानुसार किया जाना चाहिए। शासन के ऐसे व्यवहार से जनता सहर्ष सहयोग करेगी। यह विश्वास भी दिलाए कि विपत्ति टल जाने के बाद, उनसे लिया गया धन, उन्हें वापस किया जाएगा।''

*87/23, 30, 32 एवं 33/279-280*

पितामह ने युधिष्ठिर को कहा, ''शासन को अपने कर्मियों को संतुष्ट रखने, उनके भोजन की व्यवस्था करने तथा समय पर वेतन देने पर विशेष ध्यान देना चाहिए। सदैव अनुशासनबद्ध रहनेवाले सैनिकों को भी समय पर वेतन न मिले, भोजन आदि की सुव्यवस्था न हो, तो वे स्वामी के विश्वसनीय नहीं रह जाते। दूसरे लोग उन्हें लालच में फँसा लेते हैं और वे विरोधी बन जाते हैं।''

*107/13/338*

ऐसा लगता है कि बड़े-बड़े औद्योगिक घरानों ने भीष्म पितामह की शिक्षा को ग्रहण किया है। जहाँ तक सैनिकों का संबंध है, इस दिशा में बहुत कुछ करना वांछित है। इस संबंध में यह विचारणीय है कि सैनिकों की सेवानिवृत्ति के उपरांत भी उनके जीवनयापन, पेंशन पर पुनः ध्यान देना चाहिए। निचले रैंक पर कार्यरत सैनिकों-सिपाही और हवलदार तक की सेवानिवृत्ति जल्दी होती है। उस समय उनका वेतन-स्तर भी नीचा होता है, फलतः उनकी पेंशन राशि बहुत कम होने के कारण परिवार का पालन-पोषण कठिन हो जाता है, यह सर्वविदित है कि सभी राजकीय सेवाओं में सैनिक सेवाएँ सर्वाधिक जोखिम भरी होती हैं। विदेशी आक्रमणों से देश की रक्षा, प्राकृतिक आपदाओं तथा देश में शांति की आवश्यकता के समय जीवन के जोखिम की चिंता किए बिना, ये लोग सुलभ रहते हैं। अतः शासकीय सेवकों पर विचार करते समय इनके संबंध में पृथक विचार किया जाना अपेक्षित हैं। निचले स्तर पर सेवानिवृत्ति की आयु बहुत कम होती है। निवृत्ति के बाद इनके पारिवारिक एवं सामाजिक दायित्वों का ध्यान रखकर इनकी पेंशन तथा अन्य भत्तों पर पुनर्विचार हो। आयु बढ़ने के साथ दायित्व बढ़ जाते हैं, जबकि कार्यक्षमता में ह्रास होता है। ये लोग सेवानिवृत्ति के समय पूर्णतया सिद्ध एवं अनुशासित होते हैं। अतः इन्हें दूसरी पारी की सेवाओं में संयोजित करने की विशेष व्यवस्था हो, जैसे—

1. अग्निशामक सेवाएँ,
2. होम गाड्र्स संगठन,
3. जीवन बीमा कंपनियाँ,

4. यात्री सुरक्षा, रेलवे आदि
5. राष्ट्रीय सड़क संगठन,
6. बैंक सुरक्षा आदि।

इनकी कुछ माँगें ऐसी हैं जिन पर विचार करना चाहिए—

1. सैनिक सेवाओं के लिए पृथक वेतन आयोग हो।
2. छठे वेतन आयोग के क्रियान्वयन में विरोधाभासों में सुधार हो।
3. निचले स्तर पर सेवारत सैनिक की आयु में कुछ विस्तार हो।

कुछ अन्य सुविधाएँ—

1. शिक्षण संस्थाओं में फीस में छूट,
2. प्रवेश में अधिभार (Weightage),
3. स्वास्थ्य संबंधी सभी सुविधाएँ,
4. ग्राम पंचायतों में प्रतिनिधित्व आदि।

यह संतोष का विषय है कि सैनिकों की एक पुरानी माँग 17 फरवरी, 2014 को 'वन रैंक वन पेंशन' (One Rank One Pension) का विधेयक पारित करके पूरा कर दिया गया है।

पितामह ने कर्मचारियों की नियुक्ति के विषय पर युधिष्ठिर से कहा, ''बुद्धिमान शासक (संस्थान के स्वामी) कर्मचारी के संबंध में सभी प्रकार की जानकारी करे। उनकी सत्यता, शुद्धता, सरलता, स्वभाव के बारे में ज्ञान, सदाचार, पारिवारिक पृष्ठभूमि, दया-भाव, क्षमा, विनय आदि का पता लगाकर ही नियुक्त करें। ऐसा न करने से न वह कार्य आगे बढ़ेगा, न संस्थान का हित होगा। यह भी कहा है कि यदि शासक (सेवायोजक) कर्मचारी को उस स्थान पर नहीं लगाता, जिसमें उसकी विशेषज्ञता है तो अपेक्षित फल प्राप्त नहीं होता। कर्मचारी को कार्य पर नियुक्त करने से पूर्व इस बात का ध्यान रखने से परिणाम अच्छे निकलते हैं।

*118/2, 3 एवं 4/366 तथा 119/3, 4 एवं 6/368*

शांतिपर्व में, शासन द्वारा, कराधान के विषय पर विस्तार से विचार किया गया है। इसमें कुछ सुझाव तो आधुनिक कर-व्यवस्था से पूर्णतया मिलते हैं, कुछ अन्य दूरगामी परिणाम भी अपेक्षित हैं।

महाराज युधिष्ठिर के प्रश्न के उत्तर में भीष्म पितामह ने कहा कि राज्य को कर लगाते समय करदाताओं की आय का आधार ध्यान में लेना चाहिए, जिसका छठा भाग कर के रूप में राज्य के कोष में आना चाहिए, अर्थात् इससे अधिक कर नहीं लेना

चाहिए। अभिप्राय यह कि राज्य कोषागार भी भरा रहे और उत्पादन कार्य में शिथिलता भी न आए। अन्य कर लगाते समय भी उनके औचित्य को ध्यान में रखा जाए, जिससे करदाता निरुत्साहित न हों। कोषागार के लिए अपराधियों से अर्थ-दंड के रूप में आय प्राप्त की जाए। करों तथा अन्य उपायों से प्राप्त आय को जन-हित में अपने कर्तव्यों के पालन पर उपयोग किया जाए। प्रजा से प्राप्त की जानेवाली आय धर्मानुकूल हो। जनता को कष्ट देकर, दु:खी करके, आय प्राप्त न की जाए।

**बलिषष्ठेन शुल्केन दंडेनाथापराधिनाम्।**
**शास्त्रानीतेन लिप्सेथा वेतनेन धनागमम्॥**

*71/10/232*

पितामह ने चेताया, ''जो शासक लोभ के वशीभूत होकर, मोहवश, प्रजा से शास्त्र-विरुद्ध अधिक कर लेकर उसे कष्ट पहुँचाता है, वह अपने हाथों से ही, अपने विनाश का कारण बनता है। जैसे—दूध की इच्छा रखनेवाला व्यक्ति यदि गाय का थन ही काट ले, तो इस प्रकार वह दूध प्राप्त नहीं कर सकता। उसी प्रकार राज्य को, जनता से, अनुचित और अन्यायपूर्ण ढंग से, धन लेकर, शासक अलोकप्रिय बन जाता है। राज्य के नागरिकों का शोषण करके सुख नहीं पाया जा सकता। इससे राज्य की उन्नति नहीं होती। इसके प्रतिकूल जो दूधवाला, दुधारू दूध देनेवाली गाय की प्रतिदिन सेवा करता है, वह उससे दूध पा सकता है, इसी प्रकार उचित और न्यायसंगत उपायों से अपने कोष में वृद्धि कर सकता है। अत: हे युधिष्ठिर! तुम एक कुशल माली की भाँति राज्य की जड़ों को सींचो और उसके पुरस्कार के रूप में फल-फूल प्राप्त करो। राज्यरूपी उद्यान की रक्षा करते हुए प्रजा से न्यायोचित कर प्राप्त करो। तुम कोयला बनानेवाले कर्मी न बनो, जो जलाकर राज्य को भस्म कर देता है। माली की भाँति सींचते हुए तुम दीर्घकाल तक राज सुख का भोग कर सकते हो।

*71/15, 18 एवं 20/232*

अत्यंत सुंदर उदाहरण देते हुए भीष्म युधिष्ठिर से कहते हैं, ''जैसे भौंरा धीरे-धीरे फूलों का रस लेता है, पौधे को काट नहीं डालता, एक समझदार व्यक्ति बछड़े को कष्ट दिए बिना गाय को धीरे-धीरे दुहता है, उसके थनों को कुचल नहीं डालता, उसी प्रकार शासक को राष्ट्ररूपी गाय का दोहन करना चाहिए। वह कोमलता से प्रजा से कर प्राप्त करे, जैसे बाघिन अपने बच्चों को दाँत से पकड़कर इधर-उधर ले जाती है, परंतु काटती नहीं, उसके शरीर को पीड़ा नहीं पहुँचाती, उसी प्रकार राष्ट्र का दोहन करके, कर लगाकर, धन प्राप्त करो। जैसे तीखे दाँतोंवाला चूहा सोए हुए व्यक्ति

के पैर के मांस को ऐसी कोमलता से काटता है कि वह व्यक्ति अपने पैर को केवल कंपित करता है, उसे पीड़ा का आभास नहीं होने देता। उसी प्रकार कोमल उपायों द्वारा कर प्राप्त करना चाहिए, जिससे प्रजा को कष्ट का आभास ही न हो। प्रारंभ में थोड़ा-थोड़ा कर लेकर, धीरे-धीरे उसका अनुपात बढ़ाए और क्रमशः बढ़ाता रहे। कराधान संबंधी इस नीति से किसी को विशेष भार नहीं लगेगा।

एक और उदारहण देते हुए कहते हैं कि "बछड़ों को पहले-पहल बोझ ढोने का अभ्यास करानेवाला व्यक्ति प्रयत्नपूर्वक नाथता है। फिर धीरे-धीरे उन पर बोझ डालकर बढ़ाता है और बढ़ाता जाता है। उसी प्रकार जनता से कर लेने के क्रम अपनाए जाएँ। प्रारंभ में कर का कम भार डाला जाए, फिर धीरे-धीरे उसे बढ़ाया जाए, परंतु एक साथ भारी बोझ नहीं डालना चाहिए। उसी प्रकार शासक कर-भार को वांछित, उचित सीमा तक बढ़ाते जाने से, उन्हें उतना बोझ उठाने का स्वभाव बन जाएगा। इसके साथ ही शासन को चाहिए कि जनता पर सब प्रकार से अनुग्रह करते हुए ही कर वसूल करे। अर्थात् उसे यह लगे कि उससे कर के रूप में जो धन लिया जा रहा है, उसका उपयोग उसके हित में किया जा रहा है, ऐसी अनुभूति होने पर सहर्ष कर-भुगतान में उसे अच्छा ही लगेगा। ऐसा नहीं होना चाहिए कि महँगाई भत्ते में जितनी मात्रा में भुगतान किया गया हो, कर-भार बढ़ाकर जनता से उससे अधिक परिमाण में कर के रूप में वापस ले लिया जाए।

*88 /4 एवं 9/281 तथा 120/44/373*

भीष्म ने एक और महत्त्वपूर्ण तथ्य की ओर युधिष्ठिर का ध्यान आकृष्ट करते हुए कहा, "कर लगाते समय शासन को ध्यान में रखना चाहिए कि उसकी कर-संबंधी नीति से कोई उद्विग्न न हो तथा काम के प्रति अरुचि न हो जाए, जो लोग दुर्गम क्षेत्रों के जोखिम की चिंता न करके भी वहाँ व्यापार करते हैं। शासन ध्यान में रखे कि कर-नीति से निराश होकर लोग राज्य छोड़कर अन्यत्र जाने की बात तो नहीं सोच रहे हैं, कृषकों को लगान के भुगतान में कष्ट तो नहीं हो रहा। कहीं कृषक भी लगान के बोझ से कुपित होकर कुछ अन्यथा तो नहीं सोच रहे?"

*89/23 एवं 24/285*

किंतु आपातकाल से सफलतातापूर्वक बाहर निकलने के लिए, राज्य सभी प्रकार के प्रयास करके धन-संग्रह करे। ऐसी विपत्ति की स्थिति में जनता की प्रसन्नता/अप्रसन्नता का विचार न किया जाए और सफलता को लक्ष्य मानकर कार्य किया जाए। तात्कालिक आपातस्थिति से निपटते समय प्रजा-पीड़न की चिंता न की जाए।

परंतु दीर्घकाल तक पीड़न से बचना चाहिए, अन्यथा यह आत्मघाती हो सकता है। समझदार तथा बुद्धिमान शासक को यह सावधानी बरतनी चाहिए तथा सूझ-बूझ के साथ अपने कर्तव्य का पालन करना चाहिए।

*130/38/401*

आपातकाल में, धन के अभाव के कारण कष्ट भोगने, आवश्यक कार्य को संपन्न न कर पाने की स्थिति नहीं आनी चाहिए। अत: ऐसी स्थिति में धनवानों से बलपूर्वक धन लेना अनुचित नहीं कहा जा सकता। परंतु ऐसे संग्रह की मर्यादा का ध्यान रखना चाहिए। धनसंग्रह करते समय यह ध्यान में रखा जाना चाहिए कि यह उनकी कार्यक्षमता पर प्रतिकूल प्रभाव न डाले। यह भी कि उनकी दान-शीलता के भाव को बनाए रखे, अन्यथा भविष्य में यह अहितकर सिद्ध हो सकता है। यह तथ्य अपने आपमें सत्य है कि युद्ध में विजयी होने का लाभ उन्हें मिलेगा। परंतु ऐसी स्थिति में प्रजा को प्रसन्न रखना आवश्यक होता है।

*130/9/399*

भीष्म ने देश के नागरिकों की आवश्यक सुविधाओं पर विशेष ध्यान देने के लिए महाराज युधिष्ठिर को आदेश दिया और कहा, ''प्रजा की मूल आवश्यकता, जल की सुव्यवस्था पर ध्यान दे। जीवन के लिए जल परम आवश्यक होता है, जिसके बिना प्राणी जी नहीं सकता। इसी प्रकार आवागमन की सुविधा का प्रबंध भी करना चाहिए। सड़कों की सुव्यवस्था समस्त भौतिक आवश्यकताओं की संतुष्टि का साधन होती है। इनका प्रबंध पूरे राज्य की प्रजा को एक-दूसरे से जोड़ने का तथा शासन की कुशल व्यवस्था का प्रमुख साधन होती हैं। इसी प्रकार दैनिक आवश्यकताओं की पूर्ति एवं अन्य व्यापारिक विकास के लिए भी बाजार का होना अनिवार्य होता है।''

महाभारत काल में जिन बातों की ओर तत्कालीन महान् चिंतक भीष्म ने महाराज युधिष्ठिर को सचेत किया था, वह वर्तमान भारतीय शासकों की आँखें खोलने के लिए महत्त्वपूर्ण है। अनुमान बताते हैं कि जल साधनों और सड़कों की व्यवस्था स्वतंत्रता प्राप्ति के 65 वर्ष पूरे हो जाने पर भी अनेक प्रदेशों में नहीं हो पाई। पेय जल के अभाव में अनेक बार, कई प्रदेशों में, 'इस वर्ष महाराष्ट्र में', ऐसी स्थिति आई है कि लोग गाँव-के-गाँव छोड़कर नगरों, महानगरों में पलायन कर गए हैं। अपनी अमूल्य कृषि भूमि कौड़ियों के भाव बेचकर, असहाय अवस्था में, जीवन-रक्षण के साधन ढूँढ़ रहे थे। अनेक राजधानियों, यहाँ तक कि राष्ट्रीय राजधानी में आए दिन इस विषय पर विरोध प्रदर्शन होते हैं, परंतु जल की सुव्यवस्था की दीर्घकालीन व्यवस्था

नहीं हो पाती। छोटे-छोटे नगरों की तो बात ही क्या, बड़े स्तर पर ऐसे पलायन के परिणामस्वरूप अनेक नई समस्याएँ जन्म ले रही हैं। यह सत्य कौन नहीं जानता कि जल जीवन की मूल आवश्यकता ही नहीं, जीवन का आधार है?

सड़कों की स्थिति दयनीय है। संपर्क सड़कों की बात तो क्या राष्ट्रीय राजमार्गों की दयनीय स्थिति है। सीमावर्ती मार्ग और सीमाएँ असुरक्षित हैं। पड़ोसी देश सीमोल्लंघन कर रहे हैं, हमें चेताते हैं तब हमारी नींद खुलती है। सैनिक गतिविधियों के सहज संचालन में बाधाएँ उपस्थित हो रही हैं। अधिकांश नगरों में सड़कों के निर्माण के समय दीर्घकालीन स्थिति और भीड़-भाड़ का सही अनुमान न लगाने के कारण सड़कों पर नित्य-प्रति 'जाम' लगने से समय और साधनों की भारी हानि हो रही है।

आधुनिक शासकों को भीष्म के चिंतन से लाभ उठाना चाहिए। नक्सलवादी/माओवादी आतंक में भी सड़कों का अभाव समस्या निवारण में बाधक बनकर सामने खड़ा है। सुरक्षाकर्मियों की गतिशीलता में बाधाएँ आने के कारण आक्रमण होते रहते हैं, जिनसे मासूमों की जानें जाती है, सुरक्षाकर्मी शहीद होते हैं। सुदूर वनवासी, गिरिवासियों के लिए आतंक की समस्या बढ़ती जा रही है।

महाभारत काल में, हजारों वर्ष पूर्व निर्धनता के संबंध में जो मत व्यक्त किया गया था, वर्तमान युग में भी विद्यमान है। निर्धनता एक अभिशाप है, एक सभ्य समाज को इससे मुक्त होना चाहिए। इस अभिशाप से मुक्ति के लिए उच्च प्राथमिकता दिया जाना आवश्यक है। आज हम एक कल्याणकारी राज्य में निवास करते हैं, कम-से-कम, दम तो भरते ही हैं, परंतु इस पातक से छुटकारा पाने के लिए वक्तव्य प्रसारित करके अपने कर्तव्य की इति श्री मानकर चुप बैठ जाते हैं। राजाओं के शासन का वह दौर अब समाप्त हो चुका है, जब व्यक्ति स्वयं ही अपनी निर्धनता से मुक्ति का प्रयास करता था। अब सभी सभ्य सरकारें अपने नागरिकों की सब प्रकार से सहायता करके उन्हें निर्धनता से उबारने के लिए प्रयत्नशील होती हैं। शासन का यह प्रथम कर्तव्य है कि वह प्रत्येक नागरिक की सुख-सुविधा की चिंता करे और उसे निर्धनता के पातक से मुक्ति के उपाय करे।

*8/11 एवं 14/33*

## सारांश–

1. इच्छाएँ, लालसाएँ, आकांक्षाएँ, कामनाएँ ही आर्थिक क्रियाओं की जन्म-दात्री होती हैं।

2. इच्छाएँ अनंत होती हैं।
3. मानव जीवन के लिए धन अत्यंत आवश्यक, साधु-संत को भी है।
4. धन अधिक होने से समाज में प्रतिष्ठा बढ़ती है।
5. धर्म और कर्म पालन भी धन के बिना नहीं हो पाता।
6. अधर्म से, अनुचित साधनों से प्राप्त धन कभी सुख नहीं देता।
7. निर्धन व्यक्ति को दुर्बल कहा जाता है।
8. धन में दोष भी बहुत होते हैं। धनाधिक्य में बहुत नशा होता है।
9. जो लोग धन को ही सर्वस्व मान लेते हैं, उन्हें पशु की संज्ञा दी गई है।
10. सकल घरेलू उत्पाद (Gross Domestic Product) हमें समष्टि दृश्य दिखाता है। इसी प्रकार प्रति व्यक्ति आय (Per Capita Income) भी वास्तविक चित्र हमारे समक्ष प्रस्तुत नहीं करती।
11. निर्धनता को अभिशाप कहा गया है, जिससे छुटकारा पाना चाहिए।
12. जैसे गरमी के मौसम में छोटी-छोटी नदियाँ सूख जाती हैं, उसी प्रकार निर्धन व्यक्ति की क्रियाएँ भी छिन्न-भिन्न हो जाती हैं।
13. शासक को अपने कोषागार को भरा रखना चाहिए।
14. करारोपण करते समय, शासन को, करदाताओं, की देय-क्षमता को ध्यान में रखना चाहिए।
15. मोह एवं लालच के वशीभूत होकर जो शासक प्रजा को कष्ट पहुँचाता है, वह अपने लिए विनाश के बीज बोता है। जनता का दोहन करना चाहिए, शोषण नहीं।
16. भीष्म ने शासन पर यह दायित्व डाला है कि वह प्रजा की प्रगति और सुख साधनों में निरंतर वृद्धि करता रहे।
17. शासन को अपने कर्मियों को सदैव संतुष्ट रखना चाहिए।
18. कर्मियों की नियुक्ति से पूर्व उनका विस्तृत परीक्षण कर लेना चाहिए।
19. आपातकाल के समय धन संग्रह में संकोच नहीं करना चाहिए। ऐसे समय से सफलतापूर्वक निकलने का लाभ जनता को ही मिलता है।
20. प्रजा की मूल आवश्यकताओं की पूर्ति प्राथमिकता के आधार पर करना चाहिए, यथा—पेयजल, आवागमन के साधन, सुदूर बनवासियों, गिरिवासियों की सुविधाओं का ध्यान रखना, उनकी शिक्षा, स्वास्थ्य एवं आय वृद्धि के साधन करना।

□

# कौटिल्य अर्थ-चिंतन*

उपरोक्त अध्याय कौटिल्य अर्थ-चिंतन में श्लोकों को निम्नलिखित परिपाटी से पढ़ा जाए–

**पहली संख्या**–प्रकरण संख्या

**द्वितीय संख्या**–अध्याय संख्या

**तृतीय संख्या**–श्लोक संख्या

**चतुर्थ संख्या**–पृष्ठ संख्या

आचार्य कौटिल्य, जिनको चाणक्य एवं विष्णुगुप्त के नाम से भी जाना जाता है, द्वारा रचित विश्वविख्यात ग्रंथ का नाम 'अर्थशास्त्र' है, जिसमें राजनीतिशास्त्र और अर्थशास्त्र का मिश्रण है। इस ग्रंथ में राजनीति पर विस्तृत विचार किया गया है। बारह अधिकरणों के ग्रंथ के प्रथम पाँच अधिकरणों में, स्थान–स्थान पर आर्थिक विषयों पर, चिंतन किया गया है। बिना आर्थिक चिंतन के राजनीतिक विचार अपूर्ण माना गया। इन शास्त्रों का मिश्रण आधुनिक काल के चिंतन पर भी अपनी छाप छोड़ता है। एफ.ए. वाकर (F.A. Walker), जे.एन. केंस (J.N. Kcynes), ऐल्फ्रेड मार्शल (Alfred Marshall) जैसे नामचीन अर्थशास्त्रियों ने भी अर्थशास्त्र को पोलिटिकल इकॉनोमी (Political Economy or Economics) की संज्ञा दी है। कालांतर में ये दो विषय स्वतंत्र रूप से सामने आए हैं। वर्तमान समय में अर्थशास्त्र एक अत्यंत महत्त्वपूर्ण विषय के रूप में उभरा है, जिसकी पहुँच और पकड़ लगभग सभी विषयों में है। आचार्य चाणक्य ने प्राचीन भारतीय चिंतकों का 114 बार स्मरण किया है (D.B. Thengdi)।

---

* कौटलीय अर्थशास्त्रम्–वाचस्पति गैरोला, प्रकाशन चौखंभा विद्याभवन वाराणसी, पुनः मुद्रण—2009

* चाणक्य नीति, महेश शर्मा, प्रभात पेपरबैक्स, नई दिल्ली, 2012

यहाँ केवल उनके आर्थिक चिंतन पर अध्ययन को सीमित किया गया है। प्रारंभ में निम्नांकित चार श्लोकों में इस बात पर जोर दिया गया है कि प्रत्येक व्यक्ति को, उसके लिए निर्धारित कर्म को पूरी निष्ठा एवं प्रामाणिकता से करना चाहिए। कर्म के प्रति उनका इतना आग्रह है कि इसे धर्म कहा है। कुछ अन्य बातें भी इन श्लोकों में कही गई हैं, जैसे—व्यक्ति किसी प्रकार की हिंसा न करे, सत्य बोले, जीवन को शुद्ध एवं पवित्र बनाए रखे, ईर्ष्या न करे तथा दयावान एवं क्षमाशील हो। उनका मानना है कि अपने कर्म (धर्म) का सही पालन करने से संतोष मिलता है और ऐसा न करने से असंतोष की पीड़ा सहन करनी पड़ती है। परिणामस्वरूप जीवन में असफलता मिलती है। व्यक्ति के जीवन को नष्ट होने से बचाने तथा एक सफल जीवन जीने का एक ही मार्ग है—निर्धारित कर्म को निष्ठा एवं प्रामाणिकता से करना। व्यक्ति को कर्म करने के लिए प्रेरित करने और भटकाव से बचाने के लिए उन्होंने शासन पर दायित्व डाला है। उनके अनुसार शासन का यह कर्तव्य है कि प्रजा के जीवन को नष्ट होने से बचाए। प्रजा को धर्म-कर्म करने के लिए प्रेरित करने के मार्ग बताए। इस प्रकार जन-जन से प्रेम करनेवाली सत्ता लोकप्रिय होती है। भाव यह है कि लोगों में काम करने, वह भी निष्ठा से, ईमानदारी से करने का विचार आने से कार्य उत्तम होता है, फलदायी होता है और जीवन को सुखी बनाता है, क्योंकि अच्छे काम से आय बढ़ती है और व्यक्ति अपनी आवश्यकताएँ पूर्ण करने में समर्थ हो जाता है, जिससे संतुष्टि होती है। यह सत्य दूसरे वक्त काम में संलग्न सेवकों पर भी विकासशील होता है—कर्मी की कार्यक्षमता में वृद्धि होने से उसकी मान्यता एवं सम्मान बढ़ता है, आय बढ़ती है।

**सर्वेषामहिंसा सत्यं शौचमनसूयाऽऽनृशंस्यं क्षमा च।**

*1/2/3/11*

**स्वधर्मः स्वर्गायानन्त्याय च।**
**तस्यातिक्रमे लोकः संङ्करादुच्छिद्येत॥**

*1/2/4/11*

**तस्मात्स्वधर्मं भूतानां राजा न व्यभिचारयेत्।**
**स्वधर्मः संदधानो हि प्रेत्य चेह च नंदति॥**

*1/2/5/11*

**व्यवस्थितार्यमर्यादः तवर्णाश्रमस्थितिः**
**त्रय्या हि रक्षितो लोकः प्रसीदति न सीदति॥**

*1/2/6/11*

(प्रत्येक वर्ण और आश्रम का धर्म है वह किसी प्रकार की हिंसा न करे, सत्य बोले, पवित्र बना रहे, किसी से ईर्ष्या न करे, दयावान और क्षमाशील बना रहे। (1)

अपने धर्म का पालन करने से स्वर्ग और मोक्ष की प्राप्ति होती है। ऐसा न करने से लोक का नाश होता है। (2)

अतः राजा का कर्तव्य है कि वह प्रजा को धर्म और कर्म मार्ग से भ्रष्ट न होने दे। प्रजा से ऐसा आचरण करवानेवाला राजा इहलोक और परलोक में सुखी रहता है। (3)

आगे कहते हैं कि एक सुखी, संतुष्ट समाज एवं देश के लिए यह आवश्यक है कि शासन स्वच्छ, सात्विक एवं दृढ़ चरित्र का हो। इस विषय पर बल देते हुए निम्न श्लोक मार्गदर्शक हैं:

**तस्मादरिषड्वर्गत्यागेनेन्द्रियजयं कुर्वीत।**
**वृद्धसंयोगेन प्रज्ञां, चारेण चक्षुरुत्थानेन योगक्षेमसाधनं,**
**कार्यानुशासनेन स्वधर्मस्थापनं,**
**विनयं विद्योपदेशेन, लोकप्रियत्वमर्थसंयोगेन, हितेन वृत्तिम्॥**

*3/6/1/18*

**एवं वश्येन्द्रियः परस्त्रीद्रव्यहिंसाश्च वर्जयेत।**
**स्वप्नं लौल्यमनृतमुद्धतवेषत्वमनर्थसंयोगं, चः,**
**अधर्मसंयुक्तमानर्थसंयुक्तं च व्यवहारम्**

*3/6/2/18*

**धर्मार्थाविरोधेन कामं सेवेत। न निःसुखः स्यात्।**
**समं वा त्रिवर्गमन्योन्यानुबन्धम्।**
**एको ह्यत्यासेवितो धर्मार्थकामानामात्मानमितरौ च पीडयति॥**

*3/6/3/18*

उपरोक्त प्रथम श्लोक में, आचार्य ने, शासकों के लिए सुंदर एवं अनुकरणीय मार्ग दिखाए हैं। एक शासक काम-क्रोध आदि को त्यागकर, अपनी इंद्रियों पर विजय प्राप्त करे, विद्वानों की संगत में रहकर, अधिक ज्ञानवान बने। प्रजा अपने-अपने कर्म (धर्म) के वक्त प्रति सजग होकर, कार्य का उचित संपादन करे, जन-

जन को सुशिक्षित करने की व्यवस्था करके, उसे अधिक बुद्धिमान, शालीन, कर्मशील और विनम्र बनाए तथा लोक-कल्याण के लिए विविध प्रकार के आयामों द्वारा उसे संपन्न एवं सुखी बनाए।

दूसरे श्लोक में कहा गया है कि शासक आत्म-नियंत्रण रखकर, पराई स्त्री, धन एवं हिंसात्मक वृत्ति से स्वयं की रक्षा करे, अनुचित वृत्तियों को त्याग दे तथा ऐसी वृत्तिवालों की संगति त्याग दें।

तीसरे श्लोक में शासक को सुरक्षा कवच की उचित व्यवस्था करने की शिक्षा दी गई है। यह भी कहा गया है कि वह काम का सेवन धर्मानुसार करे। एक शासक कभी भी धर्म और अर्थ की मर्यादा का उल्लंघन न करे। धर्म, अर्थ और काम के त्रिवर्ग का पालन करे। यह त्रिवर्ग उत्तम है, जिसकी मर्यादा का सदैव पालन करे।

आचार्य कौटिल्य द्वारा शासकों को दी गई शिक्षा, उनके काल में, जितनी महत्त्वपूर्ण थी, उससे अधिक आवश्यक वर्तमान समय में है। देश-देश में उनकी शिक्षा की अनदेखी के बुरे उदाहरण सामने आ रहे हैं। सरकारें पलट रही हैं। प्रजा दु:खी जीवन व्यतीत कर रही है। अर्थ और काम के चक्र में शासक फँस रहे हैं। धर्म एवं नैतिकता का त्याग सामान्य स्वभाव बन गया है। काश! आचार्य की सीख पर ध्यान दिया जाए।

अगले श्लोक में अर्थ के महत्त्व को अंकित किया गया है—

**अर्थ एव प्रधान इति कौटिल्यः**
**अर्थमूलौ हि धर्मकामाविति।**

*3/6/1/19*

पीछे कौटिल्य ने धर्म, अर्थ और काम के त्रिवर्ग को उत्तम कहा है। इस श्लोक में उनका प्रतिपादन है कि इस त्रिवर्ग में सबसे महत्त्वपूर्ण है अर्थ। तीनों में अर्थ प्रधान है। मानव जीवन में अधिकांश कार्य अर्थ से ही संपन्न किए जाते हैं। अर्थ के बिना भौतिक आवश्यकताओं की संतुष्टि संभव नहीं होती। यहाँ तक कि धर्म और काम भी अर्थ पर निर्भर हैं। कौटिल्य का हजारों वर्ष पूर्व का यह कथन आजकल कितना सार्थक सिद्ध हो रहा है! भारतीय चिंतन में अर्थ और काम को धर्म और मोक्ष की सीमाओं के अंदर रखा गया। वर्तमान में इन सीमाओं का उल्लंघन ही मानवीय दु:ख का मूल कारण है। उनके इस कथन पर विवाद नहीं किया जा सकता कि पुरुषार्थ-चतुष्ट्य—धर्म, अर्थ, काम, मोक्ष—में अर्थ अत्यंत

महत्त्वपूर्ण है। अनेक धार्मिक क्रिया-कलापों की सिद्धि अर्थ के बिना नहीं होती। परंतु अर्थ, मानव जीवन के सुचारु संचालन के लिए, आवश्यक होते हुए भी, जीवन का लक्ष्य नहीं माना जा सकता। अर्थ साध्य नहीं है, साधन मात्र है, हाँ, महत्त्वपूर्ण साधन है। आज के सर्वसाधारण मानव ने साधन को ही साध्य मानकर कष्ट, दु:ख और असंतोष को आमंत्रित किया है, उन्हें गले लगा लिया है।

प्राचीन काल से कृषि उद्योग भारतीय अर्थव्यवस्था का मूलाधार रहा है। आज के औद्योगिक युग में भी हमारी अर्थव्यवस्था का आधार कृषि है। कृषि पर आधारित अनेक बड़े-बड़े उद्योग सतत कार्यरत हैं। अगले अनेक श्लोकों में उन्होंने कृषि एवं संबंधित विषयों पर विस्तार से विचार व्यक्त किए हैं—

**क्षेत्रिकस्याक्षिपतः क्षेत्रमुपवास्य वा त्यजतो**
**बीजकाले द्वादशपणो दंडः।**
**अन्यत्र दोषोपनिपाताविषह्येभ्यः ॥**

*66/10/1/295*

कृषि की संपूर्ण भूमि का उपयोग सुनिश्चित करने के मन्तव्य से आचार्य कहते हैं कि ग्रामवासी कृषक यदि बीज बोते समय खेत खाली छोड़ देता है तो उस पर अर्थदंड लगाना चाहिए। भाव यह है कि देश के उत्पादक साधन के अप्रयुक्त रहने से राष्ट्रीय उत्पाद में कमी आती है जो समष्टि दृष्टि से अनुचित है। उनका यह मत केवल कृषि तक सीमित नहीं होता। कोई भी उत्पादक साधन हो, उसका उपयोग होना ही चाहिए। उपयोग करते समय यह भी ध्यान रखा जाए कि उस साधन का सर्वोत्तम उपयोग कहाँ हो सकता है। यदि सभी उत्पादक साधनों को उनके अधिकतम उत्पादक उपयोग में लगाया जाए तो राष्ट्रीय उत्पाद अधिकतम होगा। कृषि भूमि के प्रत्येक टुकड़े का उपयोग इसी प्रकार किया जाए, यह अर्थ भी निकाला जाना चाहिए। साधनों के ऐसे उपयोग से व्यक्ति विशेष की आय बढ़ सकती है और देश की संपन्नता में भी वृद्धि हो सकती है। इसी सूत्र को स्रोतों का आदर्श उपयोग (Optimum use of Resources) कहा जाएगा। उत्पाद का सर्वोच्च बिंदु (Maximisation of Output) इसी प्रकार प्राप्त हो सकता है।

कौटिल्य ने कृषि भूमि खाली छोड़ने पर जहाँ अर्थदंड का विधान किया, उन्होंने यह भी कहा कि यदि खाली छोड़ी गई भूमि में दोष होने पर खाली छोड़ी गई हो, तो अर्थदंड का प्रश्न ही नहीं उठता।

ग्राम्य-जीवन और कृषि व्यवस्था पर प्रकरण 66 का पूरा अध्याय 10 ध्यान

केंद्रित रखता है। कौटिलीय अर्थशास्त्रम् लेखक वाचस्पति गैरोला, चौखम्मा विद्याभवन, वाराणसी के पृष्ठ 295, 296, 297, 298 में इसकी अत्यंत विस्तार से चर्चा की गई है। भारतीय अर्थव्यवस्था में ग्राम, ग्राम्य-जीवन, ग्रामों की व्यवस्था में सहयोग, सामूहिक हित के कार्यों में भागीदारी, आवागमन की सुविधा हेतु सड़कें, कृषि भूमि के मार्ग, मार्गों में बाधा उपस्थित करनेवालों के लिए दंड-विधान, पशुओं के लिए चारागाहों की व्यवस्था आदि पर समर्पित करके इनके महत्त्व को उजागर किया है। उन्होंने शहरी जीवन पर भी प्रकाश डाला, परंतु ग्राम्य-जीवन पर ध्यान केंद्रित रखा। उस समय नगर बहुत कम रहे होंगे। अधिकांश जनसंख्या ग्रामों में निवास करती होगी, इसी कारण ग्रामों पर अधिक ध्यान दिया होगा। भारतवर्ष आज भी 'ग्रामों का देश' कहा जाता है।

यह दु:खद तथ्य है कि हजारों वर्ष पूर्व उन्होंने ग्राम्य जीवन पर विस्तृत प्रकाश डाला, सुधार के उपाय किए। परंतु आज भी जितना ध्यान नगरों के विकास पर दिया जाता है, ग्रामों पर नहीं। आज भी हमारे गाँव अनिवार्य मानवीय सुविधाओं से वंचित हैं, जिनके लिए ग्रामवासियों को नगरों की दौड़ लगानी पड़ती है। आवश्यकता इस बात की है कि ग्राम्य जीवन में सुधार को प्राथमिकता दी जाए। इसके लिए मंत्रालय तो हैं, परंतु अपेक्षित सुधार नहीं हो रहे। अपरिहार्य सेवाओं के लिए ग्रामवासियों को टूटी-फूटी सड़कों से नगरों में आना पड़ता है। आज ग्रामों से नगरों की ओर दौड़ बढ़ती जा रही है, जो नई समस्याओं को जन्म देती है।

शहरों के लिए साधनों की कमी नहीं है। नगरों को विश्वस्तरीय मानक प्राप्त कराने की होड़ लगी हुई है। आधुनिक सुविधाओं से नगर पाटे जा रहे हैं। ऐसे विकास एवं सुविधाओं की दिशा ग्रामों की ओर मोड़ने से जनता का जीवन सुखी बनाने के उपायों को अपनाने से एक ओर बढ़ती नगरीय समस्याओं में कमी होगी, दूसरी ओर ग्रामवासियों का जीवन सुख के प्रकाश का दर्शन कर पाएगा। अत: जन सुविधाओं की बड़ी योजनाएँ ग्रामों में जीवन को सरल एवं सुखी बनाने के लिए की जाएँ। शिक्षा एवं स्वास्थ्य के, आधुनिक उपकरणों सहित केंद्र, गाँवों में स्थापित करने से ग्राम्य जीवन में गुणात्मक सुधार होगा। जीवन के प्रत्येक क्षेत्र में नई प्रतिभाएँ सामने आएँगी। थोड़ा विचार करें कि प्रकाश में आनेवाले तथाकथित नगरवासी ग्रामों से ही तो नगरों में आए थे।

कौटिल्य कृषि के कुछ पक्षों पर विस्तार से चर्चा करते हैं—

## सिंचाई

सिंचाई खेती की मूल आवश्यकता होती है। धान एक ऐसी फसल है, जिसकी रोपाई से पूर्व ही खेत पानी से भरे होने चाहिए। बीज कितने ही उत्तम क्यों न हों, सिंचाई के अभाव में अपेक्षित परिणाम नहीं देते। बंजर पड़ी भूमि पर भी सिंचाई सुलभ हो जाए, तो उपजाऊ बन सकती है। उच्च कोटि की भूमि पर भी सिंचाई व्यवस्था बिगड़ जाए तो कुछ समय बाद अनुपजाऊ हो जाती है। सिंचाई व्यवस्था ठीक होने पर उपजाऊ भूमि सोना उगलने लगती है। कृषि पर विचार करते हुए कौटिल्य ने सिंचाई को सर्वोपरि महत्त्व दिया है। सिंचाई मार्गों-नहरों को सदैव खुला रखने का आग्रह किया है। उन्होंने कहा कि जो व्यक्ति इन रास्तों को रोके, काटे अथवा अन्य प्रकार से हानि पहुँचाए, उसे दंडित किया जाए। अनुचित मार्गों से पानी ले जाने को भी, उन्होंने दंडनीय कहा है।

उन्होंने शासन से अपेक्षा की है कि वह नदियों के पानी का सिंचाई के लिए भरपूर उपयोग करे। इस हेतु बड़े-बड़े बाँध बनाकर, नहरों द्वारा सिंचाई हेतु, पानी का उपयोग करे। वर्षा के पानी को तालाबों में संचित करके आवश्यकतानुसार सिंचाई में उपयोग करे। यह भी कहा कि यही कार्य यदि प्रजाजन करने को तत्पर हों, तो शासन उन्हें जलाशय के लिए भूमि, नहरों के लिए मार्ग, विशेषज्ञों की सेवाएँ तथा अन्य आवश्यक सहायता प्रदान करे और इस प्रकार सहकारिता कार्यों को प्रोत्साहित करे।

कृषि भूमि की सिंचाई व्यवस्था के संबंध में उन्होंने यह भी कहा कि बड़े-बड़े फार्मों, जिनमें बीस तथा अधिक हलों से जुताई की जाती है, बीच-बीच में कुँओं का निर्माण करके सिंचाई सुनिश्चित की जाए।

उन्होंने यह भी कहा कि सिंचाई व्यवस्था में सहयोगी भूमिका निभानेवालों को राज्य कर में छूट दी जाए। नए सिरे से तालाब और बाँध बनानेवालों से पाँच वर्ष तक, पुराने तालाबों-बाँधों का जीर्णोद्धार करनेवाले से चार वर्ष तक, पहले से बने हुए तालाबों-बाँधों को और अधिक बढ़ानेवालों से तीन वर्ष तक राज्य कर न लिया जाए।

*65/9/3/292*

जिन तालाबों में नदी का पानी नहीं आता तथा किसान नहर आदि साधनों से अपने बाग-बगीचे, फल-फूल की खेती को सींचता हो, उससे केवल उतना कर ही लेना चाहिए, जिसके भुगतान के बाद वह अपना कार्य निर्बाध गति से करता रहे। कर-भुगतान से उसे विशेष कष्ट या पीड़ा न हो।

*65/9/4/292*

जिन किसानों के पास तालाब न हों, वे भी मूल्य देकर, अनुबंधित राशि का भुगतान करके, अपनी उपज का कुछ भाग देकर अथवा दूसरे तालाबों के स्वामी से अनुमति प्राप्त करके, अपने खेतों की सिंचाई करा सकते हैं। किंतु यह आवश्यक है कि वे इन तालाबों, नहरों की निरंतर मरम्मत कराते रहें। यदि वे ऐसा न करें तो तालाब या नहर में होनेवाली हानि से दूना दंड उन पर लगाया जाए।

*65/9/5/292*

इसके साथ ही आचार्य ने यह व्यवस्था भी दी कि जो लोग अपनी बारी की प्रतीक्षा न करके जबरदस्ती दूसरे की बारी पर अपने खेतों की सिंचाई कर लें अथवा अपनी बारी पर पानी लेते हुए, प्रमादवश, दूसरे का पानी रोककर दूसरे की सिंचाई में बाधा डालें, ऐसे लोगों को समुचित रूप से दंडित किया जाना चाहिए।

*65/9/1/293*

कुल उत्पाद में, कृषि उत्पाद को सबसे अधिक महत्त्वपूर्ण मानकर, उन्होंने आग्रह किया कि कृषि भूमि को खाली न छोड़ा जाए। किसी विवशतावश यदि कृषक अपनी भूमि को जोतने में असमर्थ हो, तो कोई दूसरा व्यक्ति उसे जोतकर कृषि कार्य करे और पाँच वर्ष तक बिना लगान, उसका उपयोग करे। पाँच वर्ष के पश्चात् वह भूमि उसके स्वामी को सौंप दी जाए। पाँच वर्ष तक भूमि का उपयोग करनेवाले व्यक्ति ने यदि उसमें सुधार करके उसे अधिक उपयोगी एवं उपजाऊ बनाया हो, तो उस पर किया गया व्यय भू-स्वामी उसे प्रदान करे।

*66/10/1/295*

कौटिल्य ने यह व्यवस्था भी दी है कि जोतनेवाले दूसरे व्यक्ति ने यदि उस भूमि पर बने हुए देवालयों, पूजास्थलों की किसी की बिक्री कर दी हो या भूमि को गिरवी रखा हो तो उसे समुचित रूप से दंडित किया जाना चाहिए। ऐसे अशोभनीय कृत्य में जो लोग सहयोगी अथवा साक्षी बने हों, उन्हें भी दंडित किया जाए। धर्मार्थ भूमि को उन्होंने लगान-मुक्त भूमि बताया। ऐसी भूमि का उपयोग करनेवाले यदि दूसरे गाँव में निवास करते हुए भी भूमि का उपयोग कर रहे हों तो भी भूमि लगान-मुक्त होगी और उसका उपयोग करनेवाले उस भूमि के वैध अधिकारी होंगे। निष्कर्ष यह कि भूमि के उपयोग के संबंध में आचार्य कौटिल्य अत्यंत गंभीर हैं।

*66/10/2/294*

## चारागाह

कृषि और पशुओं का चोली-दामन का साथ हुआ करता था। कुछ वर्षों से मशीन ने पशुओं का काम पर्याप्त सीमा तक अपने ऊपर ले लिया है। छोटे-थोड़ी भूमिवाले कृषक पशुओं की सहायता से कृषि कार्य कर रहे हैं। सैकड़ों वर्ष पूर्व, कौटिल्य के काल में, कृषि पशुओं के सहारे चलती थी। अत: पशुओं के रख-रखाव और चारे की व्यवस्था करना अनिवार्य था। इस हेतु उन्होंने चारागाहों की व्यवस्था बताई, जिसके अनुसार गाँव के समीप, जंगल में, चारागाह हों, जिनमें गाँव के पशु घूम-फिर सकें और चर सकें। उन्होंने यह भी बताया कि चारागाहों का उपयोग करनेवाले पशुओं पर शुल्क लगाकर वसूल किया जाए। छोटे पशुओं, जैसे—बकरी पर सबसे कम, मध्यम पशुओं, जैसे—गाय, घोड़ा आदि पर दूना, बड़े पशुओं, जैसे—भैंस, ऊँट पर उससे भी दूना शुल्क लिया जाए। जो लोग चराई के बाद भी, रात्रि विश्राम हेतु पशुओं को चारागाह में ही छोड़ें, उनसे उनके पशु की चराई के लिए प्राप्त किए जानेवाले शुल्क से दूना शुल्क लिया जाए। यदि किसी के पशु निरंतर चारागाह में ही रहते हों, उनके स्वामी से चार गुणा शुल्क लिया जाए। दस दिन की ब्यायी गाय और उसके बछड़े पर कोई शुल्क न लिया जाए। चारागाह के चारों ओर बाड़ा बनाकर पशुओं की सुरक्षा की व्यवस्था की जानी चाहिए। बाड़े का स्थान गाँव से (400 हाथ) लगभग दो सौ मीटर दूर होना चाहिए।

*66/10/5, 6, 7/296*

## खेती को हानि

कृषि के महत्त्व को देखते हुए, कौटिल्य ने उसकी सुरक्षा हेतु, किसी प्रकार की हानि से बचाने के लिए, विभिन्न पक्षों पर ध्यान दिलाया है। उन्होंने कहा—

यदि किसी के पशु किसी दूसरे की खेती को चर जाएँ, तो पशु के स्वामी से कृषि फसल की हानि से दो गुना दंड वसूल करवाया जाए। खेत के स्वामी को हुई हानि से दूना उसे दिलवाया जाए।

यदि कोई व्यक्ति चोरी-छिपे अपने जानवर से दूसरे की खेती को हानि पहुँचाए तो उसे बारह पण का दंड दिया जाए। यदि कोई खुले-आम, दादागीरी करते हुए, अपने जानवर से दूसरे की खेती चरवाए तो उसे चौबीस पण का दंड दिया जाए। खेत की रखवाली करनेवाले को भी लापरवाही के लिए दंडित किया जाए। प्राचीन समय से, जनहित के उद्देश्य से, बिजार को स्वतंत्र छोड़ा जाता है।

कौटिल्य का मत है कि ऐसा बिजार यदि किसी की खेती को हानि पहुँचाता है तो इसके लिए खेत के रखवाले से दंडराशि प्राप्त करके स्वामी को दिलवाई जाए। खेत की बाड़ क्षतिग्रस्त हो जाने पर रखवाले से दूना दंड वसूल किया जाए। यदि किसी के जानवर खलिहान से अन्न चर जाएँ तो जानवर के स्वामी को दो गुणा दंड देना चाहिए।

यदि आश्रम के मृग खेती चर जाएँ तो रखवाला उन्हें बाहर भगाकर स्वामी को इसकी सूचना दे। मृगों को खेत से निकालते समय सावधानी रखी जाए कि उन्हें हानि न पहुँचे, चोट न लगे।

. पशुओं को खेत से निकालते समय रस्सी अथवा कोड़े का उपयोग किया जाए। यदि कोई व्यक्ति अनुचित ढंग से उन पर प्रहार करे तो उसे 'दंडपारूष्य' प्रकरण के अनुसार, दंडित किया जाए, जो यथोचित हो। किंतु जो पशु हटाए जाने का प्रतिरोध करे, पूर्व में कभी प्रतिरोध करते हुए किसी को मारते देखे गए हों, उन्हें मार भगाने में कोई आपत्ति नहीं है।

## लगान

आचार्य कौटिल्य कृषक की आर्थिक स्थिति से पूर्णतया परिचित थे। उनका कहना है कि किसान को कभी भी धन की आवश्यकता पड़ सकती है। अनेक बार तो उसे लगान के भुगतान की व्यवस्था से ही जूझना पड़ता है। ऐसी विकट परिस्थिति में वह अपनी भूमि गिरवी रखने या बेचने के लिए भी विवश हो जाता है। कौटिल्य का निर्देश है कि वह अपनी भूमि उसी व्यक्ति के पास रहन रखे अथवा विक्रय करे, जो अपनी भूमि का लगान दे रहा हो। यह भी कहा कि जिन कृषकों के पास धर्मार्थ भूमि है, जिस पर वे लगान नहीं देते, अर्थात् लगान-मुक्त है, तो वे आवश्यकता पड़ने पर, उन्हीं के हाथ भूमि बेच सकते हैं या केवल उन्हीं के पास गिरवी रख सकते हैं, जो उन्हीं की भाँति लगान-मुक्त धर्मार्थ भूमि जोत रहे हों और लगान न देते हों। कौटिल्य का कहना है कि कृषि भूमि संबंधी इन नियमों का कठोरता से पालन किया जाए। इनका उल्लंघन दंडनीय अपराध है। यही दंड उनको भी देना चाहिए जो लगान देनेवाले गाँव को छोड़कर, लगान न देनेवालों के गाँव में बसना चाहते हों। परंतु यदि वह व्यक्ति पुनः अपने गाँव में आए तो उसे बसने के लिए वे सभी सुविधाएँ दी जाएँ जो उचित समझी जाए।

आज के निर्धन कृषक की आर्थिक समस्याएँ इतनी विकट हो जाती हैं कि वह निराश-हताश होकर आत्महत्या कर लेता है। शासन को अपने नागरिकों के

प्रति अधिक संवेदनशील होने की आवश्यकता है। वर्तमान शासन की डोर गाँव-गाँव तक फैली हुई है। प्रत्येक ग्रामवासी की वास्तविक आर्थिक स्थिति की जानकारी प्राप्त करने का तंत्र उपलब्ध है। कौन सा कृषक अपनी आर्थिक स्थिति से निराश हो रहा है, इसकी सही-सही जानकारी अपने ऊपर के अधिकारी को दे। वह अधिकारी, स्वदेशी राजसेवक के रूप में, अपने क्षेत्र के कृषक की पीड़ा को समझे और आत्मीयता से उस तक शासकीय सहायता पहुँचाए। जो कृषक लगान के भुगतान के लिए अपनी जीविका के एकमात्र साधन भूमि गिरवी रखने अथवा बेचने के लिए विवश हो रहा है, उसका लगान आगे के लिए टाल देना बेहतर होगा। अथवा माफ कर देना चाहिए। आखिर वह अपना ही तो है! उसकी कठिनाई का निदान आत्मीयता से करने के प्रशिक्षण की व्यवस्था की जानी चाहिए। आर्थिक कठिनाई से हताश कृषक की आत्महत्या हमें झकझोरनी चाहिए। उसे पराया मानने में कोई सुख नहीं, शासन अपने दायित्व का पालन जनता को अपना समझकर, अपना मानकर करे।

गाँव के सामूहिक कार्यों और सार्वजनिक कल्याण कार्यों में अधिक रुचि लेने हेतु प्रेरित करते हुए कौटिल्य ने कहा कि सार्वजनिक मनोरंजन के कार्यों में सभी को योगदान करना चाहिए। परंतु यदि कोई व्यक्ति स्वार्थ के कारण इन कार्यों में सहयोग नहीं करता, तो उसे परिवार-सहित सार्वजनिक उत्सवों में सम्मिलित न होने दिया जाए। यदि वह व्यक्ति छिपकर उत्सव का आनंद ले रहा हो तो उससे उसके भाग का दोगुणा वसूल किया जाए।

*66/10/1/298*

सार्वजनिक कार्यक्रमों, उत्सवों के संबंध में यदि कोई व्यक्ति सुझाव दे, तो उसकी बात धैर्यपूर्वक सुनी जाए। उसके सुझाव उपयुक्त पाए जाने पर उन्हें स्वीकार कर लिया जाए। यदि उसके विरोधी, अप्रसन्न होकर, उससे दुर्व्यवहार करें तो उनको भी दंडित किया जाए। घातक प्रहार करनेवालों पर विशेष अर्थदंड भी लगाया जाए।

*66/10/2/298*

आगे कहा कि यदि मार-पीट एवं दुर्व्यवहार करनेवालों में गाँव का कोई प्रतिष्ठित व्यक्ति शामिल हो, तो उस पर सबसे अधिक दंड लगाना चाहिए। इस प्रकार उन्होंने यह संदेश दिया है कि किसी व्यक्ति का प्रतिष्ठित होना उसे यह अधिकार नहीं देता कि उसे अपराध से किसी प्रकार की छूट मिल जाती है और वह मनमानी कर सकता

है। प्रतिष्ठित व्यक्ति से अधिक उत्तरदायी तथा संयत होने की अपेक्षा की जाती है। अत: उसे समुचित दंड देकर, उसे तथा अन्यों को चेतावनी दी गई है कि वे दुर्व्यवहार न करें। ग्रामवासी मिलकर किसी भी कार्य को करने में समर्थ होते हैं।

*66/10/3/298*

जो लोग सार्वजनिक हित के कार्यों में रुचि लेते हैं, स्वप्रेरणा से सबके आराम की चिंता एवं व्यवस्था करते हैं, बड़ी-बड़ी सड़कों के किनारे आराम के लिए आवास बनाते हैं, गाँव को सजाते-सँवारते हैं, गाँव की सुरक्षा में सहयोग करते हैं, उनके द्वारा किए जा रहे सर्वहितकारी कार्यों की ओर शासन का ध्यान अवश्य जाना चाहिए। कौटिल्य ने ऐसे लोगों की प्रशंसा की है।

*66/10/5/298*

आचार्य कौटिल्य ने जहाँ ग्राम्य जीवन और कृषि पर विस्तृत विचार किया, वहीं व्यापार, खनिज और संबंधित विषयों के विभिन्न पहलुओं पर भी प्रकाश डाला। धनोपार्जन के मुख्य केंद्रों, बड़े-बड़े नगरों और उनके विकास का दायित्व उन्होंने शासन पर डाला है। नगरों की स्थापना का कार्य निजी व्यक्तियों द्वारा किया जाना सरल नहीं होता। व्यापार संबंधी कार्य, सड़कों का निर्माण, आवागमन एवं सामान को एक स्थान से दूसरे पर ले जाना भी शासन द्वारा ही हो सकता है। इसके लिए वास्तु-विशेषज्ञों से परामर्श करके, जल प्रसाधन, पर्यावरण एवं भूमि के गुण-दोषों का आकलन करके, जिन प्रदेशों एवं स्थलों को श्रेष्ठ बताया जाए, वहाँ नगरों की स्थापना की जाए। सामान्य रूप से नदियों के समीप, नदियों के संगम, तालाबों के किनारे और जलाशयों के पास नगर बसाए जा सकते हैं। नगर गोलाकार हों, चौकोर हों अथवा आकार में लंबे हों, भूमि के गुणों के आधार पर रचना की जानी चाहिए। नगरों के चारों ओर नहरों का प्रबंध हो तो उत्तम होगा। नगरों के सहज संपर्क के लिए उपयुक्त सड़कों के अतिरिक्त जलमार्गों की व्यवस्था करना भी उत्तम होगा। नगर के निकट, आस-पास के उत्पादनों की बिक्री-योग्य वस्तुओं के संग्रह की व्यवस्था भी ध्यान में रखी जाए।

*19/3/2/85-86*

कुछ मास पूर्व उत्तराखंड में हुई त्रासदी पर दृष्टि डालें तो ध्यान में आता है कि कौटिल्य की नीति कि भूमि के गुण-दोष, पर्यावरण तथा वास्तु पर विशेषज्ञों से परामर्श करके उस पर ध्यान दिया जाना चाहिए, ऐसा नहीं किया गया। परिणामस्वरूप

श्री केदारनाथ धाम के अति निकट बसाए गए नगरों तथा मार्ग में स्थापित बाजारों पर प्रकृति के आघात हुए। करोड़ों की संपत्ति के अतिरिक्त हजारों मूल्यवान मानवीय एवं अन्य जीवों की जीवनलीला का भयानक अंत हुआ है।

नगर स्थापना से संबंधित यह भी बताया गया कि नगर में निवास करनेवाले परिवारों के काम-धंधे तथा व्यवसाय और निवासियों के उपयोग हेतु भूमि, खेतों में फल-फूल एवं साग-सब्जी, कमल आदि की क्यारियाँ बनाई जाएँ। राजाज्ञा से उनके उपभोग हेतु अनाज तथा अन्य वस्तुओं का संग्रह तथा उत्पादन किया जाए। इनकी बिक्री हेतु केंद्र स्थापित हों।

*20/4/4/93*

व्यापार के सतत विस्तार एवं विकास हेतु वस्तुओं की शुद्धता पर उन्होंने विशेष बल दिया है। अशुद्ध और नकली वस्तुओं के व्यवहार से दूरी रखने के लिए इसे दंडनीय अपराध माना है। उनका परामर्श है कि विभिन्न वस्तुओं के विशेषज्ञों, पारखियों की सहायता ली जाए, जो अच्छे-बुरे, नए-पुराने का भेद समझकर रत्न, चंदन, लकड़ी, चमड़ा, बाँस आदि की जानकारी रखते हों। शासन द्वारा, परखकर, इन वस्तुओं का संग्रह किया जाए। अरू और नकली रत्न देखकर निश्चय करें कि नकली रत्न देकर असली रत्नों की चोरी करने और करानेवाले अपराधियों को कठोर दंड दिया जाए। वस्त्र, लकड़ी और चमड़ा आदि वस्तुओं में छल करनेवालों से वैसी दूसरी वस्तु ले ली जाए और उनसे उतने ही मूल्य का दंड वसूल किया जाए।

*21/5/4/96*

तीन हजार वर्ष से भी अधिक समय पूर्व उन्होंने नकली सामान को असली बताकर कपट करने के कार्य पर कठोर दंड का विधान करने, छल करनेवालों को खोज निकालने और दंडित करके सुधारने का प्रयत्न करके व्यापार के विकास एवं सुदूर तक विस्तार के मार्ग प्रशस्त किए थे। उस युग को अत्यंत सम्मानपूर्वक स्मरण किया जाता है। परंतु आज तो छल-कपट सामान्य स्वभाव बन गया है, जो व्यापार-विस्तार के मार्ग बाधित करता है। जर्मन सामान की गुणवत्ता सर्वत्र सराही जाती है। यहाँ तो जीवन-रक्षक औषधियों के भी नकली बाजार दिखाई पड़ते हैं। कठोर दंड विधान और उसका बिना विलंब पालन, इस प्रवृत्ति के सुधार में सहायक हो सकता है।

राजकर्मियों में उनके अधिकारियों, सहायकों एवं उनके मध्य कार्य करनेवालों के संबंध में कौटिल्य ने कहा कि उनके द्वारा प्रथम बार त्रुटि करने पर उन्हें थोड़ा

दंड देकर सुधारने का प्रयास किया जाए, दूसरी बार भी वैसा करने पर दो गुणा, तीसरी बार तीन गुणा, चौथी बार चार गुणा दंड देने पर भी वे नहीं सुधरते तो उन्हें मृत्युदंड देना चाहिए। ऐसे साधन करके सम्राट चंद्रगुप्त मौर्य के समय में अनुचित क्रियाओं को लगभग समाप्त ही कर लिया गया था।

*21/5/4/97*

स्पष्ट है कि किसी भी सुधार के लिए कठोर दंड प्रक्रिया की सहायता लेनी पड़ती है। तथाकथित 'मानवीय अधिकारवादी' अपराधी को एक दृष्टि से उदार दृष्टि से देखते हैं और जिनके विरुद्ध अपराध किए जाते और जिनकी नृशंस हत्याएँ तक की जाती हैं, उनके मानवीय अधिकारों की अनदेखी करते हैं। छोटे भ्रष्टाचारी के प्रति एक, परंतु बड़े करोड़ों, अरबों के भ्रष्टाचारियों के प्रति दूसरा दृष्टिकोण अपनाया जाता है। साधारण राजकर्मचारी, सहायक एवं उच्चाधिकारी तथा उसके 'बॉस' और 'बड़े बॉस' सबके लिए पृथक-पृथक मानक अपनाए जाते हैं। छोटे स्तर के भ्रष्टाचारी तो दंडित हो जाते हैं, परंतु उच्चाधिकारी, 'बॉस' और 'बड़े बॉस' साफ छूट जाते हैं। फलतः भ्रष्टाचार खूब तीव्र गति से पनप रहा है। भ्रष्टाचार स्वभाव का एक अंग बन गया है। ईमानदार कर्मी को पिछड़ा समझकर उसे हेय दृष्टि से देखा जाता है। कौटिल्य को भुलाने का क्रम जारी है। सुधारात्मक शिक्षण को निष्फल करने के प्रयासों के कारण जन-जन दु:खी हो रहा है।

कौटिल्य ने देश की संपन्नता एवं खुशहाली के लिए सबसे अधिक महत्त्व कृषि को दिया है, उन्होंने दूसरे स्थान पर व्यापार को रखा है, आर्थिक विकास के ये दो मानक सर्वविदित हैं। इनमें व्यापार तो सारे संसार में महत्त्वपूर्ण माना जाता है। सभी देशों को व्यापार के विस्तार की चिंता होती है।

व्यापार की सुव्यवस्था के लिए उन्होंने एक पण्याध्यक्ष (Marketing Officer) की नियुक्ति के लिए कहा। इस अधिकारी से अपेक्षा की गई है कि वह बाजार संबंधी पूर्ण जानकारी से लैस हो। केवल आंतरिक व्यापार तक ही उसकी जानकारी सीमित न हो। जल-थल सभी मार्गों से वह भलीभाँति परिचित हो। इन मार्गों से आनेवाली बहुमूल्य तथा अल्प-मूल्य वस्तुओं, उनकी लोकप्रियता एवं अलोकप्रियता, उनकी माँग, आपूर्ति में कमी और वृद्धि, विभिन्न वस्तुओं के बिक्री केंद्र, उपयुक्त समय और स्थान आदि की पूरी जानकारी पण्याध्यक्ष को होनी चाहिए।

*32/16/1/164*

पण्याध्यक्ष को अधिक उत्पादित वस्तुओं का संग्रह करके, बाजार की स्थिति का आकलन करते हुए, मूल्य को नियंत्रित करने की कला भी सीखनी चाहिए, जिसका आवश्यकतानुसार उपयोग कर सके।

*32/16/2/164*

शासकीय उद्यमों द्वारा उत्पन्न होनेवाली वस्तुओं की बिक्री विभिन्न विक्रय केंद्रों पर होनी चाहिए, जिस पर विभिन्न वस्तुओं की बिक्री की सुव्यवस्था हो। देशी-विदेशी वस्तुओं की बिक्री की व्यवस्था जनता की सुविधानुसार की जानी चाहिए, जिससे क्रेताओं को किसी प्रकार का कष्ट न हो। यदि किसी वस्तु के विक्रय से विक्रेता अधिक लाभ ले रहा हो, परंतु क्रेता कष्ट अनुभव करते हों, तो उसका विक्रय स्थगित कर देना चाहिए। इस कार्य में शासन को विलंब नहीं करना चाहिए। यदि किसी वस्तु की बिक्री शीघ्र हो जाती हो, उसे रोके रखना, किसी एक व्यक्ति को उसकी बिक्री का ठेका देना और फिर लोभवश वही किसी दूसरे व्यक्ति को दे देना, अनुचित है। देशी शासकीय उद्यम के उत्पादों का एक केंद्र, परंतु विदेशी वस्तुओं की बिक्री के अनेक केंद्र हो सकते हैं। व्यवस्था इस प्रकार की जाए कि क्रेताओं को कोई कष्ट न हो।

*32/16/3/164*

## विदेशी व्यापार

विदेशी व्यापार के संबंध में कौटिल्य का मत है कि व्यापार करने से पहले, व्यापारी को उस देश का चाल-चरित्र, आचार-विचार, व्यापारिक व्यवहार आदि की जानकारी, भलीभाँति कर लेनी चाहिए। उसे यह जानकारी भी करनी चाहिए कि व्यापार किस मार्ग से किया जाए? कौन सा मार्ग सुरक्षित और कम खर्चीला होगा? जलमार्ग से व्यापार के संबंध में उसे विशेष जानकारी रखनी चाहिए।

*32/16/3/166*

उन्होंने जलमार्गों में समुद्री मार्ग पर ध्यान देते हुए कहा कि यह मार्ग बहुत समय-शील होता है, इसलिए जलयान के किराए के अतिरिक्त, मार्ग में लगनेवाले समय में खान-पान आदि के व्यय एवं उचित व्यवस्था का भी ध्यान रखना चाहिए। प्रतियोगी वस्तुओं के मूल्य की जानकारी रखना भी आवश्यक होता है। विदेश गमन में प्रतिकूल परिस्थितियों में आत्मरक्षा, भय, प्रतिकार, चोरी आदि तथा मौसम के अनुसार परिधान का भी ध्यान रखा जाए।

*32/16/2/166*

विदेशों में व्यापार करते हुए कोई विपत्ति अथवा प्राकृतिक आपदा आ जाए, तो सर्वप्रथम अपने मूल्यवान रत्नों की रक्षा की जाए। परिस्थिति अत्यधिक खराब होने पर, रत्न आदि को भी छोड़कर, अपनी जान की रक्षा की जाए। जीवन की रक्षा हो जाने पर विपत्ति काल में हुई हानि की प्रतिपूर्ति भविष्य के व्यापार द्वारा की जा सकती है। अत: अपने तथा सहकर्मियों के जीवन की रक्षा को प्राथमिकता दी जानी चाहिए।

*32/16/1/166*

व्यापार में माप-तौल महत्त्वपूर्ण उपकरण होते हैं, विशेष रूप से मूल्यवान धातुओं का तौल शुद्ध होना चाहिए। इसी प्रकार कपड़ा आदि वस्तुओं की माप की शुद्धता महत्त्व रखती है। कौटिल्य ने उदाहरणों सहित, तौल पर पृष्ठ 174 से 179 छह पृष्ठों में विस्तृत रूप से विचार किया है। इसी प्रकार माप पर पृष्ट 180 से 184 तक वर्णन मिलता है।

व्यापार के सतत् विकास की चिंता करते हुए, यह ध्यान भी रखा कि व्यापारी साधारण जन को हानि न पहुँचाए और उनकी रक्षा का ध्यान रखे। इन उद्देश्यों की पूर्ति हेतु उन्होंने व्यापारियों पर अनेक प्रतिबंध लगाने के साथ ही उन्हें अनेक सुविधाएँ सुलभ कराने का प्रयास भी किया। व्यापारी को हुई अनावश्यक हानि पर शासन द्वारा उसकी पुनरावृत्ति न होने के लिए पग उठाने की बात कही। राज्य द्वारा व्यापार की सुव्यवस्था हेतु एक अधिकारी को उत्तरादायी बनाया, जिसे उन्होंने संस्थाध्यक्ष की संज्ञा दी। इस अधिकारी का कर्तव्य है कि माप-तौल ठीक रहे और इसमें किसी प्रकार का दोष न पाया जाए। इनमें किंचित गड़बड़ी-कमीबेशी को दंडनीय अपराध मानकर उचित दंड दे, आयात-निर्यात का उचित प्रबंध करे, बाजार में नकली कमीबेशी की स्थिति न आने दे। इससे संबंधित कुछ बिंदु निम्नांकित हैं।

1. जो व्यापारी क्रय करने और विक्रय के बाँटों में अंतर रखे, उसे साधारण दंड से दोगुणा दंड देने की व्यवस्था करे।
2. गिनती करके बिकनेवाली वस्तुओं में गड़बड़ी पर साधारण से आठ गुणा दंड दिया जाए।
3. ऐसे व्यापारी जो लकड़ी, लोहा, रस्सी, चमड़ा, मिट्टी, सूत, छाल तथा ऊन से निर्मित घटिया सामान को बढ़िया बताकर बेचता हो, उससे वस्तु के मूल्य से आठ गुणा दंड लिया जाना चाहिए।
4. बनावटी-नकली माल—कस्तूरी, कपूर आदि को असली बताकर, धोखेबाजी

करके बेचे, दूसरे देशों के घटिया उत्पादन को बढ़िया-असली बताकर, चमकीले बनावटी मोती को, मिलावटी वस्तु को, वास्तविक असली माल का नमूना दिखाकर, घटिया माल बाँधकर बेचनेवाले को, साधारण दंड का चार गुणा अर्थदंड सुनाया जाए। अधिक मूल्यवान वस्तुओं पर अधिक तथा कम मूल्यवान वस्तुओं पर कम दंड राशि ली जाए।

5. जो बढ़ई, लोहार आदि कारीगर निर्देशानुसार कार्य पूर्ण न करे, दूनी मजदूरी ले, बेचते समय वस्तु का अधिक मूल्य तथा खरीदते समय कम मूल्य बताकर क्रय-विक्रय में विघ्न डाले उस पर भारी दंड लगाया जाए।
6. एकाधिकार के विरुद्ध निर्दिष्ट करते हुए उन्होंने कहा कि ऐसे व्यापारी, जो आपस में मिलकर वस्तु का अधिक मूल्य लेने हेतु, वस्तु की बिक्री रोक लें, उन पर एक-एक हजार पण का अर्थदंड लगाया जाए।

*77/2/6/353*

(क) खाद्य-पदार्थों—अनाज, तेल, नमक, खार, गंध तथा औषधियों में मिलावट करनेवालों पर अधिक दंड लगाया जाए।

(ख) स्वदेशी वस्तुएँ बेचने पर पाँच प्रतिशत, विदेशी वस्तुएँ बेचने पर दस प्रतिशत से अधिक लाभ न लिया जाए। अधिक लाभ लेनेवालों को दंडित किया जाए।

*77/2/1, 2, 4/354*

1. थोक भाव पर संस्थाध्यक्ष से क्रय किया सामान यदि बिक न सके तो दूसरे व्यापारियों को उस मूल्य पर सामान न बेचा जाए। यदि किसी व्यापारी का सामान आकस्मिक कारणों से क्षतिग्रस्त हो गया हो, तो उसे दूसरा सामान देकर, व्यापारी की सहायता की जाए।
2. संस्थाध्यक्ष द्वारा बेची गई वस्तुओं को किसी एक व्यापारी द्वारा बेचा जाए। यदि वह सामान न बिक पाए तो दूसरे व्यापारी उसे न बेचें। ऐसे सामान को दैनिक मजदूरी के आधार पर इस प्रकार बेचा जाए, जिससे जनहित संभव हो सके।
3. संस्थाध्यक्ष द्वारा अन्य देशों व विभिन्न समयों पर वस्तु का मूल्य निर्धारित किया जाना चाहिए। मूल्य निर्धारित करते समय उसकी बनवाई का समय, वेतन, यातायात-व्यय, ब्याज तथा ऐसे अन्य व्ययों को मूल्य में जोड़ दिया जाए।

*77/2/1, 2, 3/355*

इस विषय में भारत में स्थिति दयनीय है। कोई सामान बिना मिलावट का मिल पाना अत्यंत कठिन है। कोई मसाला, खाद्य तेल, घी, दूध, दूध से निर्मित पदार्थ बिना मिलावट के मिल पाना लगभग असंभव हो गया है। यहाँ तक कि मिलावट किए जानेवाले पदार्थ मानव जीवन के लिए विष के समान होते हैं।

इसी प्रकार नकली सामान को असली बताकर बेचना तो सामान्य व्यवहार बन गया है। नकली सामान असली से अधिक चमकदार एवं आकर्षक बनाकर प्रस्तुत किया जा रहा है। दवाओं में इसका खूब प्रचलन हो रहा है। यहाँ तक कि नकली पाठ्यपुस्तकें भी बाजार में बिक रही हैं।

घटिया सामान को बढ़िया बताकर बेचना तो सामान्य सी बात है।

यहाँ तक कि सीमेंट जैसे मूल पदार्थ में मिलावट की जाती है। परिणामस्वरूप पुलिया, पुल, सड़कें बनने के कुछ समय बाद ही टूट जाते हैं। अनेक बार ऐसी दुर्घटनाओं में भारी जन-हानि होती है। बड़े-बड़े बहुमंजिला भवनों का लिंटर खुलने के बाद भरभराकर गिर जाता है। इनकी रोकथाम के लिए किसी भी सार्वजनिक निर्माण में भागीदार-ठेकेदार, इंजीनियर, पर्यवेक्षक तथा अन्य जो कोई हों—सभी को उसके पुनर्निर्माण का जिम्मेदार ठहराया जाए और उन्हें दंडित भी किया जाए।

दु:ख यह है कि इस प्रकार की त्रुटियों को रोकने के लिए जो अधिकारी नियुक्त किए गए हैं, उनकी मिली-भगत के कारण ये कुकर्म बिना भय एवं रोक-टोक के निरंतर चल रहे हैं। कौटिल्य ने जिन कठोर उपायों का प्रावधान किया, कठोर दंड की व्यवस्था की, उस पर किसी का ध्यान नहीं जाता।

कौटिल्य ने बाजार एवं व्यापार के विकास हेतु जिन उपायों पर विस्तृत चर्चा की और भ्रष्ट एवं धोखेबाजों के संबंध में चेताया, वे सभी दुर्व्यवहार कम-से-कम भारत में खूब प्रचलित हैं। भ्रष्ट साधनों से अधिक लाभ प्राप्त करने के मंतव्यों को हतोत्साहित करने हेतु जिस कठोर दंड को अपनाने के लिए कहा है, उनमें से कोई भी व्यवहार में नहीं लाया जा रहा। फलत: नकली सामान, मिलावट, धोखेबाजी आदि सभी भ्रष्ट साधनों की बाढ़ आई हुई है और यह धंधा खूब पनप रहा है। भयंकर अपराध करनेवाले उत्पादक एवं व्यापारी निर्भीक घूम रहे हैं। जनता दु:खी हो रही है, कष्ट भोगने को विवश है। रोकथाम के लिए मशीनरी तो बनी हुई है, जिसमें लाखों लोग सेवा में लगाए गए हैं, परंतु प्रभावी काररवाई नहीं की जा रही।

## ऋण-ब्याज

कौटिल्य ने ऋण एवं ब्याज विषय पर भी मत प्रगट किया। जहाँ एक ओर

ऋणदाता के धन की सुरक्षा पर ध्यान दिया, वहीं दूसरी ओर ऋणी की चिंता, शोषण से बचाव का भी पूरा ध्यान रखा। उन्होंने कहा—

(क) लंबे समय तक यज्ञादि कार्यों में व्यस्त, अस्वस्थ, रोगग्रस्त, गुरुकुल में अध्ययनरत विद्यार्थियों तथा निर्धन-अशक्त लोगों से ऋण पर ब्याज नहीं लेना चाहिए। कभी ऐसी स्थिति आए कि ऋण की राशि का भुगतान करने के लिए ऋणी व्यक्ति तैयार हो, परंतु ऋणदाता वह धनराशि लेने से मना कर दे, तो उसे दंडित किया जाए। यह भी संभव है कि ऋणदाता किसी विशेष कारणवश, वापस लेने से मना करे, तो वह राशि, बिना ब्याज, किसी अन्य सुरक्षित स्थान पर जमा कर दी जाए।

(ख) यदि ऋणदाता अपने ऋण की राशि दस वर्ष तक भी प्राप्त न कर सके, तो उस ऋण पर उसका अधिकार समाप्त हो जाता है। परंतु यदि ऋण अवयस्क बालक, वृद्ध, अशक्त, रोगग्रस्त, आपद्ग्रस्त, प्रवासी, देशत्यागी व्यक्ति अथवा शासकीय कार्य से बाहर गए हुए व्यक्ति का है, तो दस वर्ष के उपरांत भी ऋण पर उसका अधिकार सुरक्षित होता है।

(ग) यदि ऋणी व्यक्ति की मृत्यु हो जाए, तो उसका पुत्र, उत्तराधिकारी अथवा उसके साथ भागीदार, गवाह, उस ऋण का भुगतान करें। इनके अतिरिक्त अन्य किसी व्यक्ति को उत्तरदायी न माना जाए। किसी अवयस्क को भी उत्तरदायी न माना जाए।

(घ) ऐसा ऋण, जो आजीविका, विवाह अथवा भूमि-क्रय के लिए प्राप्त किया गया हो, उस ऋण तथा गवाह द्वारा भुगतान-योग्य ऋण, केवल ऋणी के पुत्र-पौत्र द्वारा ही भुगतान किया जाना चाहिए।

*67/11/1, 2, 3, 4/300*

एक अन्य प्रकार की स्थिति का विचार करते हुए कहा गया कि—

(क) यदि एक ही व्यक्ति पर अनेक लोगों का ऋण हो, तो उस स्थिति में अनेक ऋणदाता एक साथ उसके विरुद्ध अभियोग नहीं चला सकते। किंतु ऋणी किसी अन्य देश में निवास करने के निश्चय से बाहर जा रहा हो, उस स्थिति में उसके विरुद्ध अनेक अभियोग चलाए जा सकते हैं। अभियोग पर निर्णय हो जाने पर ऋण का भुगतान उसी क्रम में होना चाहिए जिसमें ऋण प्राप्त किया गया हो।

(ख) कौटिल्य का कहना है कि एक संयुक्त परिवार, जिसमें पति-पत्नी,

पुत्र तथा साथ रहनेवाले लोगों में धन-संबंधी विवाद हो जाए, तो ऐसे ऋण का अभियोग न्यायालय में नहीं चलाया जा सकता।

(ग) यदि ऋणी कृषक अथवा राज्य कर्मचारी काम में व्यस्त हो तो उन्हें बंदी नहीं बनाया जा सकता। यदि कोई पत्नी अपने पति द्वारा लिए गए ऋण का भुगतान करने को तैयार न हो, तो उस पर किसी प्रकार का दबाव नहीं डाला जा सकता, न ही डालना चाहिए। परंतु दुग्ध व्यवसाय में लगे व्यक्तियों के ऋण का भुगतान पति की अनुपस्थिति में पत्नी को करना चाहिए।

*67/11/1, 2, 3/301*

(घ) यदि ऋण अनाज से, कृषक से संबंधित हो तो फसल आने पर ही ब्याज के भुगतान की बात होनी चाहिए। ब्याज की कुल राशि मूल धन के आधे से अधिक नहीं होनी चाहिए। गोदाम में रखे माल की एक मुश्त बिक्री होने पर, उसके परिणामस्वरूप होनेवाले लाभ का आधा भाग ब्याज होना चाहिए। इस प्रकार के लेन-देन का हिसाब, वर्ष में एक बार अवश्य चुकता हो जाना चाहिए।

*67/11/1, 2, 3, 4, 5/299*

कौटिल्य ने ब्याज दर के संबंध में, सामान्यतया, धन की सुरक्षा पर विशेष ध्यान दिया है। कम जोखिमवाले ऋण पर कम तथा अधिक जोखिमवाले ऋण पर ऊँची ब्याज दर की बात कही है। इसके साथ ही यह भी कहा कि ऋणी को होनेवाले लाभ के साथ भी ब्याज की दर को जोड़ते हुए कम लाभवाले ऋण पर कम तथा अधिक लाभ देनेवाले ऋण पर ऊँची ब्याज दर रखी जाए।

ब्याज की दर के संबंध में क्रमानुसार कुछ अन्य बिंदुओं पर ध्यान देते हुए कहा—

(क) साधारण रूप से ब्याज दर सवा प्रतिशत ली जाए। व्यापारियों द्वारा लिए गए ऋण पर पाँच प्रतिशत, जंगल में रहकर व्यापार करनेवालों से दस प्रतिशत तथा समुद्री मार्ग से व्यापार करनेवालों से बीस प्रतिशत ब्याज लिया जाए।

(ख) उक्त दर से अधिक ब्याज लेनेवालों को दंडित करने की बात भी कही गई है। परंतु उक्त से कम ब्याज दर के संबंध में कौटिल्य मौन हैं।

(ग) यदि ऋण व्यवहार में राज्य का हित निहित हो, तो राज्य को उस पर दृष्टि रखनी चाहिए।

*पृ. 299*

ब्याज के अनेक पक्षों पर उन्होंने विचार व्यक्त किए हैं। आधुनिक चिंतन में दो प्रश्नों पर, इस विषय के संबंध में, उत्तर की अपेक्षा की जाती है—प्रथम, ब्याज उत्पन्न कैसे होता है? अर्थात् ब्याज का कारण क्या है? दूसरा, ब्याज-दर निर्धारित कैसे होती है? इन प्रश्नों का उत्तर विभिन्न अर्थशास्त्रियों ने खोजने का प्रयास किया। कौटिल्य ने भी इन दोनों विषयों पर प्रकाश नहीं डाला। उन्होंने एक तार्किक बात को अवश्य कहा कि ब्याज दर को जोखिम तथा लाभ से संबद्ध किया जाता है। ब्याज की जो दरें उन्होंने बताई हैं, उनकी दृष्टि की परिचायक हैं।

## संपत्ति का स्वामित्व

संपत्ति के अधिकारी के संबंध में उन्होंने निम्नांकित तीन उदाहरण देकर विचार व्यक्त किए—

(क) ऐसी संपत्ति, जो निर्विवाद रूप से, निरंतर दस वर्ष तक किसी के उपयोग में है तथा उसके स्वामित्व के संबंध में उसके पास कोई साक्ष्य भी नहीं, तो भी वह उसका स्वामी माना जाएगा।

(ख) इसी प्रकार निरंतर दस वर्ष तक किसी की संपत्ति का कोई व्यक्ति उपयोग कर रहा हो तथा संपत्ति का वास्तविक स्वामी उसके संबंध में कोई सावधानी नहीं रखता, न ही उसकी कोई खोज-खबर लेता हो, तो उस स्वामी का संपत्ति पर कोई अधिकार नहीं रह जाता। परंतु यदि वह संपत्ति किसी अवयस्क की हो, किसी वृद्ध-अशक्त की हो, अस्वस्थ, आपदाग्रस्त व्यक्ति की हो, विदेश में निवास करनेवाले अथवा राजकीय कार्य से बाहर गए हुए व्यक्ति की हो, तो दस वर्ष पश्चात् भी उसका स्वामी माना जाएगा, संपत्ति का स्वामी बना रहेगा।

(ग) परंतु यदि कोई किराएदार किसी आवास पर बीस वर्ष तक बना रहे, इस संबंध में स्वामी से कोई वैध संपर्क-संवाद न हुआ हो, तो किराएदार उसका स्वामी माना जाएगा। आचार्य के मतानुसार स्वामित्व संबंधी यह नियम सब प्रकार की संपत्ति पर क्रियाशील होगा, जो वर्तमान समय में क्रियाशील नहीं है।

## गड़ा-छिपा खजाना

कौटिल्य ने अपने ग्रंथ के प्रकरण 76 के अध्याय 1 में शिल्पकार, जुलाहा, धोबी, दरजी, स्वर्णकार आदि के कार्य, उस कार्य में विशेषज्ञता, शुद्धता, मिलावट आदि विषयों की विस्तृत चर्चा की है। मूल्यवान धातुओं—सोना, चाँदी, अन्य धातुओं, ताँबा, सीसा, काँसा, लोहा आदि की विस्तृत चर्चा पर पूरा अध्याय लगाया गया है।

यहाँ केवल धरती के नीचे छिपे खजाने, गड़े-छिपे रत्नों पर विचार केंद्रित रहेगा।

(क) जो व्यक्ति राज्य को छिपे-गड़े रत्नों की खान तथा खजाने की जानकारी दे, उसे रत्नों का छठा भाग दिया जाए। किंतु जो व्यक्ति राज्य द्वारा, इसी खोज में नियुक्त किए गए हों और वे इसकी जानकारी दें, तो उन्हें बारहवाँ भाग दिया जाए।

*76/1/7/349*

(ख) यदि उस खजाने से प्राप्त रत्नों का मूल्य एक लाख पण से अधिक हो, तो राज्य उस पूरे खजाने का स्वामी होता है। परंतु यदि उसका मूल्य कम हो तो सूचना देनेवाला उसका स्वामी माना जाए। इसका छठा भाग राजकोष में कर के रूप में जमा किया जाएगा।

(ग) यदि साक्ष्यों एवं प्रस्तुत प्रमाणों से यह सिद्ध हो जाए कि वह खजाना उसके पुरखों (पूर्वजों) का है और खजाने की सूचना देनेवाला सत्यवादी, सदाचारी व्यक्ति है, तो उस खजाने का वास्तविक स्वामी उसी को माना जाए। परंतु बिना साक्ष्य-प्रमाणों के वह उस पर अधिकार जमाए, तो उसे दंडित किया जाना चाहिए। और यह कि यदि कोई व्यक्ति छिपे खजाने की किसी को जानकारी न देकर, चुपचाप, गोपनीय ढंग से उसे हथिया ले, तो उस पर भारी अर्थदंड लगाया जाए।

## राजकोष

कौटिल्य ने इस तथ्य पर बहुत ध्यान दिया कि राजकीय कोष सदैव भरा-पूरा होना चाहिए। इसमें कमी को यथाशीघ्र दूर करके भरना चाहिए। ग्रंथ के अध्याय 2, प्रकरण 90 में कोष की पुष्टि के विभिन्न उपायों की चर्चा 30 बिंदुओं में की गई है। इन बिंदुओं पर पृथक-पृथक चर्चा न करके, यहाँ कुछ बिंदुओं का उल्लेख नीचे किया जा रहा है।

(क) राजकोष में कमी हो जाने, आकस्मिक व्यय के कारण अर्थ संकट

उत्पन्न हो जाने की स्थिति को अविलंब समाप्त करने के लिए शासन द्वारा तात्कालिक उपाय करके कोष संग्रह-संचय करना चाहिए।

(ख) जनता (प्रजा) की सहमति से विभिन्न जनपदों से अनाज के उत्पादन का तीसरा या चौथा भाग राज्य कर के रूप में प्राप्त किया जाए। यह संग्रह केवल उन क्षेत्रों से किया जाए, जहाँ प्रचुर मात्रा में उत्पादन होता हो।

(ग) उन क्षेत्रों से यह कर नहीं लेना चाहिए, जहाँ व्यापारिक प्रतिष्ठानों, खाली पड़े मैदानों, खानों तथा लकड़ी व हाथियों के जंगलों से राज्य व प्रजा का उपकार किया जाता हो, जो सीमांत क्षेत्र हो तथा जहाँ अनाज का उत्पादन कम होता हो।

(घ) नए बसनेवाले कृषकों की राज्य द्वारा सहायता की जाए। उन्हें अनाज, बैल आदि पशुधन से मदद की जाए। उनके उपभोग हेतु रखे गए अनाज को राज्य स्वयं क्रय करे।

(घ) सुदूर क्षेत्रों में उत्पन्न किए गए अनाज से राज्य कर न लिया जाए। बीज आदि के अतिरिक्त, बचे हुए अनाज का क्रय स्वयं राज्य करे तथा अन्य भी हर प्रकार से उनकी सहायता की जाए।

*90/2/1,2,3,4,5/412*

1. यदि कृषक राज्य कर से बचने के लिए, अपने ही खेत में चोरी करे, तो चोरी किए गए अनाज का आठ गुणा दंड प्राप्त करके उसे सुधरने का अवसर दिया जाए। यदि कोई कृषक अपने गाँव के दूसरे किसानों की उपज की चोरी करे, तो उस पर पचास गुणा अर्थ-दंड लगाया जाए।
2. सोना-चाँदी, हीरा, मणि, मोंगा, मोती, हाथी, घोड़े आदि व्यापारिक मदों से उनकी लागत का पचासवाँ भाग; सूत, कपड़ा, ताँबा, पीतल, काँसा, गंध, जड़ी-बूटी और नशीले पदार्थों पर लागत का चालीसवाँ भाग; गेहूँ, धान आदि अनाज, तेल, घी, लोहा तथा बैलगाड़ियों की लागत का तीसवाँ भाग; काँच तथा अन्य वस्तुओं के बड़े-बड़े व्यापारियों, बड़े-बड़े कारीगरों से बीसवाँ भाग; छोटे व्यापारियों से दसवाँ भाग; लकड़ी, बाँस, पत्थर, मिट्टी के बरतनों, पकवानों, हरे शाक पर पाँचवाँ भाग राज्य कर लगाकर कोष को संपुष्ट किया जाए।

*90/2/2,5/413-14*

इनके अतिरिक्त कुछ और उपाय इस प्रकार हैं—

(क) नट, नर्तक, गायक तथा वेश्याएँ अपनी आय का आधा भाग राजकोष के लिए दें।

(ख) व्यापारियों से प्रति व्यक्ति की दर से कर लेकर कोष में जमा कराया जाए। यदि ऐसे कर के भय से व्यापारी व्यापार छोड़कर चला जाए, तो भी उससे कर लेना चाहिए, क्योंकि व्यापारी, छल करके, अपने माल को किसी दूसरे का बताकर, कर से बचने का प्रयास कर सकता है।

*90/2/1,2/414*

(क) उनका कहना है कि कोई भी राज्य कर केवल एक बार लेना चाहिए, किंतु यदि इससे राजकोष की पूर्ति नहीं होती हो तो अधिकारी को कारण बताकर, नागरिकों से धन देने के लिए याचना की जाए। ऐसा धन नागरिकों की देय-शक्ति के अनुसार लेना चाहिए। सभी नागरिकों से समान राशि न ली जाए।

*90/2/1/415*

शासन को चाहिए कि वह दुष्ट एवं समाज-विरोधी तत्त्वों से उनका धन प्राप्त करे। किंतु सावधानी से ऐसे तत्त्वों की पहचान करे। यह विशेष रूप से ध्यान में रखा जाए कि किसी भले तथा धर्मात्मा व्यक्ति से धन प्राप्त न किया जाए।

## भृत्य, वेतन, मजदूरी

कौटिल्य ने इस महत्त्वपूर्ण विषय पर, विभिन्न प्रसंगों पर, पाँच अध्यायों में प्रसंगानुसार विचार किया है। अगले पृष्ठों में, प्रसंगानुसार, इस पर विचार किया गया है।

ग्रंथ के पृष्ठ 27, 28 पर अध्याय नौ के प्रकरण पाँच पर उच्च पदों पर आसीन होनेवाले अधिकारियों की नियुक्ति, विभागीय गहन परीक्षण के उपरांत, करने पर बल दिया गया है। उनकी क्षमता के अनुसार पद दिया जाना चाहिए। यह सावधानी रखे जाने पर बल दिया कि किसी प्रकार के पक्षपात से बचने के उद्देश्य से उच्च पदों पर आसीन अधिकारियों को परीक्षण में सम्मिलित न किया जाए। उनका मत है कि कभी-कभी उच्च पद के प्रभाव-दबाव के परिणामस्वरूप छल-छद्म जैसे कपटी उपायों द्वारा ठगे गए क्षमतावान, चरित्रवान व्यक्ति के प्रति अन्याय हो जाने से, उसे असीम कष्ट होने की संभावना रहती है। अत: उच्च पदों पर

नियुक्ति हेतु सर्वोत्तम यही है कि धर्म, अर्थ, काम, भय के चारों उपायों का उपयोग करके व्यक्ति का गहन परीक्षण किया जाए तथा गुप्तचरों द्वारा उसके चरित्र संबंधी आख्या को ध्यान में रखकर नियुक्ति की जाए।

अध्याय 13 के प्रकरण 69, पृष्ठ 314 पर अंकित नियुक्ति के विषय पर कौटिल्य ने कहा कि किसी व्यक्ति की नियुक्ति उसकी जाँच तथा आसपास, पड़ोस के लोगों से उसके चाल-चरित्र की जानकारी अवश्य कर लेनी चाहिए। यदि नियुक्ति से पूर्व उसका वेतन निश्चित कर लिया गया हो तो उसी वेतन पर उसकी नियुक्ति की जानी चाहिए। परंतु यदि वेतन निश्चित किए बिना कार्य पर लगाया जाए तो उसे उसकी क्षमतानुसार वेतन दिया जाए।

नट, नर्तक, वकील, चिकित्सक तथा अन्य विशिष्ट प्रकार का कार्य करनेवाले व्यक्तियों का वेतन उनकी सेवा तथा दूसरे स्थानों पर प्रचलित दर पर दिया जाए अथवा विषय विशेषज्ञों द्वारा निर्दिष्ट वेतन दिया जाए। वेतन का भुगतान सुनिश्चित होना चाहिए। ऐसे स्वामी जो कर्मी को वेतन भुगतान न करें, उन्हें शासन द्वारा दंडित किया जाना चाहिए। कर्मचारी को वेतन का भुगतान तभी किया जाए, जब वह अपना काम पूरा करे। अपनी उपस्थिति अंकित करके, बिना कार्य किए, निष्क्रिय बैठे कर्मी को कोई भुगतान न किया जाए। वेतन, मजदूरी का भुगतान, कार्य करने के लिए किया जाता है, न कि निष्क्रिय बैठे रहने के लिए।

अध्याय 3 के प्रकरण 91 में कौटिल्य ने कहा है कि भरती करते समय राज्य की आय को दृष्टि में रखा जाए। राजस्व का चौथाई भाग ही वेतन पर व्यय किया जाए। कार्यकुशल विशेषज्ञों की नियुक्ति करते समय, प्रचलित दर पर ही नहीं, वरन् उनकी उपलब्धता पर ध्यान रखकर, उनकी माँग तथा उनकी योग्यता का मूल्यांकन करके नियुक्त किया जाए। परंतु अपनी आय को सदैव ध्यान में रखकर नियुक्तियाँ की जाए। ऐसा न हो कि आय से अधिक व्यय की स्थिति उत्पन्न हो जाए। उच्च प्रकार के दायित्व का निर्वाह करने हेतु उच्च अधिकारियों के जीवनस्तर, परिवार का आकार तथा उसके पोषण पर होनेवाले व्यय को ध्यान में रखकर, वेतन की राशि के निर्धारण का फल यह होगा कि वह अधिकारी पूरे मन से, निश्चिंत भाव से, कर्तव्य का पालन करेगा। उसे इधर-उधर काम की खोज नहीं करनी पड़ेगी, वह काम छोड़ने का विचार भी नहीं करेगा।

विभिन्न विभागों के मुखिया इस बात का ध्यान रखें कि किस कार्यस्थल पर कितने कर्मियों की आवश्यकता है। कार्मिकों की संख्या कम होने पर उसे पूरा कराएँ जिससे कार्य के सुचारु संचालन में बाधा उपस्थित न हो।

कार्य करते हुए यदि किसी कर्मचारी की मृत्यु हो जाए तो उसका देय वेतन उसकी पत्नी-पुत्र ले ले। संस्थान का अध्यक्ष उसके परिवार की भावनात्मक एवं भौतिक सहायता करे। उसके परिवार के बच्चों, वृद्धों, अस्वस्थ जनों, उसके परिवार में बच्चा हो जाने अथवा बीमारी आने पर भी सहायता की जाए। यदि कोष में कमी हो जाए, तो अन्य प्रकार से उनकी सहायता की जाए।

*पृ. 423*

उनका कहना है कि आय-व्यय के संबंध में एक कुशल शासक/सेवायोजक को कभी आर्थिक संकट का सामना नहीं करना पड़ेगा, उस पर कभी आर्थिक संकट नहीं आएगा।

अध्याय 4 के प्रकरण 92 तथा अध्याय 5 के प्रकरण 93 में कर्मियों द्वारा शासक-स्वामी के प्रति व्यवहार एवं आचरण के संबंध में कौटिल्य ने छोटी से बड़ी, सभी बातों पर ध्यान दिया। उन्होंने कर्मचारियों से यह अपेक्षा की है कि वे सभी प्रकार से केवल हितैषी कार्य करें, शासक-सेवायोजक के लिए हितकर विषयों को अपने उच्चाधिकारियों की जानकारी में लाएँ। जिससे अंततः ये समस्त विषय शासक/सेवायोजक की जानकारी में आ जाएँ।

**सारांश–**

1. कर्म (परिश्रम, पुरुषार्थ) का आग्रह करते हुए कहा कि प्रत्येक व्यक्ति को निष्ठापूर्वक और प्रामाणिकता से कर्म करना चाहिए। उन्होंने कर्म को धर्म भी कहा। कर्म के सही पालन से संतोष तथा न करने से असंतोष होता है, असफलता मिलती है, जो पीड़ादायक होती है। जीवन नष्ट होता है।
2. शासन का यह कर्तव्य है कि वह अपने नागरिकों के जीवन को नष्ट होने से बचाए।
3. अच्छी तरह कार्य करने से आय बढ़ती है, सरलता से आवश्यकताओं की संतुष्टि संभव होती है।
4. शासक सच्चरित्र, स्वच्छ और क्षमतावान होना चाहिए। इसके लिए उसे काम-क्रोध का त्याग कर विद्वानों की संगत में रहना चाहिए।
5. पुरुषार्थ-चतुष्टय में धर्म, अर्थ और काम के त्रिवर्ग को श्रेष्ठ कहा गया है। इनमें भी अर्थ को सर्वाधिक महत्त्व दिया गया है।
6. कृषि उद्योग प्राचीनकाल से ही अत्यंत महत्त्वपूर्ण माना गया है।

7. कृषि-भूमि का पूर्ण उपयोग होना चाहिए। खेत खाली छोड़ देना दंडनीय है।
8. ग्राम, ग्राम्य जीवन, ग्रामों की सुव्यवस्था पर जोर दिया।
9. सिंचाई और चारागाहों की व्यवस्था की जाए।
10. कृषक को कभी भी धन की आवश्यकता पड़ सकती है। शासन इसे पूरा करे, जिससे वह निराशा-हताशा का शिकार न बने।
11. व्यापार के सतत विस्तार एवं विकास हेतु वस्तु की शुद्धता पर विशेष ध्यान दिया।
12. राजकर्मी त्रुटि न करें अन्यथा दंडित किए जाएँ।
13. वस्तुओं 'देशी-विदेशी' का मूल्य शासन द्वारा निर्धारित किया जाए।
14. ऋण और ब्याज पर मार्गदर्शन किया।
15. राजकोष की सुव्यवस्था का आग्रह किया।
16. भृत्य, वेतन, मजदूरी पर विस्तृत विचार। नियुक्ति पर मार्गदर्शन, परीक्षण आवश्यक बताया।
17. लाभ की सीमा निर्धारित करते हुए कहा कि स्वदेशी उत्पाद पर पाँच प्रतिशत तथा विदेशी माल पर दस प्रतिशत से अधिक लाभ न लिया जाए।

□

# बौद्ध अर्थ-चिंतन*

उपरोक्त पद्यों को निम्नलिखित परिपाटी से पढ़ा जाए–
**पहली संख्या**–गाथा संख्या/अध्याय संख्या
**द्वितीय संख्या**–पद्य संख्या
**तृतीय संख्या**–पृष्ठ संख्या

गौतम बुद्ध का जन्म 624 (ईसा पूर्व) में कपिलवस्तु की महारानी मायादेवी और महाराज शुद्धोधन के पुत्र के रूप में लुंबिनी नामक स्थान पर हुआ था, जो अब नेपाल में स्थित है। परंतु उस समय भारत में था। जन्म से उनका नाम सिद्धार्थ था। 16 वर्ष की आयु में ही इनका विवाह राजकुमारी यशोधरा के साथ संपन्न हुआ। इन्हें एक पुत्र-रत्न की प्राप्ति हुई, जिसका नाम राहुल रखा गया। परंतु गौतम का मन इस जीवन से शांत व संतुष्ट न हो सका। बाल्यावस्था से ही वे जन्म, जरा, व्याधि और मृत्यु से पीड़ित संसार को दु:खों से मुक्ति दिलाने के आकांक्षी थे। 29 वर्ष की आयु में गौतम ने गृहस्थ और राजपरिवार के जीवन को त्यागकर कठिन तप और ध्यान में लगाया। इस तपस्या का सुफल उन्हें बोधि वृक्ष की छाया में प्राप्त हुआ। वे सत्य ज्ञान से विभूषित होकर, नर से नारायण बन गए तथा गौतम बुद्ध कहलाए। उन्होंने यह सिद्ध कर दिया कि मनुष्य प्रयास करने से श्रेष्ठता प्राप्त कर सकता है। उन्होंने सुदूर क्षेत्रों में प्रवास करके दु:खों से मुक्ति के मार्ग का संदेश दिया। उनके संदेश एवं उपदेश को बौद्ध-दर्शन कहा जाता है।

उनके संदेश मुख्यतया नैतिक चरित्र एवं आचरण पर बल देकर मनुष्य को दु:खों से मुक्ति दिलाने का प्रयास हैं। संसार के दु:खों का कारण लालसा या तृष्णा

---

* मुख्य सूत्र : धम्मपदं, श्री कन्छेदीलाल गुप्त, प्रकाशक चोखम्भा विद्याभवन, वाराणसी, संस्करण–2005।

बताया गया है। यही आर्थिक चिंतन का आधार है, जिस पर ध्यान करने का प्रयास अगले पृष्ठों में संक्षिप्त रूप से किया गया है।

**चरन्ति बाला दुम्मेधा अमित्तेनेव अत्तना।**
**करोन्ता पापकं कम्म यं होति कटुकप्फल॥**
**चरन्ति बाला दुर्मेधसोऽमित्रेणेवात्मना।**
**कुर्वन्तः पापकं कर्म यद् भवति कटुकफलम्॥**

*5/66/31*

**न तं कम्मं कतं साधु यं कत्वा अनुतप्पति।**
**यस्स अस्सुमुखो रोदं विपाकं पटिसेवति॥**
**न तत्कर्म कृतं साधु यत् कृत्वाऽनुतप्यते।**
**यस्याश्रुमुखा रुदन् विपाकं प्रतिसेवते॥**

*5/67/31*

**मधू व मञ्ञती बालो याव पापं न पच्चति।**
**यदा च पच्चति पापं अथ बालो दुक्खं निगच्छति॥**
**मध्विव मन्यते बालो यावत्पापं न पच्यते।**
**यदा च पच्यते पापं अथ बालो दुःखं निगच्छति॥**
**न हि पापं कतं कम्मं सज्जुखीर व मुच्चति।**
**डहन्तं बालमन्वेति भस्मछन्नो व पावको॥**
**न हि पापं कृतं कर्म सद्यः क्षीरमिव मुञ्चति।**
**दहन् बालमन्वेति भस्मच्छन्न इव पावकः॥**

*5/69 एवं 71/32, 33*

इन श्लोकों में कहा गया है कि दुष्ट प्रकृतिवाले लोग स्वयं ही अपने शत्रु बने घूमते हैं और पापयुक्त अर्थात् अधर्मपूर्वक आचरण करते हैं, उचित-अनुचित में भेद नहीं करते। अपवित्र साधनों से कर्म करते हैं, जिनके कटुफल प्राप्त करते हैं। उनके द्वारा किया गया कार्य अच्छा नहीं होता। वे बाद में पश्चात्ताप करते और आँसू बहाते हैं, उन्हें यह सब भोगना पड़ता है। अतः मनुष्य को ऐसे कर्मों से बचना चाहिए।

आगे कहा है कि जब तक पाप-कर्म का परिपाक नहीं हो जाता, तब तक मूर्ख मनुष्य, उस अनिष्ट कार्य को मधु मानकर करता रहता है। परंतु जब पाप-कर्म का परिपाक हो जाता है, तब तक वह दुःख को प्राप्त करता रहता है। यह सत्य है कि किए गए पाप कर्म से विकार तत्काल सामने नहीं आते, जैसे दूध शीघ्र ही जम नहीं जाता। उसके द्वारा किए गए कर्म निरंतर उसका पीछा करते रहते हैं।

सार यह है कि व्यक्ति को अनिष्ट, पापयुक्त, धर्म-विरुद्ध कर्म नहीं करने चाहिए, क्योंकि उनके फल कड़वे होते हैं, कष्टकारी तथा दुःखदायी होते हैं। अनुचित व अनैतिक साधनों से प्राप्त धन, यश एवं पद आदि अस्थायी होते हैं, छलावा होते हैं, जो शीघ्र नष्ट हो जाते हैं।

*पृ. 31, 32, 33*

**कण्हं धम्म विप्पहाय सुक्क भावेथ पण्डितो।**
**ओका अनोकं आगम्म विवेके यत्थ दूरमं॥**
**कृष्णं धर्मं विप्रहाय शुक्लं भावयेत् पण्डितः।**
**ओकादनोकमागम्य विवेके यत्र दूरमम्॥**

*6/87/41 एवं 42*

अर्थात् बौद्ध धर्म में ऐसे लोगों को मूर्ख माना गया है जो अनुचित साधनों के व्यवहार में आस्था रखते हैं। ऐसे व्यवहार को काला-धर्म कहा गया है, पाप कहा गया है। बौद्ध मान्यता यह है कि बुद्धिमान् मनुष्य काले-धर्म का परित्याग करके शुक्ल-धर्म; पुण्य का आचरण करे। भाव यह है कि वह व्यक्ति बुद्धिमान है जो पुण्य में, शुक्ल-धर्म में आस्था रखता है और तदनुसार आचरण करता है।

**यो च वस्ससतं जीवे कुसीतो हीनवीरियो।**
**एकाहं जीवितं सेय्यो विरियमारभतो दळ्हं॥**
**यश्च वर्षशतं जीवेत् कुसीदो हीनवीर्यः।**
**एकाहं जीवितं श्रेयो वीर्यमारभतो दृढ़म्॥**

*8/112/57, 58*

बौद्ध धर्म में भी मनुष्य की आयु सौ वर्ष होने को स्वीकारा गया और आग्रहपूर्वक कहा गया है कि इतनी आयु निष्क्रिय एवं आलसी बनकर, वीर्यहीन बनकर संभव नहीं हो सकती। अर्थात् मनुष्य को चाहिए कि वह आलस्य त्यागकर कर्मशील रहे। लंबी आयु के लिए यह आवश्यक है कि मनुष्य कर्म करे और पुरुषार्थ का आचरण करे।

**अथ पापानि कम्मानि करं बालो न बुज्झति।**
**सेहि कम्मेहि दुम्मेधो अग्गिदड्ढो व तप्यति॥**
**अथ पापानि कर्माणि कुर्वन बालो न बुध्यते।**
**स्वैः कर्मभिः दुर्मेधा अग्निदग्ध इव तप्यति॥**

*10/136/67, 68*

अर्थात् पुनः आग्रह करके कहा गया है कि मूर्ख मनुष्य पाप-कर्म करते हुए दु:खों से बुरी तरह भर जाता है। वह दुर्बुद्धि मनुष्य अपने पाप कर्मों से ऐसे संतप्त हो जाता है, जैसे अग्नि से जला हुआ व्यक्ति। पिछले श्लोकों में भी इस विषय पर विचार किया गया है। अर्थात् मनुष्य अपने जीवन को अनिष्ट एवं अनैतिक कर्मों से दूर रखे। अनैतिक कर्म मनुष्य को कभी सुख प्रदान नहीं कर सकते।

बौद्ध धर्म का यह उपदेश वर्तमान युग के लिए विशेष महत्त्व रखता है, जहाँ अधिकांश मानव उचित-अनुचित में भेद किए बिना कार्य में व्यस्त है। वह सत्य उपदेश की ओर ध्यान नहीं देता और निरंतर अशुद्ध आचरण करता जा रहा है।

**अभित्थरेथ कल्याणे पापा चित्तं निवारये।**
**दग्धं हि करोतो पुञ्ञं पापस्मिं रमती मनो॥**
**अभित्वरेत कल्याणे पापात् चित्तं निवारयेत्।**
**तन्द्रां हि कुर्वतः पुण्यं पापे रमते मनः॥**

*9/116/59*

**पुञ्ञं चे पुरिसो कायिरा कयिराथेत पुनप्पुनं।**
**तम्हि छन्दं कयिराथ सुखो पुञ्ञस्स उच्चयो॥**
**पुण्यञ्चेत् पुरुषः कुर्यात् कुर्यादेतत्पुनः पुनः।**
**तस्मिन् छन्दं कुर्यात् सुखः पुण्यस्योच्चयः॥**

*9/118/60*

इन श्लोकों में उपदेश दिया गया है कि मनुष्य शुभकर्मों, पुण्य कार्यों में पूरा मन लगाकर, तीव्र गति से, उन्हें पूरा करे। यदि वह कार्य को धीमी गति से करेगा तो यह शंका बनी रहेगी कि कहीं उसका मन पाप-कार्यों की ओर आकृष्ट तो नहीं हो गया और कि वह कहीं सद्पथ से भटक तो नहीं गया? ऐसा उपदेश देते समय, उनके मन में, यह विचार रहा होगा कि मनुष्य का मन बहुत चंचल होता है और यह अपना मार्ग जल्दी बदल सकता है। यह भी तथ्य है कि मनुष्य पाप कर्मों की ओर जल्दी आकृष्ट हो जाता है।

आगे यह कहा गया है कि यदि मनुष्य पुण्य कर्म करता है तो उन्हें बार-बार करे और खुले मन से उनमें लीन हो जाए, क्योंकि पुण्य का संचय सुखदायी होता है और सुख में वृद्धि करता है।

पाप-कर्म करनेवाला मनुष्य अपने कर्मों में तब तक भलाई देखता है जब तक पाप का परिणाम उसके सामने नहीं आ जाता। जब पापों का फल सामने आता है तब उसे कष्ट भोगना पड़ता है। परंतु जब उसकी आँखें खुलती हैं, तब पश्चात्ताप के

अतिरिक्त, उसके पास, कुछ नहीं बचता। इस प्रकार बार-बार यह आग्रह किया गया है कि बुद्धिमान व्यक्ति पुण्य कार्यों में, शुभ कार्यों में ही अपना मन लगाए।

**धम्मं चरे सुचरितं न नं दुच्चरितं चरे।**
**धम्मचारी सुखं सेति अस्मि लोके परम्हि च॥**
**धर्मं चरेत् सुचरितं नैतद् दुश्चरितं चरेत्।**
**धर्मचारी सुखं शेते अस्मिन् लोके परस्मिंश्च॥**

*13/169/90, 91*

**सब्बपापस्स अकरणं कुसलस्स उपसम्पदा।**
**सचित्तपरियोदपनं एतं बुद्धान सासनं॥**
**सर्वपापस्याकरणं कुशलस्योपसम्पदा।**
**स्वचित्तपर्यवदापनम् एतद् बुद्धानां शासनम॥**

*14/183/102*

अर्थात् यदि भूल से, अनजाने में पापकर्म हो ही गया हो, तो उसमें सुधार का मार्ग भी दिखाया गया है। बताया गया है कि मन से पश्चात्ताप कर लेने पर, व्यक्ति में सुधार संभव है। जिस प्रकार कोड़े पड़ने पर घोड़ा सुधर जाता है, उसी प्रकार पश्चात्ताप से मनुष्य भी बदल सकता है। पश्चात्ताप से मनुष्य में संवेदनशीलता का वेग आ जाता है। श्रद्धा, सदाचार, शक्ति, समाधि तथा धर्म-पालन के निश्चय से युक्त होकर, विद्या और सदाचरण से समन्वित हुए, पूर्णतया स्मृतिवान होकर, मानव को, जीवन के दु:खों से मुक्ति मिल जाती है। परंतु यह सब घोर परिश्रम से करना आवश्यक होता है।

धर्माचरण पर बल देते हुए कहा गया है कि सदाचार से आचरण करना चाहिए। उचित मानवीय आचरण किया जाए, बुरा आचरण न किया जाए। शुद्ध आचरण, धर्मानुकूल आचरण करनेवाला इहलोक और परलोक, दोनों में, सुख पाता है। बौद्ध धर्म का संदेश है कि पाप न करना, अच्छे कर्मों की संपदा का संग्रह करना तथा चित्त को शुद्ध बनाना चाहिए।

**मित्त भजस्सु कल्याणे सुद्धाजीवे अतन्दिते।**
**पटिसंथारवुत्तस्स आचारकुसला सिया।**
**ततो पामोज्जबहुलो दुक्खस्सन्तं करिस्सति॥**
**मित्राणि भजस्व कल्याणानि शुद्धाजीवान्यतन्द्रितानि।**

**प्रति संस्तारवृतः स्यात् आचारकुशलः स्यात्।**
**ततः प्रामोद्यबहुलो दुःखस्यान्त करिष्यति॥**

*25/376/178, 179*

इस श्लोक में आदेश दिया गया है कि अशुद्ध, अनुचित निष्क्रियता को त्यागकर, कर्म करो, पुरुषार्थ करो, कल्याणकारी चित्तवाले मित्रों की संगति करो, जिससे सद्गुण आते हैं और अवगुणों से दूरी बनती है। दूसरों की सेवा करने की वृत्ति अपनाओ, व्यवहार-कुशल बनो, तभी आनंद प्राप्त करके, दुःखों का अंत करने में सफल होगे। कर्म, पुरुषार्थ करने में रुचि लेने से जीवन की दिशा बदल जाती है तथा हीन चिंतन की ओर जाने की संभावना क्षीण हो जाती है।

**मनुजस्स पमत्तचारिनो तण्हा वड्ढति मालुवा विय।**
**सो प्लवति हुराहुरं फल मिच्छं व वनस्मि वानरो॥**
**मनुजस्य प्रमत्तचारिणः तृष्णा वर्धते मालुवेव।**
**स प्लवतेऽहरहः फलमिच्छन् इव वने वानरः॥**
**यं एसा सहते जम्मी तण्हा लोके विसत्तिका।**
**सोका तस्स पवड्ढन्ति अभिवठ्ठ व बोरणं॥**
**यमेषा साहयति जन्मिनी तृष्णा लोके विषात्मिका।**
**शोकास्तस्य प्रवर्द्धन्तेऽभिवृद्धामिव वीरणम्॥**

*24/334-335/165*

अर्थात् दिशाहीन, प्रमत्त होकर व्यवहार करनेवाले मनुष्य की तृष्णा, इच्छा अत्यंत तीव्र गति से बढ़ती है, जैसे मालुवा लता बढ़ती है। तृष्णाओं के पीछे भटकने वाले व्यक्ति की दशा वैसी होती है जैसे जंगल में फल की इच्छा करनेवाला बंदर भटकता रहता है। अतः मनुष्य को अपनी इच्छाओं को एक सीमा में, मर्यादा में रखना चाहिए।

परंतु तथ्य यह भी है कि तृष्णा ऐसी बेल होती है कि संसार में जिस व्यक्ति को घेर लेती है, जंकड़ लेती है, उसे सरलता से मुक्त नहीं करती। अतः बुद्धिमान मनुष्य को तृष्णा पर अंकुश लगाना नितांत आवश्यक होता है।

आगे पृष्ठ 166 से 169 तक आठ श्लोकों में तृष्णा पर विस्तृत रूप से कहा गया है। भगवान् बुद्ध ने अपने शिष्यों एवं श्रोताओं के कल्याण के लिए आशीर्वाद देते हुए कहा कि वे अपनी तृष्णा को त्याग दें, यद्यपि तृष्णा का त्याग बहुत कठिन होता है, यह कार्य दुःस्त्याज्य है। परंतु जो व्यक्ति लालसा को परास्त कर देता है, उसके दुःख उसी प्रकार नष्ट हो जाते हैं, जैसे कमल-पत्र पर पड़ी पानी की बूँद नष्ट हो जाती है। तुम तृष्णा की जड़ को इस प्रकार खोद डालो, जिस प्रकार खस को चाहनेवाला बीरण

घास को खोद डालता है। तृष्णा ही, वास्तव में, दु:खों की जननी है।

तृष्णा को जड़ से खोद डालना नितांत आवश्यक होता है, क्योंकि जिस प्रकार कटा हुआ वृक्ष पुन: बढ़ता है, उसी प्रकार तृष्णा का संस्कार समूल नष्ट न होने पर, तृष्णाजनित दु:ख बार-बार आ जाता है। इच्छा, लालसा, कामना, आकांक्षा का यही स्वभाव होता है। इनका उदय पीड़ा देता है, ये असीमित होती हैं, बार-बार उत्पन्न होती हैं, अधिकांश इच्छाएँ एक बार संतुष्ट करने से शांत नहीं हो जातीं। तृष्णा की जड़ें सब ओर फैली रहती हैं और लता फूटकर पुन: खड़ी हो जाती है। इसी कारण आग्रहपूर्वक कहा गया कि इन्हें जड़ से खोद डालो।

तृष्णा की नदियाँ स्निग्ध होती हैं और वे प्राणियों के चित्त को प्रसन्न करनेवाली होती हैं। जो व्यक्ति सुख की खोज करनेवाले हैं तथा इन नदियों के प्रवाह में पड़े रहते हैं, वे जन्म और जरा के चक्कर में पड़े रहते हैं। तृष्णा के पीछे भागनेवाले लोग, बँधे हुए खरगोशों की भाँति चक्कर काटते रहते हैं, बार-बार दु:ख प्राप्त करते रहते हैं। अत: वैराग्य की कामना करनेवाले, वैराग्य के आकांक्षी (भिक्षु) को तृष्णा से दूर रहना चाहिए।

धन का बंधन दृढ़ होता है। यह मणि में, कुंडल में, संतान में आसक्त होना ही है। जो लोग राग में अनुरक्त हैं, तृष्णा के रोग में पड़ जाते हैं और जिस प्रकार मकड़ी अपने द्वारा बुने हुए जाल में फँस जाती है, अधीर लोग भी उसी प्रकार स्वयं द्वारा बुने हुए जाल में फँस जाते हैं।

श्लोक 383 में पुन: आग्रहपूर्वक कहा गया है कि बुद्धिमान व्यक्ति को प्रयत्नपूर्वक, तृष्णा के स्रोत को काटकर, कामनाओं को दूर भगाने के लिए प्रयत्न करना चाहिए। बौद्ध चिंतन इस तथ्य पर बल देता है कि कामनाएँ, इच्छाएँ, आकांक्षाएँ मनुष्य को विनाश की ओर ले जाती हैं, जिनसे बचना चाहिए। व्यक्ति को अनासक्त होना ही लाभकारी होता है, दु:ख नहीं होता, पीड़ा नहीं होती।

*पृ. 182*

□

# जैन अर्थ-चिंतन*

जैन धर्म एक अनादि धर्म माना जाता है। इसके प्रथम तीर्थंकर भगवान श्री आदिनाथ थे। उनके बाद 23 और तीर्थंकर हुए। भगवान महावीर चौबीसवें तथा अंतिम तीर्थंकर हुए। वे माता त्रिशला एवं महाराज सिद्धार्थ के पुत्र थे। उनका जन्म 599 (ईसा पूर्व) में हुआ। इतिहासकार महावीर के जन्मस्थान के विषय पर एकमत नहीं हैं। किंतु इस पर सहमत हैं कि उनका जन्म वर्तमान बिहार प्रदेश में हुआ था। उनके संबंध में यह प्रचलित है कि महावीर के जन्म के बाद उस क्षेत्र का आर्थिक विकास तीव्र गति से होने लगा। संभवत: इसी कारण उनका बाल्यकाल का नाम वर्धमान रखा गया। उनका विवाह यशोदा नामक युवती से हुआ। उनकी पुत्री हुई, जिसका नाम प्रियदर्शना रखा गया।

वे एक राजपुत्र थे, जिन्हें सभी प्रकार की भौतिक सुविधाएँ उपलब्ध थीं, जिनको त्यागकर, वे मानव कल्याण की खोज में निकल पड़े। 12 वर्ष की कठिन तपस्या के उपरांत उन्हें प्रकाश मिला। उन्होंने 30 वर्ष की आयु में, गृहस्थ जीवन त्याग कर, संपूर्ण देश में प्रवास करके, मानव कल्याण का संदेश दिया। जानकारों की मान्यता है कि उनसे पूर्व किसी तीर्थंकर ने इतना विस्तृत प्रवास नहीं किया। जन-जन को जैन धर्म का संदेश देकर 72 वर्ष की आयु में उन्हें निर्वाण प्राप्त हुआ। इस प्रकार 527 ईसा पूर्व में उन्होंने इस संसार से विदा ली।

भगवान महावीर की मुख्य दीक्षाएँ थीं—

1. अहिंसा
2. आस्तेय
3. औचार्य

---

* सूत्र : महावीर का अर्थशास्त्र, आचार्य महाप्रज्ञ, प्रकाशक आदर्श साहित्य संघ प्रकाशन, चुरु राजस्थान, संस्करण—1998।

4. ब्रह्मचर्य
5. अपरिग्रह

इस अध्ययन में जैन धर्म के केवल आर्थिक चिंतन पर ध्यान केंद्रित किया गया है, जिसमें जैन संन्यासियों से भी सहयोग प्राप्त किया गया है। उनके आर्थिक चिंतन पर आचार्य महाप्रज्ञ ने 'महावीर का अर्थशास्त्र' नामक ग्रंथ की रचना की है, जो इस अभिलेख का मुख्य आधार है। उनके अनुसार मानव प्रकृति में ये उल्लेखनीय तत्त्व होते हैं—

**1. 'कामकामे खलु अयं पुरूसे'**

अर्थात् मनुष्य काम-कामी होता है। काम उसकी प्रकृति का एक तत्त्व है। विरले और विशिष्ट व्यक्ति ही इससे मुक्त होते हैं जो इस नियम के अपवाद कहे जा सकते हैं। वर्षों के नियम-संयम भी काम के वशीभूत होकर तपस्या भंग कर देते हैं। इस प्रकार के उदाहरण वर्तमान समय में भी देखने को मिलते हैं।

**2. मनुष्य अर्थ-लोभी होता है ( अत्थलोलुए )**

मानव प्रकृति में अर्थ-लोलुपता पाई जाती है। मनुष्य अर्थ का आकांक्षी होता है। उसका धन-संपदा के प्रति आकर्षण होता है। यह सच है कि मानवीय आवश्यकताओं की संतुष्टि अर्थ से ही होती है। उसकी अनिवार्यताएँ, सुविधाएँ एवं विलासिताएँ उसे धनार्जन हेतु प्रेरित करती हैं—कर्म करने के लिए विवश करती हैं। धनार्जन कर्म द्वारा ही होता है, परंतु धनार्जन की इच्छा शांत नहीं होती। व्यक्ति अधिकाधिक धन प्राप्ति का आकांक्षी होता है। इच्छाएँ, लालसाएँ एक बार संतुष्ट कर देने के बाद पुनः-पुनः उत्पन्न होती हैं, जिनकी संतुष्टि हेतु मनुष्य जीवन भर प्रयत्न करता रहता है।

**3. धर्म के प्रति श्रद्धा ( धम्मसद्धा )**

स्वाभाविक ही मनुष्य की धर्म के प्रति श्रद्धा होती है। साधारण भाषा में कहा जाए तो मनुष्य आस्तिक होता है। कुछ लोग स्वयं को नास्तिक बताते हैं, परंतु वे भी प्रकृति में विश्वास रखते हैं। साधारणतया मनुष्य का झुकाव धर्म के प्रति पाया जाता है, धार्मिक कृत्यों में उसको आत्मिक शांति मिलती है। व्यावहारिक जीवन में भले ही उसके कार्य-कलाप धर्मानुकूल न होते हों, परंतु धर्म में उसकी श्रद्धा होती है, आस्था होती है।

**4. संवेग**

संवेग का अभिप्राय है कि मनुष्य बंधनों से मुक्त होना चाहता है। यह सत्य है

कि मुक्त होने के लिए ज्ञान की प्राप्ति आवश्यक होती है। परंतु यह निर्विवाद सत्य है कि मनुष्य में संवेग प्राकृतिक रूप से होता है।

*पृष्ठ 15*

महावीर ने एक ऐसे समाज की कल्पना की थी, जिसे ''व्रती समाज'' का नाम दिया जा सकता है। उन्होंने ऐसे समाज के लिए एक आचार संहिता दी। एक व्रती समाज में न केवल भौतिकवाद और न ही अध्यात्मवाद, वरन् समन्वयवादी है। उनका विश्वास इन दोनों के समन्वय में था। वे एक यथार्थवादी चिंतक थे। उनकी मान्यता है कि भौतिक समृद्धि क्षणिक होती है—खणमेत्त सोक्खा बहुकाल दुक्खा, जबकि आध्यात्मिक समृद्धि शाश्वत होती है। आध्यात्मिक सुख आंतरिक एवं दीर्घकालिक होता है। उन्होंने इन दोनों के समन्वय को श्रेष्ठ माना। मानव जीवन भौतिक साधनों के बिना नहीं चल सकता। किंतु आध्यात्मिक चेतना के अभाव में भौतिक संपन्नता दु:खदायी हो सकती है। आध्यात्मिक चैतन्य मनुष्य को उचित-अनुचित का बोध कराता है। भौतिक साधनों की प्राप्ति के संबंध में शुद्धता, पवित्रता की सूझ देता है। अत: इनमें से किसी एक का स्वीकार्य नहीं किया जा सकता।

*पृष्ठ 16, 17*

'महावीर का अर्थशास्त्र' नामक पुस्तक में इच्छाओं का वर्गीकरण-अनिवार्यताएँ, अर्थात् जीवनरक्षक आवश्यकताएँ रोटी, कपड़ा और मकान स्वीकार किया। उन्होंने यह भी स्वीकारा कि इच्छाएँ, कामनाएँ अनंत होती हैं। इस संबंध में महावीर का सूत्र बताया गया है—'**इच्छा हु आगाससमा अणंतया**', इच्छाएँ आकाश के समान अनंत होती हैं।

क्या महावीर स्वामी ने आवश्यकताओं के नियंत्रण के बारे में कुछ कहा? उत्तर में बताया गया कि इच्छाओं के पूर्णतया समाप्त करने की बात नहीं कही। उनका कहना है कि इन पर संयम करना चाहिए, इन्हें मर्यादित रखा जाए। उनका मत है कि जीवनरक्षक आवश्यकताओं को अमान्य नहीं किया जा सकता। दूसरे वर्ग की आवश्यकताओं-सुविधाओं में भी ऐसी जो मनुष्य को शारीरिक, मानसिक एवं आत्मिक हानि न पहुँचाएँ, उन्हें मान्य किया जा सकता है। किंतु हानि पहुँचानेवाली सुविधाओं का निषेध करना ही उचित है। परंतु हानि पहुँचानेवाली अर्थात् कार्यक्षमता को कुप्रभावित करनेवाली सुविधाओं का भी निषेद्ध करना चाहिए। साधारणतया

आवश्यकताओं का सीमाकरण ही मानव के लिए हितकार होता है।

*पृष्ठ 19, 20*

इच्छाओं को मर्यादित न करनेवाला व्यक्ति, उनकी संतुष्टि के लिए, अधर्म से, अनैतिक साधनों से धनार्जन करता है, जिसे उचित नहीं ठहराया जा सकता। धन मनुष्य के लिए आवश्यक तो होता है, परंतु यह जीवन के लिए साधन मात्र है। इसे साध्य नहीं बनाया जा सकता। जो लोग धन को साध्य मानकर जीवन भर उसका पीछा करते रहते हैं और अंत में अर्जित सबकुछ पीछे छोड़कर विदा हो जाते हैं।

*पृष्ठ 106*

यह भी कहा गया है कि मानव जीवन के लिए केवल अर्थ और काम ही पर्याप्त नहीं होते। धर्म के नियंत्रण के बिना, इनकी संतुष्टि के लिए, व्यक्ति अनैतिक एवं अशुद्ध साधनों का सहारा लेता है। इस प्रकार वह पतन के मार्ग को अपनाता है। धर्म का अनुकरण ही उसे इस स्थिति में सहायक हो सकता है। अर्थात् अर्थ और काम का धर्म के नियंत्रण में रहना आवश्यक है। अत: 'धर्म के संवेग' 'मुमुक्षा' (मुक्ति पाने की इच्छा) का मार्ग खुला रहना ही हितकर होता है। धर्म की उपेक्षा नहीं की जा सकती।

सुविधाओं की सीमा लाँघकर हानिकारक को स्वीकार करने का अर्थ है विलासिताओं को अपनाना। विलासिताएँ अनावश्यक आवश्यकताएँ होती हैं, जिनको स्वीकार न करने से कोई हानि नहीं होती। ऐसी आवश्यकताओं की दो श्रेणियाँ होती हैं—हानिरहित और हानिकारक आवश्यकताएँ। हानिरहित आवश्यकताओं की संतुष्टि न होने से कोई हानि नहीं होती। इसी कारण इन्हें अनावश्यक आवश्यकताएँ भी कहा जाता है। इन्हें अवांछनीय भी कहा है और इनके निषेद्ध के लिए कहा।

आधुनिक अर्थचिंतन उनके विचार के प्रतिकूल है। यह आवश्यकताओं के गुणन का प्रतिपादन करता है। इसकी मान्यता है कि इससे आर्थिक विकास की गति तीव्र हो जाती है और गुणन विलासिताओं का ही होता है। आवश्यकता की अनुभूति पीड़ा देती है, जिसे शांत करने के लिए व्यक्ति अधिक कर्म करने के लिए प्रेरित होता है, विवश होता है। साधारणतया वह नैतिक मूल्यों से दूर हो जाता है, जबकि महावीर स्वामी ने आग्रहपूर्वक कहा कि धनार्जन में शुद्धता नितांत आवश्यक है। आर्थिक विकास के साथ मनुष्य में करुणा, आत्मीयता, स्पंदनशीलता और संवेदनशीलता का विकास भी होना चाहिए।

*पृष्ठ 29*

उन्होंने व्यापार के संबंध में शुद्ध आचरण का आग्रह किया और कहा कि माप-तौल तथा अन्य व्यापारिक व्यवहार में आचरण का ध्यान रखना चाहिए। अशुद्ध साधनों से व्यापार धर्मविरोधी होता है, जो व्यक्ति को विनाश की ओर ले जाता है। ऐसा धन अल्पकाल में सुख देता हुआ लगता है, परंतु दीर्घकाल में हानिकारक सिद्ध होता है, व्यापार को हानि पहुँचाता है। जहाँ अशुद्ध-व्यापार अल्पकालिक होता है, वहीं शुद्ध व्यापार दीर्घकालिक होता है, व्यापार की वृद्धि में सहायक होता है और व्यापारी को सुख एवं संतोष प्रदान करता है। उन्होंने यह भी कहा कि ग्राहक को जो नमूना दिखाया जाए, उसे वही पदार्थ देना चाहिए। ऐसा न हो कि दिखाए गए माल की श्रेणी से हीन श्रेणी का माल ग्राहक को दिया जाए।

धरोहर रखी गई वस्तु को उसी रूप में मूल रूप में वापस किया जाए। धरोहर रखकर ऋण लेनेवाले के साथ छल-कपट न किया जाए। धरोहर हड़पना पाप होता है।

*पृष्ठ 43*

पर्यावरण, जो कि आधुनिक समय की चिंता एवं चिंतन का विषय बना हुआ है, महावीर ने इस विषय पर दो शब्दों 'वणकम्मे' तथा 'फोडीकम्मे' का उपयोग करके संदेश दिया कि जंगलों की कटाई मत करो तथा भूमि उत्खनन भी न करो। इन संदेशों की अनदेखी करके आज जंगलों की कटाई तथा उत्खनन दोनों कार्य बड़े पैमाने पर हो रहे हैं, जो पर्यावरण को हानि पहुँचा रहे हैं। यह सच है कि आज से ढाई हजार वर्ष पूर्व देश की जनसंख्या बहुत कम थी और महावीर स्वामी का संदेश व्यावहारिक था। वर्तमान समय में जनसंख्या का आकार बहुत बड़ा है। फलतः जंगलों की कटाई हो रही है।

महावीर ने कहा, '**अणेगचित्ते खलु अयं पुरिसे।**'

*पृष्ठ 67*

अर्थात् मनुष्यों में विभिन्न प्रकार की प्रतिभा पाई जाती है। सभी मनुष्य समान चित्तवाले नहीं होते। उनका स्वभाव, कार्यक्षमता, समान नहीं होते, उनकी शारीरिक, बौद्धिक क्षमता, व्यावसायिक क्षमता और धनार्जन की क्षमता समान नहीं होती। मनुष्य में मौलिक क्षमता में अंतर होने के कारण सभी मनुष्य समान नहीं होते। अतः समानता हमारा लक्ष्य नहीं हो सकता।

महावीर ने आगे कहा, '**णो हीणे नो अडरित्ते।**'

मनुष्य मानव होता है, इस अर्थ में मनुष्य में समानता होती है। कोई मनुष्य हीन अथवा विशिष्ट नहीं होता। परंतु व्यावहारिक जीवन में, विभिन्न कार्य करते हुए कोई किसी कार्य को हीन तथा किसी को उच्च कहते हैं। भारतीय चिंतन में कार्यों का स्वरूप तो भिन्न-भिन्न हो सकता है, परंतु किसी को हीन तथा किसी को उच्च नहीं कहा गया। कार्य तो बस कार्य होता है और इसे करनेवाला व्यक्ति हीन या उच्च नहीं कहा जा सकता।

'महावीर का अर्थशास्त्र' नामक पुस्तक में जनसंख्या पर विचार करते हुए आचार्य महाप्रज्ञ ने कहा कि अधिक जनसंख्या, अनेक कारणों से, अधिक गरीबी लाती है। उन्होंने जनसंख्या और निर्धनता के संबंध प्रत्यक्ष होने की बात कही है—अधिक जनसंख्या अधिक निर्धनता, कम जनसंख्या कम गरीबी। पाश्चात्य देशों का संदर्भ लेते हुए उन्होंने कहा कि उन देशों में जनसंख्या नियंत्रण के उपाय किए जा रहे हैं, जो उचित हैं। जनसंख्या वृद्धि दर का संबंध बेरोजगारी से भी कहा गया—ऊँची वृद्धि दर अधिक बेरोजगारी, नीची वृद्धि दर कम बेरोजगारी। यह भी कहा गया कि निर्धनता में जनसंख्या वृद्धि दर ऊँची होती है।

*पृष्ठ 67, 68*

महाप्रज्ञ ने यह भी कहा कि निर्धन व्यक्ति को यह सोचकर नहीं बैठ जाना चाहिए कि गरीबी उसके भाग्य में लिखी है। व्यक्ति पुरुषार्थ से अपने भाग्य को बदल सकता है। वह अपने बौद्धिक बल से भी अपना भाग्य बदल सकता है और वह अपार धन अर्जित कर सकता है। निर्धन तो वह व्यक्ति रह जाता है जिसे द्रव्य, क्षेत्र, काल और भाव अनुकूल नहीं मिला, बुद्धि भी अनुकूल नहीं रही, पुरुषार्थ भी अनुकूल नहीं हुआ। इनका भाग्य से कोई संबंध नहीं है। बहुत लोग भाग्य के आधार पर इसकी व्याख्या करते हैं। किंतु महावीर ने इसे कभी स्वीकार नहीं किया कि अमीरी या गरीबी कर्म से होती है। वास्तव में पदार्थ का योग होना बाह्य निमित्तों पर अधिक निर्भर है, वह अपने कर्मों पर निर्भर नहीं है।

*पृष्ठ 69*

महावीर ने कहा कि 'संग्रह मत करो'। यदि संग्रह का सीमाकरण होता है तो गरीबी और बेरोजगारी की समस्या सहज रूप से सुलझाई जा सकती है। जनसंख्या समस्या इस प्रकार सुलझेगी कि जब गरीबी कम होगी, पोषण ठीक होगा। जनसंख्या वृद्धि दर भी कम होगी। जनसंख्या कम होने की समस्या से निपटने के उपाय करके

वृद्धि के प्रयत्न भी किए जा रहे हैं। रूस में अधिक बच्चों के लिए पुरस्कृत किया गया। चीन ने भी एक बच्चे की नीति को शिथिल किया है।

आधुनिक अर्थशास्त्री धनसंग्रह के इस मत को स्वीकार नहीं करते। उनके अनुसार इन समस्याओं का समाधान आर्थिक विकास में है। विकास के लिए धन-संग्रह का सीमाकरण नहीं किया जा सकता। संग्रह का सीमाकरण व्यावहारिक नहीं है। गरीबी और बेरोजगारी की समस्या अविकसित अर्थव्यवस्था की समस्या है। इनसे मुक्ति का विकल्प है विकास, जिसके लिए धन-संग्रह नितांत आवश्यक है। संग्रह की दौड़ में विकास की गति तीव्र हो रही है। परिणामस्वरूप निर्धनता और बेरोजगारी कम हो रही है। यदि लाभ में से, किसी अनुपात में, जनहित कार्यों पर व्यय का प्रावधान हो जाए तो इसके साथ ही विकास भी गतिमान रहेगा।

महावीर ने संपूर्ण मानव जाति के संबंध में भी चिंतन किया।

उन्होंने कहा—

**'जे लोयं अब्भाइक्खई से अत्ताणं अब्भाइक्खई।**
**जे अत्ताणं अब्भाईक्खई से लोयं अब्भाइक्खई॥'**

अर्थात् 'जो लोक को, जगत् को अस्वीकार करता है, वह अपने अस्तित्व को अस्वीकार करता है, वह जगत् के अस्तित्व को अस्वीकार करता है।' महावीर ने कहा, ''जगत् के अस्तित्व को अस्वीकार मत करो और अपने अस्तित्व को भी अस्वीकार मत करो''। पर्यावरण का यह सबसे बड़ा सूत्र है, ''तुम अकेले नहीं हो। तुम अपने अकेले के लिए कुछ करो तो सोचो कि मेरे इस कार्य का, मेरे इस व्यवहार का पूरे विश्व पर क्या प्रभाव पड़ेगा? प्रश्न हो सकता है—एक छोटा आदमी क्या सोचे? उसके किसी किए का दुनिया पर क्या प्रभाव पड़ेगा? किंतु यह तुम्हारी भूल है।''

*पृष्ठ 91*

इससे हमें व्यष्टि और समष्टि का पारस्परिक संबंध समझने में सहायता मिलती है। मनुष्य एक विस्तृत संसार का अंग होता है। वह और अन्य लोग मिलकर समष्टि की रचना करते हैं। जहाँ प्रत्येक व्यक्ति का अपना महत्त्व होता है, वहीं समष्टि का भी अपना महत्त्व होता है। यदि यह कहा जाए कि समष्टि का महत्त्व, व्यष्टि से कुछ अधिक होता है तो इसमें कोई त्रुटि न होगी। एक व्यक्ति अपने तक ही सीमित नहीं होता, उससे बड़ा उसका परिवार, उससे बड़ा उसका

जनपद, उससे बड़ा उसका देश और उससे बड़ा यह संपूर्ण संसार होता है। एक व्यक्ति संसार की सबसे छोटी इकाई होता है, परंतु अत्यंत महत्त्वपूर्ण होता है। विलोम भी उतना ही सत्य है। इस प्रकार व्यष्टि और समष्टि परस्पर अंतर-संबद्ध होते हैं। अत: हम केवल अपना विचार न करके लोक का, संपूर्ण मानवता का चिंतन करें।

*पृष्ठ 91, 92*

आचार्य महाप्रज्ञ का कहना है कि 'अर्थशास्त्र' की हमारी अवधारणा यह है कि अर्थ के बिना आदमी जी नहीं सकता। अतिशय धनार्जन भी आदमी को सुख से जीने नहीं देगा। इस संदर्भ में 'अल्पेच्छा', 'अल्पारंभ', 'अल्पपरिग्रह' का सिद्धांत ही सही दृष्टि देनेवाला है'।

*पृष्ठ 126*

□

# संदर्भ


1. ऋग्वेद — महर्षि दयानंद सरस्वती, दयानंद संस्थान नई दिल्ली
2. सामवेद — महर्षि दयानंद सरस्वती, दयानंद संस्थान नई दिल्ली
3. यजुर्वेद — महर्षि दयानंद सरस्वती, दयानंद संस्थान नई दिल्ली
4. अथर्ववेद — महर्षि दयानंद सरस्वती, दयानंद संस्थान नई दिल्ली
5. मनुस्मृति — श्री सुरेंद्रनाथ सक्सेना, मनोज पब्लिकेशंस, दिल्ली, 2011
6. तीन उपनिषद् — श्री नंदलाल दशोरा, रणधीर प्रकाशन, हरिद्वार, 1999
7. कठोपनिषद — डॉ. कृष्ण अवतार वाजपेयी, साहनी एंड कंपनी, लखीमपुर खीरी 1981–82
8. ऐतरेयोपनिषद — महात्मा नारायण स्वामी, सार्वदेशिक आर्य प्रतिनिधि सभा, नई दिल्ली, 2002
9. माण्डूक्योपनिषद — महात्मा नारायण स्वामी, सार्वदेशिक आर्य प्रतिनिधि सभा, नई दिल्ली, 2002
10. तैत्तिरीयोपनिषद — महात्मा नारायण स्वामी, सार्वदेशिक आर्य प्रतिनिधि सभा, नई दिल्ली, 2002
11. केनोपनिषद — महात्मा नारायण स्वामी, सार्वदेशिक आर्य प्रतिनिधि सभा, नई दिल्ली, 2002
12. प्रश्नोपनिषद — महात्मा नारायण स्वामी, सार्वदेशिक आर्य प्रतिनिधि सभा, नई दिल्ली, 2002

13. याज्ञवल्क्यस्मृति — डॉ. रामचंद्र वर्मा शास्त्री डायनेमिक पब्लिकेशन (इंडिया) लिमिटेड, मेरठ
14. नारद स्मृति — डॉ. वृजकिशोर स्वाईं, चौखंबा संस्कृत भवन, वाराणसी, 2006
15. शुक्रनीति — डॉ. महेंद्र मित्तल, मनोज पब्लिकेशंस, दिल्ली, 2010
16. विदुर नीति — परमहंस स्वामी जगदीश्वरानंद सरस्वती, प्रकाशक, विजय कुमार, गोविंदराम हासानंद, दिल्ली, संस्करण-2010
17. विदुर नीति — पं. वाई.एन.झा. तूफान, अमित पॉकेट बुक्स, जालंधर
18. महाभारत (पंचम खंड) शांतिपर्व — अनुवादक-पं. रामनारायणदत्त शास्त्री पांडेय (राम), गीता प्रेस गोरखपुर, संवत 2067
19. श्रीमद्वाल्मीकीय रामायण — गीता प्रेस, गोरखपुर, संवत 2069
20. कौटिलीय अर्थशास्त्र — श्री वाचस्पति गैराला, चौखंबा विद्याभवन, वाराणसी 2009
21. चाणक्य नीति — महेश शर्मा, प्रभात पेपर बैक्स, नई दिल्ली 2012
22. महावीर अर्थशास्त्र — आचार्य महाप्रज्ञ, आदर्श साहित्य संघ प्रकाशन चुरू राजस्थान 1998
23. धम्मपदं — श्री कन्छेदीलाल गुप्त, चौखंबा विद्याभवन, वाराणसी 2005
24. हिंदू वैचारिकी एक अनुमोदन — डॉ. विजय सोनकर शास्त्री, विश्व हिंदू परिषद् 2006
25. Hindu Economics — M.G. Bokaroe जानकी प्रकाशन, नई दिल्ली
26. वंशावलि (श्री भगवान श्रीराम) — वैद्य पं. भगवत शरण शर्मा, इंदौर
27. श्रीमद्भगवद्गीता — श्री स्वामी प्रभुपाद, भक्ति वेदांत बुक ट्रस्ट, 1993
28. उत्तर प्रदेशीय विद्युत संस्थानों में श्रम स्थितियों का एक अध्ययन — डॉ. गोविंद राय साहनी

## संस्कृत सहयोग

1. प्रो. केदार प्रसाद परोहा
2. श्री सतीश शास्त्री
3. सुश्री वर्षा महाराज

□

# उत्प्रेरक

1. डॉ. बजरंग लाल गुप्ता
2. डॉ. शारदा शर्मा
3. डॉ. सुश्री कमलेश बहुगुणा
4. डॉ. कीर्ति वर्द्धन साहनी
5. डॉ. राजकुमार भाटिया
6. डॉ. अश्विनी महाजन
7. श्री राजीव भसीन
8. श्रीमती संतोष साहनी
9. श्रीमती कल्पना साहनी
10. आचार्य ज्योति वर्द्धन साहनी
11. श्रीमती स्नेहलता उपाध्याय
12. श्री विजय कुमार गुप्ता

## पुस्तकालय

1. राष्ट्रीय संस्कृत संस्थान, दिल्ली
2. केंद्रीय पुस्तकालय, दिल्ली विश्वविद्यालय, दिल्ली
3. आर्य समाज, गुजरांवाला टाउन, दिल्ली

□□□